Ferdinand Steiner

Algebra für Frettchen
Roman

Steiner Ferdinand

Algebra für Frettchen

Copyright © by Ferdinand Steiner
Alle Rechte vorbehalten
Cover: Books on Demand
Herstellung und Verlag:
BoD – Books on Demand, Norderstedt
ISBN 978-3-7347-8908-3

1. Lauter Fremde?

Ein seltsames Geräusch ließ den jungen Mann aufhorchen. Es klang ein bisschen sirrend und schabend, daneben aber auch wie ein Schnaufen. Er spähte aufmerksam zwischen die ersten Bäume am Waldrand, konnte aber in der beginnenden Dämmerung keine wirkliche Kontur ausmachen. Es war nicht echte Neugier, es war nicht einmal wirklich Absicht, dass er über den Straßengraben in den Wald sprang. Rasch hatten sich seine Augen an die Dunkelheit gewöhnt und eben so rasch erkannte er den verzweifelten Kampf eines jungen Rehbocks gegen die Tücken eines Zaunes, wie man ihn einst an manchen Stellen des Waldes fand.

Als er sich näherte, verstärkte das Tier seine Anstrengungen, um dem Menschen zu entkommen. Und der hörte wieder das Schnaufen, das ihn letztlich bewogen hatte, die Straße zu verlassen. Aus einem unerfindlichen Grund hatte sich der Bock mit seinem Gehörn im oberen Strang des Stacheldrahtes verfangen, dem er mit aller Macht zu entkommen suchte. Doch der Draht lief zwischen den beiden Krickeln durch und hatte dem Tier bereits blutige Spuren über den Kopf gezogen. Je mehr er stieß und zog, umso schmerzhafter wurden seine Wunden. Offenbar war er auch dem unteren Strang des Drahtes schon zu nahe gekommen, denn ein blutiges Rinnsal lief über seine Nüstern.

Als der Junge nahe genug war, schlug der Bock mit seinen Hinterläufen aus, um ihn zu vertreiben. Und der gab seinerseits ganz schnell den Versuch auf, ihn an den Krickeln festzuhalten, damit er ihn befreien könnte. Er erinnerte sich, schon einmal gehört zu haben, dass auch ein sehr starker Mann einen Rehbock nicht fixieren konnte. Ratlos blickte er sich um. Er brauchte eine Zange, um den Zaun zu durchschneiden, anders konnte er das arme Tier nicht befreien. Doch er hatte keine Zange und wusste nicht, woher er in der Schnelligkeit eine nehmen sollte. Er konnte doch nicht warten, bis das scheue Wesen vor Erschöpfung keinen Widerstand mehr leisten würde. Und dann fiel ihm ein, dass es da ganz in der Nähe ein Haus gab, in dem er zwar noch nie war und dessen Besitzer er praktisch nicht kannte, doch der würde sicher ein solches Werkzeug besitzen, das bei keinem Haus fehlte.

Er setzte sich in Bewegung und kaum um die nächste Straßenbiegung kam ihm ein Mann entgegen und hielt ihm eine Zange hin. Der Junge nahm sie und rannte zurück zu seinem Rehbock. Mit der Hüfte drängte er das verängstigte Tier seitlich an den Zaun, gerade so viel, dass es noch nicht streifte. Der Draht durfte sich nicht um das Gehörn schlingen und er tat es auch nicht. Ein geschickter Griff, ein harter Druck und die Zange schnitt scharf. Wie von der Sehne geschossen flog der Bock davon. „Danke hättest schon sagen können!" rief der Junge lachend hinterher.

Das Tier blieb stehen, schon im großen Abstand, wandte sich um und sah ihn an. Dem blieb der Mund offen, doch dann setzte der Bock seine Flucht fort. Kopfschüttelnd drehte sich der Junge um und stand Auge in Auge mit dem Fremden, der ihm die Zange gegeben hatte. Er reichte das Werkzeug mit einem leisen Dank zurück und trat den Heimweg an. Er hatte ein eigentümliches Gefühl an den Fingern und dann bemerkte er erst das Blut. Rotes Blut vom Rotwild, dachte er und dass ihn kein Jäger hören hätte dürfen mit dieser schrecklichen Laiensprache. Er wischte sich die Hände im Gras ab und setzte seinen Weg mit gehobenen Gefühlen fort.

Es gibt Menschen, für die ist alles Zufall, und es gibt Menschen, die keinen Zufall gelten lassen wollen. Die letzteren sind für gewöhnlich gläubige Menschen, auch wenn sie vielleicht nicht exklusiv an Jesus oder Allah glauben. Wenn erstere etwas anschauen, dann glauben sie an die Existenz von Atomen und Molekülen und an die Kräfte, die sie zusammen halten. Die anderen glauben an höhere Mächte. In einem Punkt sind beide gleich. Jungverliebt schauen sie in den gleichen Nachthimmel und der ist einfach nur schön.

Tags darauf war der junge Mensch wieder unterwegs zu seiner Arbeitsstelle. Er war einer von jenen, die sich noch nicht festgelegt hatten auf Zufall oder Fügung. Er war ein fröhliches Menschenkind mit wenig Besitz und daher auch wenig Sorgen. Aber er hatte eine hübsche junge Frau und seine Gedanken an den Vorabend waren mit ein Grund für den vergnügten Schritt, den er heute wie jeden Tag auf diesem Weg vorlegte. Er sah seine Füße sich rechts und links vorwärts bewegen und dann waren seine Augen schneller und eilten den Weg voraus, der in den kleinen Wald hineinführte. Der war nicht groß, ein Waldschopf wie die Leute sagten. Seine Augen kehrten zu den Schuhspitzen zurück. Links – rechts – links – rechts. Der Takt der Schritte hatte etwas Magisches. Er war in der Alpha-Welle, hätte man Jahrzehnte später über seinen Zustand gesagt. Er war in Trance, von seinen eigenen Schritten hypnotisiert.

Wie nach einem Kurzschlaf erwachend stellte er überrascht fest, dass er schon fast durch die kleine Lichtung durch war, die im Volk nur der Anger hieß. Da drüben stand das kleine Haus des Angerfranz, den er nur vom Hörensagen kannte und der wegen seines Äußeren und seines schrulligen Wesens bei den Leuten nicht sonderlich geachtet war. In Wahrheit war er mehr gefürchtet als respektiert, weil er offenbar über eine messerscharfe Beobachtungsgabe verfügte. Seine trockenen Bemerkungen hatten im Dorf schon seit Jahren so manchen Wutausbruch zur Folge gehabt.

Noch nie hatte er den Angerfranz bei seinem Haus gesehen, doch heute war er heraußen. Er stand neben der Tür und blickte ohne jede Regung zu ihm herüber. Es war der Mann von gestern Abend. Verwirrt nahm er eine Veränderung an der ganzen Szene wahr, als läge ein unsichtbares Feld über dem Haus, so wie wenn im Sommer die Luft in der Hitze wabert. Und doch auch wiederum nicht, es war anders, es musste mehr Helligkeit im Spiel sein. Als er den Blick wieder auf den Alten lenkte, hatte ihm dieser den Rücken gedreht. Er stolperte, musste die Augen wieder auf die Straße richten. Jetzt war der Alte weg. Erstaunt lugte er nochmals auf das fremde Anwesen, doch alles war jetzt wie es immer war. Kein alter Mann, kein Lichtschimmer, kein Energiefeld.

„Aber!" sagte er unwirsch zu sich selbst „Du wirst dich doch nicht von diesem Männchen verunsichern lassen!" Trotzdem, seine Gedanken kamen nicht von dem alten Waldschrat los. Wovon mochte der eigentlich leben? Die Leute sagten, er hole sich alles, was er zum Leben brauche, aus dem Wald. Dabei schaute er nicht aus wie ein Pflanzenfresser. Er war zwar nicht groß, aber dafür breit und untersetzt. Absolut nicht unterernährt. Jetzt kam ihm fast vor, dass er neugierig war auf den alten Mann. Wer weiß, vielleicht würde sich ja eine Gelegenheit ergeben.

Sein Weg war nicht weit, nicht einmal eine Stunde ging er jeden Morgen von zu Hause bis nach Engelbach zu seiner Tischlerei. Es schien ihm bemerkenswert, dass er immer die Sonne im Gesicht hatte, wenn er morgens und abends diesen Weg entlang ging. Zumindest jetzt im Spätsommer. Er war heute durchaus zeitgerecht, aber alle waren schon da. Der Meister, ein großer, hagerer Mann, holte ihn gleich zu sich heran: „Du weißt, es gibt bei uns keine Bevorzugung, aber für den Schrank nach Weißenbach brauch ich dich. Die wollen einen doppelten Schwalbenschwanz, da bist du am schnellsten." Er deutete auf die bereit liegenden Seitenteile und ging zu seiner Arbeit. Ein wortkarger Mann, der Meister. Wenn er einmal viel redete, dann kamen Sätze wie etwa der: ein Mann muss wissen was er zu tun hat – und er muss es auch tun! Der zweite Teil fiel mit Betonung. Und wenn der Lehrling wieder einmal zu viel redete, kam auch ein Satz: ein Mann sollte reden, wenn er etwas zu sagen hat! Guten Morgen und Gute Nacht ist immer berechtigt! Ja, er war ein wortkarger Mann, doch in seinem Fach war er ungeschlagen. Wenn er eine Platte furnierte, hätte sein ärgster Feind keinen Fehler gefunden.

Als Bert die Feinsäge ansetzte, sah er unwillkürlich seine Schuhspitzen. Wie ein Wild, das einen ungewohnten Laut vernimmt, verhoffte er kurz, schüttelte dann den Kopf im inneren Zwiegespräch und sägte weiter an seiner Verzinkung. Was hatte er mit dem Angerfranz zu tun? Wieso ging ihm der vierschrötige Kerl nicht aus dem Sinn? Er kam sich vor wie in jener Zeit, als seine Mutter ihn noch humorvoll ermahnte: „Schau nicht ins Narrenkastel!" Wenn ein moderner Mensch glaubt, damit sei vielleicht der Fernseher gemeint gewesen, dann irrt er. Der war zu dieser Zeit noch gar nicht erfunden. Eigentlich wusste keiner so ganz genau, was mit dem Narrenkastel gemeint war. Es kam auf den Unterton an wie so oft im Leben. Kinder ordnen oft ihr Unbewusstes, indem sie für einige Augenblicke völlig abwesend sind. In guten Familien sagte man da gutmütig: schau nicht ins Narrenkastel! Mit scharfem Unterton konnte der Satz jedoch auch die Bedeutung haben: du Träumer, beweg endlich deinen Arsch! Auf Bauernhöfen hörte man diese Art Aufforderung deutlich öfter. Auf Bauernhöfen war der freundliche Unterton grundsätzlich nicht so üblich.

    Er hatte bei diesem Meister schon gelernt und er mochte ihn sehr, obwohl er oft muffig erschien. Er wusste, sein Meister war nicht muffig, er redete bloß nicht sehr viel. Da meinte er dann bei sich, das sei ohnehin gescheiter. Und außerdem kannte man sich aus bei ihm. Das was er sagte, das meinte er auch. Flink und präzise glitt die Säge durch das Holz und als er einen neuen Schnitt ansetzte, fiel sein Blick erneut auf seine Schuhspitzen. Warum kamen seine Gedanken heute immer wieder zu dem alten Waldläufer zurück? Jetzt sägte er auch wie in Trance, so wie er gelaufen war in Trance, in der Nähe des alten Mannes. Er hätte nicht sagen können, dass es ihm schlecht ging dabei, seine veränderten Sinne waren aber nicht in der Lage zu begreifen, ob der Alte etwas mit ihm getan hatte. Aber was hätte der ....? Es war wie ein inneres Kopfschütteln, oder hatte er wirklich den Kopf geschüttelt?

    In der Mittagspause, während sie ihre Jause verzehrten, sagte der Meister so nebenbei: „In Amerika soll es eine Wirtschaftskrise geben. Da sind so viele arbeitslos." Darauf meinte Walter, der zweite Geselle: „Gut dass Amerika so weit weg ist!" Der Lehrbub verstand nichts und sagte: „Kann uns egal sein!"

    Etwas war anders auf dem Heimweg. So oft war er ihn schon gegangen und eigentlich immer gerne. Aber heute war etwas anders. Er schaute auf seine Fußspitzen und nichts geschah. Heute Morgen war das so besonders wie noch nie. Seine Schuhspitzen, vielleicht waren es gar nicht die. Es war das Gehen, ja das Gehen selber hatte ihn in diese Stimmung versetzt. Er legte alle Aufmerksamkeit auf das Gehen, ganz rhythmisch wie er es beim Militär gelernt hatte. Nach nicht einmal hundert Metern war er wieder in dieser Welle. Gehen, gehen ... „Komm her!" Er schrak auf aus seiner Konzentration auf das Gehen. Er war auf der Lichtung und der Angerfranz stand vor seinem Haus. „Du bist stark!"

Wie Nordlichter zog es vor sein Hirn. Was war jetzt passiert? Der Alte hatte ihn angerufen und behauptet, dass er stark wäre. Wie kam er bloß dazu? Was meinte der? Warum redete er überhaupt mit ihm? Was sollte er jetzt tun? Normal war er nicht so unsicher, aber was sollte er jetzt wirklich tun? „Komm her!"

Er bog ein in den schmalen Pfad, der zur Hütte des Alten führte. Da stand er und seine listigen Schweinsäuglein funkelten. „Heute in der Früh hättest du ja eine ganze Kompanie allein verjagt, so stark warst du!"

„Äh?"

„Ich schau dir schon eine ganze Weile zu, weil du jeden Tag zweimal bei mir vorbei gehst. Ich weiß wie es dir geht, ich sehe es daran wie du gehst. Du gehst wie es dir geht! Wie alt bist du?"

„Siebenundzwanzig." Was soll ich jetzt bloß sagen?

„Du brauchst nicht so nervös zu sein, du bist nicht irgendwer! Du weißt bloß noch nicht, wer du wirklich bist!"

„Und wer bin ich wirklich?"

„Da darauf zu kommen, ist die wahre Lebensaufgabe. Nicht wie viel Geld man hat. Du bist nervös, weil du nicht weißt wie du mich einschätzen sollst. Und du hast keine Ahnung, was ich von dir will, stimmt es?"

Als sein junger Gast zögernd zugestimmt hatte, lud er ihn ein, in seinem Garten Platz zu nehmen. Als Bewirtung gab es ein Glas Wasser. Dann fuhr er fort: „Du hast wohl schon gehört, dass ich eine Zunge habe wie ein Schlachtschwert. Das sagen aber nur die, denen ich gezeigt habe, dass ich nicht blind bin. Vielleicht weiß ich am meisten von allen Leuten hier im Dorf. Auch von dir. Aber mach dir keine Sorgen, du bist vielleicht ein bisschen naiv und wirst daher noch einige Püffe aushalten müssen, aber in dir sehe ich auch ein großes Potenzial für die Zukunft. Denk einmal drüber nach und wenn du mit mir reden willst, brauchst du nur herein zu kommen."

Der Junge wusste nicht, wohin der Mann verschwunden war, als er wieder aufblickte. Er war nicht ins Haus gegangen und er war nicht aus dem Garten gegangen, er war einfach nur weg. Verwirrt stand er auf und machte sich auf den Heimweg. Jetzt hatte er etwas nachzudenken, vor allem beschäftigte ihn die Frage, welche besonderen Gaben der Angerfranz in ihm wohl erkannt haben mochte. Er war sich selber keiner besonderen Fähigkeiten bewusst. Gewiss, er war ein guter Tischler und auch sonst nicht ungeschickt in Hof und Haus. Aber irgendwie hatte er das Gefühl, dass das nicht gemeint war und dass der Alte von ganz anderen Talenten geredet haben musste. Gut, mit ihm reden konnte man ja, das würde ja nicht gleich den Kopf kosten. Und wenn die Leute meinten, dass er ein komischer Kauz sei, dann stimmte aber schon auch, dass er sich nicht gescheut hatte, Dinge laut auszusprechen, die ohnehin jeder wusste. Also Feigling war er ganz gewiss keiner. Er würde sich eben einmal eine Stunde auf dem Nachhauseweg aussparen und sehen, was ein solches Gespräch bringen würde.

Jetzt kehrten seine Gedanken seit mehr als zwölf Stunden erstmals wieder zu seiner jungen Frau zurück. Schön war das gestern, dachte er, und ungewöhnlich. So war sie noch nie gewesen. Sie hatte sich auch noch nie auf den Bauch gedreht, als sie beisammen lagen. Irgendwie hatte es sich ergeben. War das der Grund für ihre lauten Ausbrüche? Und hinterher brauchte sie eine ganze Weile, bis sie ihre gewohnte Brummigkeit wieder fand und den läppischen Anlass für einen, na nicht gerade Streit, aber eben doch irgendwas Ähnliches, in der Schärfe Abgemildertes. Landläufig ausgedrückt war sie ein kleines Hähnchen, das gerne auf den Fehlern anderer herumhackte. Das war sicher fast jedes Mal so, wenn sie miteinander geschlafen hatten. Im harmlosesten Fall tat sie dann so, als wäre jetzt nichts Besonderes geschehen, während ihm vor Zärtlichkeit das Herz überging.

Wenn sie ihn dann wieder ganz freundlich anlachte mit ihren Grübchen in den Wangen, dann verzieh er ihr alles. Die Weiber sind halt so, hatte ihm ein Freund verraten, am besten kümmert man sich überhaupt nicht um diese Launen. Aber so einfach war das dann auch wieder nicht. Es war ihm nicht recht einsehbar, warum eine gute, entspannte Stimmung in der Beziehung nicht von Dauer sein sollte.

Er war ja schließlich kein Unmensch. Im Gegensatz zu anderen Männern half er sogar ein bisschen bei der Hausarbeit. Zumindest das Geschirr abzutrocknen, dafür war er sich nicht zu gut.

Sie stand am Herd. „Anna!" sagte er anstatt eines Grußes, trat auf sie zu und legte die Hand in ihre Taille. „Wenn du was zum Essen willst, dann halt mich jetzt nicht auf." Das war nun nicht gerade ein berauschender Empfang, auch wenn er sich auf die Pilze in der Pfanne freute. Sie war gewiss eine ausgezeichnete Köchin. Aber die unwirsche Abweisung seiner zärtlichen Gefühle verletzte ihn. Oder besser gesagt, bevor sie ihn verletzte überrumpelte sie ihn. Es war wie wenn dich jemand mit der flachen Hand unmissverständlich auf Abstand schiebt. Er suchte nach Worten, um die Gemeinsamkeit des Vorabends wieder her zu stellen, fand aber keine. Der nachfolgende Abend geriet ihm wieder einmal etwas linkisch.

Der Angerfranz grinste an diesem Morgen. „Heute verjagst keine Kompanie!" Ärgerlich schaute er ihn an und sah dann verblüfft wieder diese Aura über ihm und dem Haus.

Links – rechts – links – rechts. Er ging. Rhythmisch, locker, leicht. Er schwebte in Trance und aller Ärger war vergessen. Als er in der Werkstätte anlangte, wunderte er sich, wo er mit seinem Kopf auf dem ganzen Weg gewesen sein mochte. Der Meister schaute ihn nur an und teilte ihm dann seine Arbeit zu. Die Schwalbenschwänze waren noch nicht fertig und würden es auch noch länger nicht sein.

„Ich habe wenig Aufträge" sagte der Meister in der Mittagspause und bekam dazu keine Antwort. Da hatte ein jeder etwas nachzudenken, das verstand sogar der Lehrbub. Doch dem Bert schien es irgendwie nichts auszumachen, er war nicht bedrückt, er fühlte sich sogar optimistisch. Auf dem Nachhauseweg gelang es ihm schon ganz gut, nicht nur die Strecke zurück zu legen, sondern wirklich zu Gehen. Er war so intensiv im Gefühl seines Gehens, dass er ohne jede Wahrnehmung an der Behausung des Angerfranz vorüber gelaufen wäre, doch plötzlich stand er wie angewurzelt.

Der Alte war nicht zu sehen und Bert entschied sich, ihn heute aufzusuchen. Schließlich hatte er ihn ja eingeladen. Außerdem wollte er wissen, ob seine überraschend verbesserte Laune von heute morgen etwas mit dem komischen Kauz zu tun haben sollte. Die Tür stand offen und so trat er einfach über die Schwelle. Der Franz beugte sich über den Tisch und sortierte Pilze. Offenbar war sein heutiger Fund reichlich, denn der halbe Tisch war dick belegt mit einer großen Vielfalt an Schwämmen. Genauso offenbar war er auch kundig in der Auswahl der Pilze.

„Setz dich nieder!" Er klaubte ungerührt weiter, war ganz sicher kein bisschen überrascht. Also ließ sich der Bert auf der Bank nieder, die an der Holzwand rund um den Tisch verlief. Die Bank, der Tisch, die Wand, alles war dunkel von den Jahren und die Beleuchtung durch die kleinen Fenster war auch nicht all zu gut. Aber das Haus schien gemütlich. Jetzt war es still, bis der Alte seine Tätigkeit einstellte. Er blinzelte ihn heute durch eine dickrandige Brille aus seinen kleinen Äuglein freundlich an.

„Du bist der Bert." stellte er nur gelassen fest. „Ich kenne dich vom Sehen und habe einmal nachgefragt, weil du mich interessiert hast." erklärte er ohne Umschweife. „Bist ein guter Tischler, habe ich gehört und ich werde dich vielleicht einmal brauchen. Aber jetzt interessiert mich vorerst, warum du manchen Morgen vorbeigehst, als könntest du Bäume schultern und an manchen Tagen ist dir dein Ranzen fast zu schwer. Wie kommt das?"

Bert war verblüfft. Das war er nicht gewohnt, dass ihn jemand in solch direkter Weise ansprach. Aber gut, dafür war er ja wohl auch bekannt, der Angerfranz. Trotzdem war ihm unbehaglich, mit der gleichen Direktheit zu antworten. Darum brummte er nur kurz: „Ist nicht jeder Tag gleich."

Der Franz feixte: „Das hätte mir ein Depp auch gesagt, kannst es nicht besser?"

Für den Bert war jetzt klar, dass er nur zwei Möglichkeiten hatte: aufstehen und gehen oder reden. Mittlerweile war er neugierig genug, um sitzen zu bleiben. Er erwartete, dass der Alte noch einmal nachhaken würde. Doch was jetzt kam, war absolut unerwartet: „Glaubst du an Gott? Wärst du gerne Gott? Stell dir vor, du sitzt auf seinem Thron und die Cherubim und Seraphim stehen rund um dich und rufen ohne Ruh: heilig, heilig, heilig bist du! - Also wenn mir das passiert, dann bin ich mir nicht sicher, ob der dienstführende Erzengel nicht spätestens nach zwanzig Minuten eine fängt!"

Den Bert schüttelte es vor Lachen. Mit allem hatte gerechnet, nicht aber mit dem Bild eines geohrfeigten Engels, dem die Laute aus der Hand fällt. Das Eis war gebrochen. „Du brauchst nur einmal die ganzen Liedertexte in der Kirche durchzuschauen, da findest du noch viel mehr zum Lachen!" Der Bert musste zugeben, dass er eigentlich immer nur gedankenlos mitgesungen hatte. Der Sonntag war ein traditionelles Pflichtereignis, das man als junger Mensch fast nur deshalb willig mitmachte, weil man da junge Menschen sah, na ja Menschen halt, mit denen man sich auch etwas anderes vorstellen konnte, als gemeinsam den Gottesdienst zu besuchen. Die Sonntagsmesse war eine Gelegenheit, sich harmlos kennen zu lernen, vielleicht auch schon einmal etwas zu vereinbaren. So war es ja auch mit Anna gewesen, die irgendwann einmal bereit war, sich zum sonntäglichen Frühschoppen einladen zu lassen. Von da an hatte er die Widerspenstige nicht mehr losgelassen.

Der Franz konnte Gedanken lesen: „Deine Anna ist vom Mühlbauer. Die wievielte ist sie denn? Da sind ja mehrere Kinder?"

„Vier sind sie und Anna ist die dritte."

„Aha! – Aha, eine Neinsagerin ist sie also!"

„Ja aber so kann man das eigentlich auch nicht sagen, weil immer sagt sie ja nicht gleich nein und außerdem kann ein Mensch auch nein sagen, weil es sein gutes Recht ist und weil - weil"

Der Franz grinste schon ehe Bert ins Stocken geriet. „Die zweiten und dritten Kinder sind schon aus Prinzip gerne dagegen, egal wogegen. Das ist wegen der Demokratie. Weißt du, wir haben ja jetzt seit einigen Jahren eine Demokratie, seit sie den Kaiser abgesetzt haben. Aber das mit den Zweiten und Dritten war schon immer so, mit und ohne Kaiser!" Was sollte man jetzt darauf wieder sagen? Er selber war ja das erste Kind, wenn auch nicht von Bauern. „Was ist also dann mit dem ersten Kind?"

„Du bist der Kronprinz deiner Eltern, deine zwei Geschwister sind aber dagegen wie gesagt. Macht nichts, kommst aus einem guten Stall!" Der Alte hatte ihn am Haken. Es entstand eine Pause, als offenbar keiner von beiden die Unterhaltung weiterführen wollte. Bei Bert machte sich das Gefühl breit, dass er dem Alten nicht nur hoffnungslos unterlegen sondern auch fast ausgeliefert war. Gleichzeitig wollte er aber auch herausfinden, was dieser schrullige Sonderling über ihn zu wissen vorgab. Er kämpfte noch ein bisschen mit seiner fehlenden Courage, doch dann nahm er sich ein Herz.

„Machst du das eigentlich öfter, dass du fremde Leute mit versteckten Andeutungen in die Neugier treibst? Mir ist das noch nicht passiert, dass mich jemand so anredet wie du es getan hast." Nachdem er einmal den Mut gefunden hatte, kam nun auch noch ein Stück Kühnheit dazu: „Wer oder was gibt dir das Recht, einen jungen Menschen so herauszufordern? Glaubst du, dass du etwas Besseres oder Besonderes bist?"

Der Alte begann mehr und mehr zu schmunzeln, während der Junge seinem Temperament die Zügel hatte schießen lassen. „Beruhige dich, Bert! Ich mache das nicht oft, da kannst du sicher sein! Aber da schau her. Ist das etwas Besonderes? Das gibt es nur einmal auf der Welt!" Er hatte ihm seine Hand hingestreckt mit den Fingerkuppen nach oben. Damit war der Wind wieder aus den Segeln, denn einen Fingerabdruck gab es tatsächlich immer nur einmal auf der Welt. Er schaute seine eigenen Fingerkuppen an und wusste in dem Moment, dass auch er etwas Besonderes war. Verwirrt hob er den Kopf.

„Wenn jeder von uns etwas Besonderes ist, ich meine jeder Mensch auf der Welt, dann ist aber wieder keiner von uns etwas Besonderes!" Der Alte lächelte vergnügt und antwortete: „Ja mein Junge, so ist das! Wir sind alle zugleich etwas und nichts Besonderes. Wir haben alle die Chance, etwas Besonderes zu werden, aber von selber kommt es nicht. Aus Nichts wird Nichts! Wir müssen etwas dafür tun. Vor dem Erfolg kommt die Anstrengung. Stell dir vor, du bist ein Rohdiamant. Damit du wirklich etwas wert wirst, musst du geschliffen werden. Da werden die Funken fliegen und du wirst schreien. Viele Menschen vermeiden diesen Schmerz und damit vermeiden sie auch ihre Weiterentwicklung, also ihre Aufwertung."

„Wer erleidet schon gerne Schmerzen? Ich jedenfalls bin nicht so veranlagt. Aber ich glaube ich kann verstehen, was du mir damit sagen möchtest. Schmerz gehört zum Leben und er ist damit unvermeidbar. Wer das versucht, verstößt irgendwie gegen seine eigene Lebendigkeit."

„Siehst du Bert, das habe ich an dir gesehen, dass du in der Lage bist, eigene Gedanken zu haben, und zwar solche, die über das übliche Niveau hinausreichen. Ich meine damit, über das Niveau jener Leute, deren Interessen nicht über FSKM hinausreichen: Fressen, Saufen, Kindermachen!" Bert war von dieser Offenheit nun wieder einigermaßen überrumpelt. Er war so überrumpelt, dass er es vorzog, sich rasch zu verabschieden und den Nachhausweg anzutreten.

2. Perspektivenwahl

Er begann seine Gedanken neu zu ordnen. Zeit hatte er ja genug auf seinem Weg zur und von der Arbeit. Mit dem Alten hatte er seit einigen Tagen nicht mehr gesprochen. Er wollte jetzt einmal mit sich alleine zurechtkommen. Er wollte wissen, was er selber dachte und er wollte das auch formulieren können, damit ihn der Franz nicht wieder überrumpeln konnte. Er hatte sich sogar ein altes Schulheft zurechtgelegt, damit er dort seine Gedanken festhalten konnte. Vor allem die Gedanken um den Schmerz beschäftigten ihn, weil das beim letzten Gespräch unversehens zum Zentralthema geworden war.

Er glaubte nicht unbedingt, dass er viele Schmerzen zu ertragen hätte, denn er war schon von einer recht robusten Gesundheit. Dabei fiel ihm ein, dass es ja nicht nur körperliche Schmerzen gab, wenn jemand krank war oder sich verletzt hatte. Es gab ja wohl auch andere Schmerzen, die man im Herzen fühlte. Er erinnerte sich plötzlich, dass ihm ein Schulfreund in frühen Tagen die Freundschaft aufgekündigt hatte, weil das ein anderer von ihm verlangt hatte als Bedingung, dass er sein Freund werden könnte. Noch einmal kam ihm das üble Gefühl hoch, mit dem auch er die Freundschaft beendet hatte: „Dann schleich dich!" Es war kein schönes Gefühl, heute auch noch nicht, obwohl das schon viele Jahre her war.

Seelische Schmerzen, wurden die nicht immer von anderen Leuten verursacht? Waren die nicht schuld am Leid, das man ihm Herzen fühlte? Als seine Großmutter gestorben war, da war das auch sehr schmerzlich für ihn. Aber die Großmutter war sicher nicht schuld daran. War das etwa der liebe Gott, der die Großmutter zu sich genommen hat, wie der Herr Pfarrer beim Begräbnis sagte? Aber auf den lieben Gott konnte man schwer böse sein oder ihn beschuldigen. Menschen starben eben von Zeit zu Zeit. Er musste über seine eigenen Gedanken lachen. Aber der Sinn, den das Leid haben sollte, der war ihm noch nicht ganz aufgegangen. Ja, Leid gehörte zum Leben, aber warum eigentlich? Wofür war es gut? Das waren nun sicher Gedanken, die er mit irgendjemandem teilen wollte.

Diesen Abend regierte wieder das Hähnchen in der Stube. Er hätte hinterher nicht einmal sagen können, worum es ging, noch wer den Streit angefangen hatte. Er fühlte nur den Schmerz in der Seele, von ihr so schroff zurückgewiesen worden zu sein, wo er eigentlich mit offenen Händen auf sie zugegangen war. Es wollte ihm nicht in den Sinn, dass seine Frau bissig werden konnte, wenn man nichts als ein bisschen lieb zu ihr sein wollte. Er fühlte sich hingehalten. Die jeden Tag von neuem aufkommende Unsicherheit, ob sie nun am Abend zugänglich oder abweisend sein werde, verursachte ihm Schmerzen, seelisches Leid. So viel konnte er sich jetzt schon einmal eingestehen. Er hatte sie sogar schon zur Rede gestellt, nachdem er das kapiert hatte. Er hatte ihr ganz offen und ohne Vorwurf mitgeteilt, dass ihre Launen ihn sehr schmerzten. „Andere Leute haben auch Schmerzen!" hatte sie ihm kalt geantwortet und das verstand er nun schon gar nicht mehr. „Meinst du damit dich?" fragte er behutsam. „Na, andere halt!" sagte sie ärgerlich und drehte sich auf die andere Seite. Jetzt ging gar nichts mehr.

Am nächsten Morgen klopfte er an der Tür des Angerfranz und fragte ihn, ob er am Abend eine halbe Stunde Zeit hätte. Im Gesicht des Alten zeigte sich keine Regung, weder Freude noch Abwehr. Ruhig und fest sagte er mit einem Kopfnicken: „Zur gewohnten Zeit." Und das war keine Frage. Unruhig war Bert eigentlich den ganzen Tag, die Arbeit lenkte nicht ab und das kommende Gespräch drängte sich immer wieder in seine Gedanken. Mit Mühe und Not vermochte er sich auf die wirklich wichtigen Dinge zu konzentrieren. Er konnte den Feierabend kaum erwarten.

„Du hast gesagt, der Diamant muss geschliffen werden. Ich werde jetzt geschliffen – jetzt ist eigentlich nicht ganz richtig, ich werde schon länger geschliffen, habe es aber erst jetzt kapiert. Meine Frau gibt mir ganz schön zu denken. Mir kommt vor, sie sucht andauernd Streit, weil sie es nicht aushält, wenn wir in Frieden leben, als wäre ihr das langweilig. Sie lässt mich eine gewisse Geringschätzung fühlen, wenn ich nach einem Streit einzulenken versuche und manchmal deutet sie an, dass ich eigentlich kein ganzer Mann bin.

Mir scheint, sie ist ziemlich unzufrieden in unserer Ehe. Wie ist das mit dir? Du bist wohl nicht verheiratet?"

„Ich war verheiratet und meine Frau ist mir in jungen Jahren weggelaufen. Ich will dich ja nicht verunsichern, aber die Gründe waren ähnlich wie bei dir. Heute verstehe ich, was da passiert ist."

„Mache ich etwas falsch? Bin ich schuld an unseren Streitereien, ich bin mir eigentlich keiner Schuld bewusst."

„Weißt du, vor zweihundert Jahren wurden im Theater am Ende immer die Teufel verprügelt, deshalb sagt man auch heute noch: die armen Teufel. In deinem Theater bist du nur der Zuschauer und trotzdem wirst du verprügelt. Schuld bist du aber in keiner Weise. Das mit der Schuld ist überhaupt so ein Thema. Menschen haben scheint es den Drang, für alles und jedes einen Schuldigen zu finden, damit sie ihn dann aufknüpfen können. In Wahrheit liegt die Bedeutung ganz wo anders, denn schuldig wirst du immer. Wenn du bei deiner Frau nicht nachfragst wie es ihr geht, dann ist sie unzufrieden, und wenn du nachfragst, dann passt es auch nicht. Also wie du es auch machst, es ist verkehrt. So kann man einen anderen in die Enge treiben. Und wetten, sie weiß es nicht einmal!"

„Zum Teufel, was hat sie denn davon, wenn sie mich in die Enge treibt? Es geht uns ja beiden nicht besser dabei und sie selber heult oft genug nach dem Streit. Was hat sie denn davon, wenn sie mich in die Enge treibt?"

„Bist du sicher, dass sie wegen dir heult?"

Es entstand eine lange Pause. Bert fühlte sich, als hätte er einen Tornado im Kopf. Die Logik ließ ihn im Stich. Wenn sie einen Streit anfing und dabei eine Niederlage bezog, dann war das noch nachzuvollziehen, wenn sie heulte. Aber einige Male hatte sie auch schon geheult, nachdem sie sich durchgesetzt hatte. War jetzt der Streit so zermürbend oder was ging da ab? Da sollte sich einer auskennen mit den Weibern! Und was sollte das jetzt bedeuten, dass sie gar nicht seinetwegen weinte? Ja warum dann, zum Kuckuck? Zorn und Enttäuschung rauften in ihm um die Vorherrschaft.

„Bist du jetzt selbst am Heulen?" fragte ihn der Alte. Er merkte sehr genau, dass Bert sich hinten und vorne nicht mehr auskannte. „Du bist zu mir gekommen - sichtbar mit der Frage, was du tun kannst, um deine Beziehung zu verbessern. Dann musst du dir auch gefallen lassen, dass ich dir ein paar unangenehme Fragen stelle, allerdings nicht um dich zu verletzen, sondern um dir die Augen zu öffnen. Du bist ziemlich naiv unterwegs, Junge!"

„Ich verstehe zwar absolut nicht, warum ich ausgerechnet dich das frage, wo ich dich doch überhaupt nicht kenne, aber irgendwie habe ich das Gefühl, dass es richtig ist. Also wo bin ich naiv und wo siehst du meine Blindheit?"

„Du weißt selbstverständlich, dass wir Männer die Herren der Schöpfung sind. Und deshalb hat uns das Weib untertan zu sein!" Sein Gesicht zeigte einen klaren Widerspruch zu seinen martialischen Sprüchen. Es sollte bald klar werden, worüber er sich so sehr amüsierte. „Du weißt aus der Schule, was mit der Drohne passiert, nachdem sie die Bienenkönigin begattet hat. Und nicht anders ergeht es dem Männchen der Gottesanbeterin. Erst kommt der Sex und dann kommt der Tod!" Das letzte Wort war ironisch-gruselig gedehnt. „Selbst ein riesiges Bärenmännchen muss fein auf der Hut sein, wenn es dem Nachwuchs seiner Braut vielleicht zu nahe kommen könnte. Alles was die Natur braucht von den Männern, sind ihre Gene und ihre Erbanlagen. Die Aufgaben sind klar zugeteilt, zumindest bei den Weibchen: Kinder kriegen, damit der Stamm nicht ausstirbt! Und bei den Männern? Samen spenden und dann die Flucht ergreifen, damit sie nicht aufgefressen werden."

Frauen gefällt diese Zuordnung vielleicht nicht ganz so gut. Sie wollen immerhin auch einen Mann, der ihnen bei der Aufzucht ihrer Brut behilflich ist. Eindeutig aber haben sie die sichere Position, sobald man die Dinge biologisch betrachtet. Die Frauen haben eine innere Uhr eingebaut, die sie befähigt, nicht nur Kinder zu bekommen sondern sie auch aufzuziehen. Die Rolle der Männer ist da um vieles unsicherer. Und tief in ihrem kollektiven Unbewussten ist ihnen das voll bewusst. Nicht so wenige machen aus der Not eine Tugend. Es sind die Männer vom Typ „Don Juan". Sie einfach als egoistische

Lustmolche abzustempeln, mag manchen moralisierenden Frauen gefallen, diesen Männern hingegen gefällt ihr Tun ganz eindeutig!

Aus diesem biologischen Unterschied ergibt sich eines der häufigsten Missverständnisse zwischen Mann und Frau. Hatten die zwei ein gutes Gespräch und fanden sie ein gutes Einverständnis, dann bietet der Mann alsbald das Beste an, das er anzubieten hat: ich will mit dir schlafen. Sie hat daran aber wahrscheinlich noch lange nicht gedacht, sie war vielleicht mit dem Gespräch zufrieden. Und so sind jetzt beide unzufrieden: sie, weil er ein Unhold zu sein scheint, und er, weil sie seine scheinbar berechtigten Hoffnungen nicht erfüllt hat.

„Die Sicherheit über die eigene Aufgabe ist somit ganz klar auf Seiten der Frauen und damit die Unsicherheit nicht so weh tut, haben die Männer vor Jahrtausenden das Patriarchat erfunden, um sich der täglichen Todesangst nicht stellen zu müssen. In Träumen und Symbolen ist sie trotzdem da. Dem armen Samson in der Bibel ist zugestoßen, was alle Männer am meisten fürchten: im Augenblick der größten Schwäche, nämlich im Orgasmus, hat ihm die grausame Delilah sein Haupthaar abgeschnitten und ihn damit seiner übernatürlichen Kräfte beraubt. Irgend so ein Psychologe ist dann drauf gekommen, dass die Haare auch nur ein Symbol waren, und seither fürchten sich die Männer vor allem, was Zähne hat. Die Vagina dentata ist zum Fanal geworden. Wenn ihm das Weib im Augenblick seiner größten Schwäche im übertragenen Sinn die Eier abgebissen hat, dann wird er zum Pantoffelhelden. Das ist die Urangst des Mannes vor der weiblichen Sexualität, behaupten die Psychologen. Den Spruch aus dem Volksmund kennt man, der das Gleiche ausdrückt, in der umgekehrten Richtung allerdings. Hier sind nicht die Zähne von oben nach unten gerückt, sondern die Haare von unten nach oben und deshalb sagt man über eine giftige Frau, sie habe Haare auf den Zähnen!"

Weil er noch nicht ganz begriffen hatte, welch heißes Eisen der Alte hier ansprach, zeigte sich Bert vorerst einmal belustigt und grinste in sich hinein. Männer, die auf diese Weise ihre Selbstachtung verloren haben mochten, fielen ihm gleich mehrere ein. Das Bild eines Schoßes mit Zähnen war ja auch all zu drastisch. Aber das alles war außerhalb von ihm selber und er fühlte sich seltsam unberührt in seinen eigenen Gefühlen. Es fiel ihm gar nicht auf, dass sie ganz normal über ein Thema redeten, das in dieser Zeit sonst absolut nicht angesprochen wurde.

Der Franz setzte sich zurecht, blickte ihn eindrücklich an und sagte: „Jetzt zu deiner Frau. Was weißt du über sie, wer ist sie?"

Bert war total verblüfft, der Alte hatte ihn wieder zu sich selber geholt. Er wusste doch, wer seine Anna war. Er kannte sie seit Jungendtagen und sie war, seit er sich in sie verliebt hatte, eigentlich immer die Gleiche gewesen. Ja wie, stimmt natürlich, sie war immer die gleiche gewesen, aber wie war sie nun wirklich? Was wusste er über sie? Ihren Namen, die Schönheit ihres Gesichtes, ihre begehrenswerte Figur und noch ein bisschen mehr, das er erst kennen lernen durfte, nachdem sie ihn geheiratet hatte. Ja, und dann wusste er noch, dass sie die dritte Tochter des Mühlbauern war.

„Viel weiß ich wirklich nicht, da hast du Recht." sagte er kleinlaut. „Und was sie kann, das kenne ich auch nur aus dem Haushalt. Sie kann gut kochen und weniger gut Ordnung halten. Ich habe sie ja direkt vom Hof weg geheiratet."

„Beim Ab-Hof-Verkauf musst du wenigstens keine Steuern zahlen." grinste der Alte spöttisch. Es klang nicht bösartig, im Gegenteil, Bert hatte das Gefühl, dass er dadurch nicht mehr so sehr auf der Anklagebank saß, weil er gar so wenig über seine Frau wusste. Und dann kam ihm ein wahrhaft absurder Gedanke: wusste seine Frau vielleicht mehr über ihn als er über sie? Ein erstes Licht ging auf in seinem Hirn. Sie kannten sich so lange und hatten noch nicht einmal wirklich miteinander geredet. Sie hatten nur geschaut, dass jeder seine Sache machte, aber über ihre Gefühle hatten sie sich noch niemals ausgetauscht. Man sagte zwar gelegentlich: ich habe das Gefühl, aber geredet wurde deshalb noch lange nicht über Gefühle. Doch sie waren wichtig.

„Bei Bauern herrschen andere Gesetze und andere Gesetze erzeugen andere Gemütszustände. Vielleicht hast du der Tatsache, dass deine Frau eine Bauerntochter ist, nicht genug Aufmerksamkeit geschenkt."

Bert stand eilig auf, sagte ein leises Danke und legte das erste Mal seine Hand in die Pranke des Alten. Der Wald war von einer glasklaren Durchsichtigkeit wie er das noch nie bemerkt hatte. Er ging wieder rechts-links-rechts-links, aber er bemerkte es gar nicht. In der gleichen Trance kam er zu Hause an und traf seine Frau in einem verstörten Zustand an. Die kleine Blase an Glückseligkeit, in der er nach Hause geschwebt war, zerplatzte. „Was ist los, was ist passiert?"

„Wir müssen ausziehen!"

„Warum müssen wir ausziehen?" In seinem Hirn breitete sich Dumpfheit aus. Seit einem Jahr wohnten sie in Miete bei einem freundlichen Ehepaar in deren geräumigem Haus, er hatte immer die Miete bezahlt und nie gab es irgendwelche Misshelligkeiten. Im Gegenteil, sie durften sogar jederzeit die Räume der Gastgeber betreten. Er hatte es als Überbrückung betrachtet, bis er sich seinen Wunsch, ein kleines Häuschen, erfüllen würde können. Dass er jetzt dieses günstige kleine Quartier verlassen sollte, wollte ihm nicht in den Kopf. Erst jetzt fiel ihm auf, dass er von seiner Frau keine Antwort bekommen hatte. Mit dem Ausdruck Red-mich-nicht-an stand sie an der Abwasch und hantierte verloren mit Geschirr. Kurz entschlossen erhob er sich und begab sich zum Hauswirt. Erschrocken sah er den Groll im Gesicht des ehrbaren Mannes.

„Ich habe euch vertraut und jetzt das! Ihr müsst ausziehen und zwar sofort!" Bert sah hilflos in die Augen des Wütenden und machte eine Geste mit beiden Händen, die seine Ahnungslosigkeit ausdrücken sollte. „Ich lasse mich nicht bestehlen und ich habe deine Frau dabei erwischt, als sie Geld aus meinem Schrank nehmen wollte."

Benommen kehrte er in seine Wohnung zurück, er war jetzt mindestens so verstört wie seine Frau. Nach einer halben Stunde Qual hatte er endlich seine Frage herausgepresst, aber Antwort hatte er keine bekommen. Die Qual der Wortlosigkeit verlängerte sich über die halbe Nacht und als er am Morgen mit Brechreiz aus dem Bett stieg, glaubte er an den baldigen Weltuntergang. In seiner Ratlosigkeit zog er sich an und machte sich fertig wie an jedem anderen Tag, um in die Arbeit zu gehen. Anna hatte sich die Decke über die Ohren gezogen.

Als er das Haus verließ, stand der Hauswirt da und sagte bitter: „Was hast du da geheiratet? Wo hast du da hingeschaut? Kommt aus einem reichen Haus und bestiehlt ein armes!" Bert kämpfte mit den Tränen und brachte gerade nur die Frage heraus, ob er am Abend zu einer Aussprache kommen könne. Er hatte keine Ahnung, was er sich davon versprach, sah aber das Nicken mit einer spürbaren Erleichterung. Und jetzt nur schnell zum Franz!

„Passt eigentlich schon dazu." sagte der nachdenklich, empfahl ihm aber dann zu seiner Arbeit zu gehen und niemanden einzuweihen. Am Abend auf dem Nachhauseweg wollten sie weiter reden. Es war kein angenehmer Tag für Bert und er war noch wortkarger als sein Meister, aber seine Arbeit erledigte er mit der gewohnten Sorgfalt.

Die Trance auf dem Rückweg war heute von etwas anderer Art, er hatte einfach nur Nebel im Kopf. Kommt aus einem reichen Haus und stiehlt in einem armen. Immer wieder ging dieser Satz in seinem Kopf rundum, aber der war ausweglos und seine Gefühle dazu waren noch mehr als ausweglos. Was konnte in einem Menschen vorgehen, der andere ohne wirkliche Not zu bestehlen versuchte? Der Hauswirt verstand es nicht und er verstand es auch nicht. Er dachte an gestern und sagte sich jetzt auf den Kopf zu, dass er von seiner Frau einfach zu wenig wusste. Seine Anna als Kriminelle, das war eine Vorstellung, die absolut inakzeptabel war. Wenn sie nur reden würde, er hätte so gerne verstanden.

Endlich war er beim Angerfranz. Der hatte das Auge, der konnte ihm sagen, was mit seiner Frau los war. Er stolperte zur Tür hinein und ließ sich auf die Bank fallen. „Sie ist gestern beim Stehlen erwischt worden!" stieß er heraus.

„Gestern ging's dir so gut wie noch nie und heute geht's dir so schlecht wie noch nie! Stell dich darauf ein, dass jetzt eine Phase der

Unruhe in dein Leben kommt, Bert. Das ist normal, das gehört dazu, wenn man sich auf den Weg gemacht hat. Also wundere dich nicht! Sag, überrascht es dich nicht, dass ich dich gestern gefragt habe, was du von deiner Frau weißt, und dass sie genau gestern diesen Diebstahl versucht hat? Ist das Zufall, wenn so etwas am selben Tag passiert? Sicher nicht!"

„Ich versteh nicht ganz, was du mir sagen willst. Warum müssen zwei Dinge, die am selben Tag passieren, unbedingt miteinander zu tun haben?"

„Das müssen sie auch nicht. Aber zwei Dinge, die miteinander verbunden sind, wenn die am selben Tag Auswirkung zeigen, dann hat das etwas zu bedeuten. Du hast gestern erzählt von den unverständlichen Reaktionen deiner Frau und während du bei mir erzählt hast, hat sie zu Hause wieder eine unverständliche Reaktion gesetzt. Ist doch so, oder? Alle Dinge, die im Universum passieren, hängen zusammen. Das ist nicht immer leicht zu erkennen. In diesem Fall aber liefert dir das Verhalten deiner Frau einen Anhaltspunkt, so dass du leichter begreifen kannst, was mit ihr los ist. Was du mir erzählt hast, erhält durch das Gestrige eine Bestätigung. Hätte ich noch Zweifel gehabt, dadurch wären sie ausgeräumt. Mit diesen Informationen können wir nun daran gehen, den Schleier zu lüften."

„Entschuldige bitte, dass ich dir einfach nicht folgen kann. Hilf mir auf die Sprünge!"

„Gut. Aber denk bitte selber nach: deine Frau kommt von einem Bauernhof. Sind das reiche Leute?"

„Ja natürlich! Im Vergleich zu anderen sind die Bauern immer besser gestellt und der Mühlbauer auch noch einmal im Vergleich zu anderen Bauern. Dementsprechend gut steht der da, der Mühlbauer, und ich bin nur der kleine Schwiegersohn, weil nach den ersten zwei Töchtern kein heiratsfähiger Bauer mehr verfügbar war. Den Hof wird der jüngere Sohn bekommen und meine Frau ist hinausbezahlt worden. Viel war's nicht!"

„Was ist für die Bauern am wichtigsten?"

„Die Größe vom Hof und das Geld wohl auch."

„Und das Ansehen, nicht zu vergessen! Aber wer hat das Geld auf dem Hof?"

„Ja wer? Nun, eigentlich nur der Bauer. Und der tut so, als würde es allen gehören, tut es aber nicht. Ich habe einmal einen Bauernsohn gesehen, der hatte am Sonntag kein Taschengeld, weil er seinem Vater eine unpassende Antwort gegeben hat. Alle haben ihn ausgelacht."

„Was ist also neben Geld und Ansehen die wichtigste Tugend im Bauernstand?"

„Du meinst, das Nicht-Zurück-Reden, der bedingungslose Gehorsam? Ja stimmt, da habe ich einmal einen bei den Bauern geltenden Satz gehört: solange du die Beine unter meinen Tisch hältst, hast du zu tun, was ich will!"

„Gut, dann wenden wir uns jetzt den Mädchen zu. Welche Bedeutung haben sie auf einem Bauernhof? Hat deine Frau eine weitere Schulbildung erhalten?"

„Meine Frau hat nur die Volksschule besucht, obwohl sie nicht dumm ist. Aber dafür, hat sie einmal gesagt, dass sie gerne Lehrerin geworden wäre, war kein Geld da. Ich weiß nicht, das erste Mal kommt mir das heute eigenartig vor. Die hätten doch genug Geld gehabt."

„Aber *dafür* hatte man kein Geld! Mädchen sind Arbeitstiere, die man bei erster Gelegenheit günstig weiter bringt. Günstig oder weniger günstig. Wenn sie zu Hause bleiben, weil sie nicht schön genug sind zum Heiraten, dann sind sie ein Lebtag billige Mägde. Das sind die Mädchen! Stell dir vor, du bist ein solches Mädchen. Hoch angesehen in der Gemeinde und innerhalb der Familie ein nichts. Wie würdest du dich fühlen?"

Zorn stieg in ihm auf. Da gab es doch die Geschichte von jenem hübschen Bauernmädchen, das den gewünschten Bauernsohn nicht bekam und deshalb wieder nach Hause gehen musste. Dem Vernehmen nach war sie ein paar Jahre später verrückt geworden. Aufbegehren gegen den allmächtigen Vater, das war schon gar nicht möglich, da konnte man lieber gleich verrückt werden. - „Glaubst du, ist meine Frau verrückt?" fragte er zögernd.

„Ein klein bisschen wahrscheinlich schon, so wie du sie beschreibst. Du kannst daraus aber auch eine wichtige Lehre fürs Leben ziehen: ein Verrückter kann so lange witzig für dich sein, so lange du nicht den Haushalt mit ihm teilen musst. Hier endet die Erheiterung für gewöhnlich sehr rasch. Außenstehende, die diese Erfahrung noch nicht gemacht haben, finden den Verrückten aber noch immer witzig! Was tust du jetzt mit dieser Wahrheit? Schickst du sie in die Wüste oder kriegt sie eine Chance?"

Der Bert saß bleich da und sagte zuerst einmal kein Wort. Dann erhob er sich langsam und ging zur Tür. Er drehte sich um und schaute den Alten an. Der lächelte: „Du wunderst dich, woher ich das alles weiß, ja? Kleinigkeiten! Ich habe dir nur die richtigen Fragen gestellt und du hast alles selber gewusst, oder? Glaube mir, das ist noch gar nichts, was man wissen kann, da gibt es noch eine ganze Menge mehr." Er schaute ihn beinahe liebevoll an: „Junge, mach dir keine Angst, das sind jetzt noch nicht die großen Prüfungen, die du zu bestehen hast. Das sind nur kleine Vorübungen, ein Training für die wirklichen Aufgaben. Und jetzt geh und entscheide für dich, nach welchem Maßstab du deine Frau beurteilen willst."

Maßstab? Welcher Maßstab? Seine Frau, an der er so zärtlich hing, war eine Diebin aber auch das Opfer einer Familie, in der es wohl nicht sehr liebevoll zuging. Erst jetzt bekam er ein Bild von diesen Leuten, die sich immer das Mäntelchen der Erhabenheit umgehängt hatten. Anna war nur das kleine Rädchen, mit dem man sich dann beschäftigte, wenn man unbedingt musste. Zum Teufel, wo war die Mutter? Das Bild eines stummen, bescheidenen Weibes stieg in ihm auf, einer Frau im Hintergrund, die nur ganz selten und leise ihr „Ja aber" hören ließ. Ein Weibsbild, das praktisch kaum vorhanden war.

Na klar! Anna in Opposition zur Mutter, so wollte sie gewiss nie werden. So schwach, so unwirksam und bedeutungslos. Aber zu Hause war es ihr nie gelungen, sich Gehör zu verschaffen. Jetzt schon, bei ihm als Partner schon! War er so schwach? Oder konnte sie neben ihm anfangen, ihr eigenes Wesen zu entdecken, ihre Stärke zu spüren, weil er nicht die übliche bäuerliche Härte zeigte? Da hätte es eigentlich bessere Mittel gegeben, als einen Diebstahl zu inszenieren! Wie hatte der Franz gesagt: andere Gesetze erzeugen andere Gemütszustände? Sie hatte wohl glauben müssen, dass ihr niemand zuhören würde, wenn sie nur mit Worten auf sich aufmerksam machte, so war sie es gewohnt. Sie musste daher zu einem drastischeren Mittel greifen. Wie wäre es denn mir in dieser Lage ergangen? Er fühlte wie der Ärger ihn ihm zusammenschrumpfte. Hatte das der Alte gewollt? Egal, seine Frau war in bitterer Not und er war der Partner an ihrer Seite, der ihr helfen musste. Aber zuerst musste er die Unstimmigkeit mit seinem Hauswirt beilegen.

„Ich entschuldige mich in aller Form für die Handlung meiner Frau." Wenigstens war keine Wut mehr im Gesicht des Vermieters, als er das zu ihm sagte. Es entstand eine unangenehme, lange Pause. „Ich weiß nicht, warum sie es getan hat, sie hat mir keine Antwort gegeben. Wie sind zwar nicht reich, aber so etwas haben wir nicht nötig. Es gab keinen Grund."

Der Hauswirt wiegte den Kopf und meinte: „Aber ganz ohne Grund geschieht so etwas auch nicht. Es muss einen Grund geben. Habt ihr Unstimmigkeiten miteinander?"

„Nein, haben wir eigentlich nicht. Im Gegenteil, ich habe geglaubt, uns wäre es noch nie so gut gegangen wie in der Zeit, da wir hier wohnen. Ich versteh es nicht! Ich muss noch einmal mit ihr zu reden versuchen und ich glaube, das ist wichtiger als die Wohnungssuche. Darf ich damit zuwarten, bis ich selber klar sehe? Die ganze Angelegenheit hat ja für mich auch eine persönliche Dimension: ich muss wissen, ob ich mit einer Diebin weiterleben will!" Die letzten Worte waren gröber herausgekommen, als er das wollte. Er merkte selber wie verunsichert er war. Aber den Hauswirt schien das zu überzeugen. Sie einigten sich auf eine Frist von einer Woche. Dann ging er hinüber zu seiner jungen Frau und wusste wieder einmal nicht wie beginnen.

Sie lag im Bett, so wie er sie am Morgen verlassen hatte. Einen Augenblick dachte er sie wäre tot. Doch als er sie an der Schulter berührte, traf ihn ein verzweifelter Blick. Sie begann zu schluchzen und steigerte sich in ein regelrechtes Heulen bis sie endlich herausbrachte: „Ich weiß es nicht, ich weiß es nicht!"

Er zog die Schuhe aus und legte sich angezogen neben sie auf das Bett, damit er seine Hand wieder auf ihre Schulter legen konnte. Während sie noch immer weinte, wunderte er sich über seine Gefühle. Er spürte weder Zorn noch Zuneigung, er spürte praktisch überhaupt nichts außer dem Gefühl, auf einer großen Ebene zu lagern. Er war in einer anderen Form jenes Zustandes, den er vom Gehen kannte.

„Ich kann nicht abstreiten, dass ich es getan habe. Ich habe ihn gesehen wie er sein Geld in den Schrank gab und kaum war er weg, griff ich selber in den Schrank. Ich habe überhaupt nichts gedacht. Erst als er mit blutrotem Kopf vor mir stand und mich anschrie, wurde mir bewusst, was ich getan habe."

„Wir zwei leben jetzt seit über einem Jahr zusammen und haben kaum miteinander geredet. Der Franz hat mir bewusst gemacht, wie wenig ich von dir weiß. Schon gestern wollte ich mit dir ins Gespräch kommen, aber aus den bekannten Gründen ging das dann nicht. Warum schaust du mich so erstaunt an? Ach der Franz? Das ist der, den du als Angerfranz wahrscheinlich auch nur vom Sehen kennst. Ich habe mich auf meinem Arbeitsweg mit ihm angefreundet. Schau nicht so! Der Mann ist nicht verrückt, der hat all die klugen Leute aus dem Dorf schon lange im kleinen Finger! Ich habe ihn kennen gelernt und ich bin jetzt schon stolz, dass ich mit ihm reden kann."

Dass man etwas tun kann, ohne zu wissen warum, das wollte ihm partout nicht in den Kopf. Er kannte von sich selber schon, dass er manchmal gedacht hatte, das mache ich jetzt, und durch irgendetwas anderes abgelenkt war es unterblieben. Und auf einmal fand er sich dabei, das schon zu tun, was er sich vorher vorgenommen hatte. Aber das waren Dinge, die er ohnehin tun hatte wollen. Etwas zu tun, von dem man sicher wusste, dass man es nicht wollte, war seinen

Gedanken vollkommen unzugänglich. „Etwas in mir hat mich veranlasst, das zu tun." platzte sie in seine Überlegungen.

„Hör mal, wir haben zwar nicht riesig viel Geld, aber für uns beide hat es immer gereicht und wir haben uns sogar noch etwas weg gelegt, weil wir ja ein Haus bauen wollen. Das weißt du alles. Wenn du es also nicht nötig hast, jemandem Geld wegzunehmen, warum tust du es dann? Ist es Habgier, die dich treibt?" Er spürte wie sie unter seiner Hand erstarrte. Nachdem er sich auf den Ellbogen gestützt hatte, drehte er mit der anderen Hand ihr Gesicht zu sich herüber, damit er ihr in die Augen blicken konnte. „War ein Gefühl von Gier in dir?"

Sie dachte jetzt wirklich nach, das sah er an ihren Augen. „Nein" sagte sie nach einiger Zeit „eher ein Gefühl von Triumph."

„Mit dem Triumph war es schnell vorbei, als der Hauswirt vor dir stand!" sagte er bissig. Ihre Reaktion ließ ihn aufmerksam werden: „Nein, eigentlich gar nicht, das Gefühl hielt sogar noch an, als er schon mit mir schrie. Das versteh ich an mir selber nicht! Ich hätte mich ja zu Tode schämen müssen, doch in Wahrheit fühlte ich mich ihm überlegen. Erst als er sagte, wir müssten ausziehen, erst da fing ich an zu erschrecken und dann, mich zu schämen."

Sie lagen eine Zeit wortlos. Man konnte jemand schädigen und sich auch noch dabei überheblich fühlen. Das wollte ihm nicht einleuchten. In seinem Elternhaus wäre eine solche Haltung niemals denkbar gewesen. Halt: in seinem Elternhaus? Andere Gesetze erzeugen andere Gemütszustände. Er brauchte ein bisschen, bis er die Frage formuliert hatte: „Sag, ist das in deiner Familie vorstellbar gewesen, dass man einen anderen drangekriegt und dann lautstark darüber triumphiert hat?" Zu seinem Erstaunen war sie überhaupt nicht überrascht und meinte, das sei der Normalzustand gewesen. Es fiel ihr nicht auf, dass sich ihre Familie in der Öffentlichkeit immer als besonders rechtschaffen und sauber hingestellt hatte. „Wer hat dann von euch am liebsten diese Triumphrolle gespielt, die erste, die zweite oder du?"

Allmählich wurde ihr unbehaglich, weil sie nicht wusste, was er jetzt von ihr wollte. Er wusste ja auch erst seit wenigen Tagen, dass die Reihenfolge bei den Geschwistern etwas über ihren Charakter aussagt. Er ermunterte sie zur Antwort und musste dann erst die Information verarbeiten, dass es die Tine war, die älteste von den Töchtern aber dicht gefolgt vom kleinen Bruder. „Tine ist bei euch die Kronprinzessin, sie ähnelt am meisten den Eltern und vollzieht deren Willen. Müsste heißen, dass sich deine Eltern auch gerne erhaben fühlten und auf andere herabschauen, kann man das so sagen?"

„Meine Mutter nicht." sagte sie still. „Warum aber dann mein Bruder?"

„Weil er der Nachfolger ist. Sag, bist du oft unter die Räder gekommen zwischen Tine und deinem Bruder?" Er musste sehr aufmerksam sein, um ihr schwaches Nicken wahrzunehmen. „Und wer hat dich beschützt, wenn du in der Unterzahl warst? Niemand?" Wieder dieses Nicken. Freundlichkeit war bei den Bauern nicht die Regel, wie schon gesagt. Hinter der schönen Fassade mochte es ganz schön rund gegangen sein, das wurde ihm jetzt klar. Plötzlich schoss ihm ein Gedanke durch den Kopf: „Hast du vielleicht eine Wut auf deinen Vater?"

Flammen schienen in ihren Augen zu glühen, als sie ihm ins Gesicht fuhr: „Kümmere dich um deine feine Familie! Bei euch ist auch nicht alles in Ordnung!"

Gab es überhaupt eine Familie, bei der alles in Ordnung war? Er dachte sich kurz durch die Umgebung und erinnerte sich an die Aussage seiner Großmutter, dass es überall irgendetwas gäbe, in jeder Familie. Und je perfekter die Wirkung nach außen, umso tiefer der Sumpf im Inneren. Seine Großmutter war eine weise Frau gewesen. Und er fühlte sich jetzt daher von seiner Frau nicht angegriffen. Ja, es war die Wahrheit, auch bei ihnen war nicht alles so hundertprozentig. Aber sie fühlte sich offenbar angegriffen. Seine Frau war beleidigt, weil er nach der Ursache ihrer Probleme geforscht hatte.

„Willst du eigentlich selber wissen, warum dir das passiert ist?" Nach ihrer schroffen Ablehnung stieg ihm nun auch der Ärger

29

hoch. „Kannst du dir vorstellen, dass das für mich auch von Bedeutung ist? Ich habe sicher am wenigsten Schuld an dieser ganzen Geschichte, aber es fällt auch auf mich zurück, weil ich schließlich mit dir lebe."

So wütend wie sie war, so uneinsichtig war sie auch. Da war nicht ein Funken von Begreifen seiner Situation. Und irgendwann platzte ihm der Kragen: „Wenn du weiter mit mir leben willst, dann will ich die Gründe für dein gestörtes Verhalten wissen. Ich verlange, dass du mit mir zum Angerfranz gehst und mit ihm redest. Sonst ist es aus mit uns!" Sie schluchzte noch die halbe Nacht, ehe sie beide endlich Ruhe fanden.

Die ganze Sache schien jetzt erheblich an Fahrt aufzunehmen. Schon am Tag darauf hatte Bert um einen Termin beim Franz nachgesucht und der alte Herr hatte Zeit. Erstaunlich, dass er immer für ihn Zeit hatte. Er war sehr angenehm berührt von der fürsorglichen Art des Mannes, den er bis jetzt eigentlich kaum gekannt hatte. Kaum war nicht richtig, nicht einmal vom Sehen.

„Du brauchst keine Erklärungen abzugeben, ich weiß Bescheid." sagte Franz zu Anna. Sie saß in gedrückter Stimmung ihm gegenüber auf der Wandbank. Neben ihr nicht minder angespannt Bert, der den Alten in großer Erwartung anschaute. „Du bist also die dritte Tochter vom Mühlbauer. Man sieht es, von der Mutter hast du wenig. Da schau, die Augen, das Kinn, der ganze Gesichtsschnitt ist vom Vater." fuhr er an Bert gewandt fort, als dieser ihn ungläubig anschaute. „Was hast du noch von ihm? Hoffentlich nicht den Charakter, von dem halte ich nämlich nicht sehr viel. Dein Vater ist zwar ein angesehener Mann, aber ein guter Mann ist er nach meinem Dafürhalten nicht. Dazu ist er viel zu sehr aufs Geld aus. Und seine Kinder hat er immer kurz gehalten. Ich sehe wie du zusammen schrumpfst, also habe ich die Wahrheit gesagt. Na, wenigstens hast du es selber auch kapiert wie ich jetzt an deinem Nicken sehe. Also du hast keine Ahnung, warum du deinem Vermieter Geld zu klauen versucht hast? Dir fällt nichts ein?

Ob du es glaubst oder nicht, ich sehe das auf den ersten Blick! Euer Vermieter, der Herr Winter, ist gleich groß wie dein Vater, gleich alt, hat die gleiche Haarfarbe und schaut ihm auch sonst nicht ganz unähnlich. Auch du hast gewisse Ähnlichkeiten mit ihm. Aber gegen den Winter hast du nichts. Dein Mann war schon ganz nahe dran mit seinen Überlegungen, denn du hast dich mit diesem Diebstahl an deinem Vater zu rächen versucht. Was immer du glaubst, dass er dir angetan hat, du hast es ihm nicht vergeben und heimgezahlt hast du es ihm damit auch nicht. Denn du hast den Falschen bestraft."

Anna war noch weiter eingesunken. Sie hing nach vorne mit den Ellbogen am Tisch und ihr Gesicht war eine Mischung aus Protest und Schuldbewusstsein. Diese Stimmungen sprangen in ihrer Mimik hin und her. Ihre Schultern zuckten. „Ich war immer nur die letzte und wenn sie mich überhaupt wahrgenommen haben, dann haben sie mich ausgelacht. Und wenn ich protestiert habe, haben sie noch mehr gelacht. Wenn ich aber geweint habe, haben sie mich nicht mehr beachtet. Ich war der letzte Dreck!"

Auf der untersten und ersten Stufe der Selbsterkenntnis ist es hilfreich, sich vorzustellen, es gäbe keine Außenwelt. Alles was im Außen passiert ist nur ein Spiegel des eigenen Inneren. Erst wenn die Seele geläutert ist von dem Drang, die eigenen Unfertigkeiten immer einem anderen in die Schuhe zu schieben, konnte man von dieser Vereinfachung ablassen. Denn dann nahm man nicht mehr das Maß von den Schuhen der anderen. Diese bekannte Methode benutzte nun auch der Franz.

„Deinen Geltungsdrang hast du aber schon von deinem Vater. Du brauchst dich nicht so wichtig zu machen, wenn dich jemand mag, dann mag er dich auch ohne Wichtigmacherei - und sogar eher lieber. Und wenn dich aber einer nicht mag, worum möchtest du dann betteln? Aber du trägst deine Wichtigmacherei ja nicht offen zu Schau, du versteckst sie und lebst sie dann so aus, dass sich die anderen mit dir beschäftigen müssen. Du bist ein verschlagenes Kind! Mit deinen Heimlichkeiten erzwingst du dir Aufmerksamkeit. Das ist normalerweise eine Methode gestörter Kinder, du bist aber schon eine erwachsene Frau – es wird Zeit, dieses Verhalten zu überdenken und abzustellen."

Er redete ruhig und freundlich, ohne jedes Moralisieren oder Ermahnen in der Stimme, wenn auch mit einem mächtigen Nachdruck, dem man nicht widerstehen konnte. Anna war jetzt vollends in sich kollabiert. „Ich weiß nicht warum, aber ich weiß du hast Recht." sagte sie stockend, mit laufender Nase. „Ich möchte gerne bei dir bleiben" wandte sie sich dann an ihren Mann „Ich weiß, ich bin nicht immer ganz einfach zu handhaben, aber du hast mich bis jetzt immer ernst genommen." wohl auch, um dieser wuchtigen Predigt zu entkommen.

Der Alte schaute ihnen gedankenvoll nach, sah ihre Aura und ihren so unterschiedlichen Gang, während sie das Grundstück verließen. Ob das alles war für die beiden jungen Leute? Er sah da etwas anderes, vor allem bei Anna. Da waren nicht nur der Ärger und die alte Enttäuschung in ihrem Gesicht, da war ein kaum sichtbarer Schatten von Trauer um ihre Augen. Er kannte das.

Er setzte sich in den hinteren Winkel, entzündete eine Kerze, ging in den Schneidersitz und war nach wenigen Minuten in tiefster Trance. Über seinem Haupt bildete sich ein silbernes Geweih, das seinen Schimmer in der ganzen Stube verbreitete.

Es war der Sommer des Winters auf einer weiten Ebene. Ohne jegliche Kraftanwendung zog der Hirsch über die Ebene. Sein Geweih strahlte silbern und das ganze Tier war eine Erscheinung von energetischem Licht. Am Ende der Ebene wartete ein junger Mann und der Hirsch glitt mit rollenden Läufen auf ihn zu. Er senkte sein Geweih vor dem Jungen und dieser verbeugte sich vor dem edlen Tier. Er griff ihm auf die Nüstern und streichelte sie zärtlich. Er tätschelte seine Flanken und strich über den Hals. Der Hirsch küsste den Jungen auf den Nacken und dann begannen sie eine kurze Beratung, während derer der Junge eine Geweihstange des Hirschen hielt.

Gemeinsam beugten sie sich hinab zu ihren Füßen, wo die Käfer krabbelten. Je weiter sie hintergingen, umso mehr entpuppten sich die Käfer als Menschen, die in ihren Städten und auf ihren

Ländern ihrer Tätigkeit nachgingen. Sie sahen tiefe Straßenzüge und wie auf den Kreuzungen des Lebens sahen sie von oben die Orte, wo Menschen arbeiteten und feierten, wo sie liebten und sich vermehrten, wo sich Konflikte anbahnten und Unglücke ereigneten und wo sich Seelen aus ihrem erlittenen Karma wieder befreiten.

Sie gingen ganz in diese Welt von Käfern und Menschen bis sie selber Teil davon geworden waren. Andere Gestalt hatten sie, andere Sprache, doch immer die gleiche Seele. Sie erkannten sich wo immer sie aufeinander trafen. Dann standen sie beisammen und der Junge streichelte den Hirsch und dieser küsste ihn im Nacken. Sie unterhielten und berieten sich in großer Zärtlichkeit und beugten sich hinunter zu ihren Füßen, wo die Käfer krabbelten. Je weiter sie hinuntergingen, wurden aus den Käfern Wesen, die den Menschen sehr, sehr ähnlich waren, jedoch gänzlich andere Energien verwendeten. Sie waren von beglückender Lebendigkeit und Fröhlichkeit.

Da erhoben sich die zwei wieder in die höhere Dimension und in die nächste. Und wie sie jetzt über die weite Ebene ohne Winter- und Sommerdifferenz in die große Dunkelheit blickten, nahm man das erste Mal eine kleine Sorge in ihrem Wesen wahr. Eine Sorge, als käme von dort möglicherweise eine Gefahr. Das Universum war voll von Energie und manche dieser Energien beanspruchten ungeheuer viel Platz. Dann bauten sich Türme auf und noch höhere Türme und zuletzt brandeten die Energien von ihren eigenen Türmen zurück und zerbarsten auf der großen Ebene, um dort zur Ruhe zu kommen. Unter ihren Trümmern lagen die letzten Fragmente der alten Energiewelten. Ein neuer Sturm von Energien würde kommen und auch die jetzigen Türme niederreißen und wieder eine alte Welt hinwegfegen. Immer sich wiederholend. Der Junge und der Hirsch wussten das.

3. Reflexionen

Beinahe täglich hob ein jeder die Hand zum Gruß, wenn sie sich sahen. Bert auf seinem Weg zur Arbeit und der Angerfranz in seinem alten Haus. Zu arbeiten schien dieser überhaupt nicht, er war immer zu Hause und eines Tages trat der Junge wieder einmal unangemeldet in das Heim des Alten. Es war Zeit für ein Gespräch, wieder einmal nach einigen Wochen. Er musste seine Seele entrümpeln und dafür gab es für ihn keinen Platz mehr als den hier.

Franz saß wie immer an seinem Tisch. „Rede, ich höre dir zu!"

„Wo hast du das gelernt? Ich meine wie bist du zu deiner Art zu schauen und zu reden gekommen? Bist du ein Prophet, von dem keiner weiß?"

„Ich bin kein Prophet, aber gewisse Dinge sieht man, wenn man nicht völlig in der Dorfgemeinschaft aufgeht. Und ich hatte auch Helfer."

„Meine Bewunderung hast du, aber wie ich dich einschätze, brauchst du die am aller wenigsten! Es ist mir wichtig, dir zu sagen, dass ich noch nie zu einem Menschen ein solches Vertrauen hatte wie zu dir. Eigentlich wollte ich sagen wie zu einem Freund, aber du bist viel mehr als ein Freund."

Der Alte saß nur da und hörte sich das an. Sein Gesicht war nicht unzufrieden, zeigte aber keine besondere Regung. Er musterte ihn aufmerksam und wartete sichtlich auf das, was sein junger Gast nun vorbringen würde. Der aber war so voll von Emotionen, dass er nicht wusste wo beginnen. Nahe liegend sollte er doch von den Nachwirkungen ihres letzten Besuches erzählen. Dass er sich beim Vermieter für seine Frau entschuldigt, ihm etwas von einem kurzfristig verwirrten Geisteszustand erzählt und damit die Verzeihung dieses großzügigen Mannes erwirkt hatte, ließ er vorläufig als unbedeutend unter den Tisch fallen. Der Zustand von Anna schien ihm wichtiger. Also hob er an:

„Meine Frau hatte einige Tage zu kiefeln an dem, was du ihr gesagt hast. Am ersten Abend war sie stumm wie ein Fisch, dafür hat sie am zweiten geredet und gerechtet, als ginge es um ihr Leben. Genau genommen hatten ihre Erzählungen den Charakter von Selbstgesprächen und die meiste Zeit schien es ihr ziemlich egal, ob ich zuhörte. Es handelte sich um reichlich wirre Anschuldigungen, die sich einmal gegen ihren Vater und dann wieder gegen dich richteten. Entschuldigungen ihres Vaters wechselten ab mit Angriffen auf ihn. Es kam mir beinahe so vor, als hätte sie über diese ganzen Dinge das erste Mal richtig nachgedacht. Dass aber bis zu diesem ersten Mal Nachdenken schon ein lange Kette von Schmerzen vorlag, das war nicht zu überhören. Ein bisschen ist sie schon verrückt, da hast du Recht. Ich habe verstehen gelernt, was ungerechte Behandlung in einem Menschen auslösen kann. Was ich aber noch nicht verstehe: warum können Menschen Unrecht so gründlich vergessen, dass sie es hinterher sogar noch abstreiten? Meine Frau hat zwischendurch ihren Vater sogar ganz heftig verteidigt. Da konnte ich nur noch staunen."

„Viele Menschen glauben, sie seien das, was sie denken. Dass es jenseits des bewussten Denkens auch noch eine Welt gibt, wissen sie nicht. Stell dir vor, du wärst als Kleinkind von einem Hund massiv bedroht, jedoch nicht gebissen worden. So massiv, dass du dir in die Hosen gemacht hast. Glaubst du, dass du heute gerne einen Hund hättest? Würdest du dich von einem Hund grundsätzlich beschützt fühlen? – Siehst du! Und so ist es mit allen vergessenen Erlebnissen. Ohne dass du es weißt, gehst du bestimmten Dingen ganz gezielt aus dem Weg, um dich nicht an eine Begebenheit erinnern zu müssen, die vor langer Zeit einmal unangenehm war. Umgekehrt suchst du natürlich auch Umstände, die vor langer Zeit angenehm waren. Ganz allgemein, das, was du kennst, ist dir vertraut und damit kannst du besser umgehen, daher wirst du solche Lebensumstände später selber herstellen, die dir sehr früh vertraut geworden sind. Und all das machst du vollkommen unbewusst, all das machst du als Reaktion auf Erfahrungen, die du längst vergessen hast."

Tatsächlich ist es nun so, dass wir die meisten wichtigen Entscheidungen unseres Lebens vollkommen unbewusst treffen. Weil wir uns aber so viel auf unseren Verstand einbilden, finden wir im Nachhinein logische Gründe dafür, warum wir diese oder jene Entscheidung getroffen haben. In Wirklichkeit laufen ganz viele tägliche Lebensprozesse vollkommen in der Stille unseres Unbewussten ab, um unser Bewusstes damit zu entlasten. Wir müssen nicht darüber nachdenken, ob wir Hunger haben oder warum wir nicht in die Sonne schauen, ganz zu schweigen, ob wir Atem holen sollen. Unser Unbewusstes ist unser wertvollster Diener, der nicht nur die fundamentalen Lebensfunktionen für uns regelt, sondern uns auch den Weg bei wichtigen Entscheidungen weist. Anderseits kann unser Unbewusstes aber auch durch üble Erfahrungen sehr irritiert sein. Es lässt uns dann Entscheidungen treffen, die wir mit unserem Bewusstsein als falsch bezeichnen. In Wahrheit aber führt uns das Unbewusste genau dorthin, wo noch ein inneres Problem seiner Lösung harrt. Leider wollen wir dem Schmerz, der damit verbunden ist, nur zu gerne aus dem Weg gehen und daher sagen wir dann: die Entscheidung war falsch.

Dieser Mechanismus in unserem Unbewussten wird am allerwirksamsten, wenn uns der Eros ergreift wie das schon die alten Griechen genannt haben. Genau die oder der, die oder den wir erwählt haben für den Höhenflug unserer Seele, repräsentiert neben viel Angenehmem ein Stück vom unerlösten Schmerz in uns. Genau dort zieht es uns aber auch immer wieder hin, um etwas zu erledigen, das erledigt werden will. Und deshalb lassen wir uns immer wieder auf Menschen ein und immer wieder mit der gleichen Hoffnung, das ist jetzt der Richtige!

In einer Beziehung kann niemand etwas auf die Dauer verbergen. Schamlos wird das Beschämende ans Licht der Öffentlichkeit gezerrt. Da begegnen sich die Wesenskerne zweier Menschen und leisten unfreiwillig gegenseitige Hilfe zur Aufdeckung einer störenden Schwäche im Inneren des anderen. Weil die Anziehung, die Nähe aber so groß ist, hört man sich die Anschuldigungen an, die man sich von niemand anderem gefallen ließe. Eros und Beziehung sind daher ein radikaler Selbstheilungsversuch mit Hilfe eines Partners, der genau deshalb recht bald als grauenhafter Störenfried empfunden werden kann. Wenn sich jemand nicht auf eine Partnerschaft einlässt, dann beweist er damit nur, dass er sich innerlich gegen die Entdeckung eines unangenehmen Persönlichkeitsanteils zur Wehr setzt. Denn letztlich geht es immer um das Heil der Seele. Und aus einem Grund, den wir nicht verstehen können, weiß unser alter Mann in der Geschichte, wovon wir hier sprechen.

„Verzeih bitte, ich habe versucht mitzudenken. Das ist in diesem Fall für mich nicht ganz einfach, vor allem habe ich den wiederholten Wechsel von Verehrung und Wut gegenüber ihrem Vater noch nicht verstanden. Kann wirklich beides zugleich in meiner Frau sein? Liebe und Hass zugleich?"

„Nehmen wir einmal an, ein Mensch käme mit vollkommen geordneter Gefühlswelt auf der Erde an. Also Liebe ist Liebe, Wut ist Wut, Freude ist Freude, Hass ist Hass und so weiter. So lange diese Gefühle von außen nicht gestört werden, bleiben sie geordnet und stehen voll im Dienste dieses Menschen, der damit auch für seine Entwicklung weit bessere Chancen hat als der andere, von dem wir gleich sprechen werden. In vielen Familien hat die Erziehung jedoch eine ähnliche Funktion wie ein Kochlöffel, der im unzeitigen Moment im Topf der Gefühle zu rühren beginnt. Jetzt kommt alles durcheinander. Freude verbindet sich mit Unglauben, Hoffnung mit Zögern, Zorn mit Unsicherheit und zuletzt vermischt sich Liebe mit Hass, sie wird zur Hassliebe.

Wenn ein Kind geboren wird, dann liebt es seine Eltern bedingungslos, also ohne Wenn und Aber. Dann kommt der große Kochlöffel und damit später die große Verunsicherung. Der Vater hat ja nicht nur schlechte Seiten, er kann auch sehr lieb sein, wenn ihm gerade danach ist. Und je größer die Sehnsucht nach ihm ist in seinem kleinen Mädchen, umso mehr wird sie alle seine schlechten Seiten akzeptieren und für gute halten. Die Sehnsucht ist natürlich umso größer, je mehr er sich entzieht. Früher oder später weiß sie nicht mehr, wo hinten und wo vorne ist. Damit sind Zuneigung und Abneigung gleich stark und die Seele des kleinen Wesens ist gelähmt. Sie wird irgendwann seltsame Dinge tun, die sie selbst nicht versteht, um diesem Starrezustand zu entfliehen. Und diese Dinge können sehr schädlich sein!"

„Also zum Beispiel stehlen!"

„Das wäre der sichtbare Anteil der versteckten Wut! Andere Menschen zeigen die unbewusste Wut in offener Form und schlagen auch bei unpassender Gelegenheit zu. Die Wurzel ist aber jedes Mal die gleiche. Was ich dir hier erzähle, ist nur die einfachste Form von Störung im Gefühlsleben. Die Gefühle können in einer Weise ineinander verschlungen sein, dass wir von echtem Wahnsinn reden können. Aber auch bei einem weit geringeren Ausmaß von Störung finden solche Menschen keinen Zugang mehr zu ihren wahren Gefühlen. Und wenn sie schon ihre eigenen Gefühle nicht verstehen, wie sollen sie dann andere Menschen verstehen? Hast du einmal beobachten können wie grausam Kinder zu Tieren sein können? Das ist auch so ein Hinweis auf eine Erziehung, die Chaos ins Herz der Kinder pflanzt. Du siehst, der Dämon der Grausamkeit wird von den Eltern an die Kinder weitergegeben."

„Ich habe solche Beobachtungen machen können und ich habe mich gefragt, warum Kinder ohne Anlass so gemein sein können. Da ist mir ein Hund in Erinnerung, der von Kindern so drangsaliert wurde, dass er von da an durchs Leben hinkte. Jetzt verstehe ich das. Aber wenn ich das in allen Details durchdenke, dann kommt mir das Grausen, da möchte ich dann bald besser nichts mehr davon wissen. Da kommt mir sofort der Gedanke an den großen Krieg und die ungeheuren Grausamkeiten, die dabei geschehen sind. Das würde doch heißen, dass eine große Anzahl der Menschen solche Störungen in sich trägt, die sich im Weltkrieg mit einem Schlag Luft gemacht haben!"

„Deine Überlegung ist richtig und glaube ja nicht, dass es damit genug ist. Es wird noch etwas kommen, schlimmer als es jemals war. Denn solche Gemüter können erst Ruhe geben, wenn wirklich alles kaputt ist. Sie sind erst zufrieden, wenn es keine Gelegenheit mehr gibt unzufrieden zu sein, weil nichts mehr da ist von den alten Zuständen, womit man unzufrieden sein könnte. - Aber jetzt versuche einmal das Bild all dieser Abläufe zusammenzusetzen mit allen Konsequenzen, die sich daraus ergeben."

„Wenn die Seele eines Kindes durch falsche Erziehung gestört wird, dann entsteht ein Chaos im Gefühlsleben, dessen das Kind allein nicht Herr werden kann. In der Folge ist es nicht mehr fähig, seine wirklichen Gefühle wahrzunehmen, weil sich immer andere ungeläuterte Gefühle einmischen. Also schaut es irgendwann einmal gar nicht mehr hin. Wer die eigenen Gefühle nicht wahrnimmt, kennt auch die seiner Mitmenschen nicht, oder zumindest nicht gut. Das erklärt den größten Teil der Grausamkeiten zwischen den Menschen. Wer den eigenen Schmerz nicht richtig spürt, der spürt auch den seiner Mitmenschen nicht."

Der Alte erhob sich elastisch von seinem Stuhl und trat vors Haus. Bert folgte ihm, ohne einen Gedanken zu verschwenden wie ein Hündchen. Der Franz sah ihn eindringlich an und sagte:

„Spring auf das Dach und schau dir die ganze Geschichte von oben an!"

Bert war für einen Augenblick irritiert. Was wollte er da von ihm? Er würde doch wohl nicht verlangen, auf das Dach zu klettern. Springen konnte eine Katze. Oder ein Vogel kam da hinauf, - klar, er meinte die Vogelperspektive! Also schloss er die Augen und versuchte sich ein Kind vorzustellen mit verwirrten Gefühlen. Bald lief es ziemlich orientierungslos im Garten umher und wusste nicht recht was tun. Dann fiel ihm der Kochlöffel ein und er sah auch schon die Mutter damit hantieren. Doch nein, er sah auch den Vater. Wiederum falsch, es waren beide Eltern, die gemeinschaftlich die Unruhe in das kindliche Seelenleben brachten. Und die Eltern standen eine Ebene höher, nichts desto trotz waren sie es, die dem Kind den Schaden zufügten. Warum taten sie das bloß? In diesem Augenblick kippte das Bild vor seinen Augen und er sah die Eltern als Kinder durch den Garten irren und wieder waren eine Ebene höher andere Eltern, die den Kochlöffel, das Instrument der Verstörung bedienten.

„Es sind die Eltern, die ihre Kinder durch ungeschickte Erziehung stören und ihnen den Zugang zu den eigenen Gefühlen erschweren. Dabei ist es ihnen gar nicht vorzuwerfen, denn auch sie hatten Eltern, die sie durch falsche Erziehung in die Verunsicherung führten. Und ich sehe sogar Nachbarskinder, die wegen der engen Beziehung untereinander von der Störung in Mitleidenschaft gezogen wurden. Es geht aber noch weiter! Sogar eine Ebene höher sind unter den Erwachsenen gegenseitige Verstrickungen und Störungen zu bemerken, von denen die Kinder wiederum negativ beeinflusst werden. Ja, die Eltern verstärken sich gegenseitig in ihrer fehlerhaften Erziehung und reden sich ein, nur so sei einem Kind der richtige Weg für das Leben beizubringen. Was für ein entsetzliches Gestrüpp von Beziehungen!"

„Jetzt verstehst du auch, warum ich immer sage, das Unglück ist ein Ringelspiel. Wenn es beim einen seinen Ausgang nimmt, dauert es nicht lange, bis es in veränderter Form wieder zu ihm zurückkehrt. Aber der weiß das nicht und daher meint er, der, der ihm gerade gegenübersteht, sei der Schuldige, und der müsse daher bekämpft werden. Und wenn du eine Ebene höher steigst, dann siehst du, dass eine bestimmte Form von Misshelligkeiten nicht nur in der Familie sondern in der ganzen Gemeinde vorherrscht. Man sagt dann, die „Regensburger", die „Wiener" oder die „Römer" sind eben so. Und wieder eine Ebene höher sagt man: die „Italiener" die „Deutschen", die „Franzosen" sind halt so. Und so schiebt man sich gegenseitig die Schuld für die aus Unbewusstheit selbst verursachte Malaise zu." Er hielt einen Augenblick inne, dann setzte er fort.

„Wenn immer nur die Eltern schuld sind am Elend der Welt, dann brauchst du nur mehr drei Purzelbäume und du bist bei Adam und Eva angelangt. Dann sind wir alle nur unbewusste Marionetten, die ihre Schuld schuldlos an die Nachkommen weiter reichen. Heißt katholisch: Erbsünde! So wird die Schuld von einer Generation an die nächste weitergereicht, es sei denn jemand hätte sich entschlossen, die Kette endlich zu unterbrechen, was ja laut katholischer Lehre gar nicht geht. Religionsgemeinschaften haben nämlich selten eine hohe Meinung vom Charakter ihrer Mitglieder. Im Gegenteil, sie halten sie für ganz beachtliche Schurken, denen man die Schlechtigkeit erst einmal aus dem Leib prügeln muss. Das Bewusstmachen der eigenen

Denkfehler wäre aber sehr wohl in der Lage, die nachkommende Generation vor dem gleichen Fehler zu bewahren, ohne sie zu prügeln. Aber dazu muss man sich erst einmal selber auf die Schliche kommen. Könnte man Schuld und Sünde darüber hinaus als Hilfe anstatt als Vorwurf verstehen, dann hätte das Ganze einen echten Sinn.

Weil einem das Kindergeschrei von: du bist schuld! und so ähnlich jedoch ungut in den Ohren klingt, hat man das Wort Schuld ersetzt und spricht jetzt vom Verursacherprinzip. Das klingt schöner und meint den gleichen Schmarren. Es scheint für Menschen das wichtigste Bedürfnis, den Schuldigen zu finden und ihn ans Kreuz zu nageln. Falls dir das Wort Esoterik schon einmal unter gekommen ist, da gibt es auch so etwas wie den ewigen Schuldgedanken: wenn du in einem Leben etwas verbockt hast, dann musst du es im nächsten Leben ausbaden. Und du kannst beinahe unendlich viele Leben haben. Es klingt beeindruckend, wenn sich so etwas dann Karma nennt, trotzdem ist es nichts als der alte Schuldgedanke. Schuld und Sühne beschäftigen das menschliche Denken weit mehr als Vergebung und Erlösung. Vor allem die Vergebung, denn die könnten wir alle gewähren, wenn es nicht so mühsam wäre."

„So habe ich das noch nie gesehen. Es könnte einem übel werden, wenn man sich die Konsequenzen der menschlichen Einfalt anschaut. Ich weiß gar nicht, ob ich glücklich sein soll, das alles jetzt dank deiner Hilfe zu verstehen. Ich bin völlig durcheinander!"

Er stolperte nach Hause und versuchte sich darüber klar zu werden, was das alles für ihn und seine Frau heißen mochte. Es kommt dir alles im Leben zurück, sagte der Volksmund und der Angerfranz hatte ihm soeben bewiesen, dass das stimmt. Bisher hatte er das für eine etwas nebulose Weisheit gehalten, jetzt wusste er, es war eine beinharte Wahrheit. Genauso wie: fremder Schmerz geht nicht ans Herz! Er würde Anna erzählen wollen von den Dingen, die er jetzt verstand und die er besser machen wollte, weil es unsinnig war, im Ringelspiel des Leides mitzufahren, wie der Franz das genannt hatte.

Schon während des Abendessens begann er begeistert und betroffen gleichermaßen zu erzählen von dem, was ihn so sehr bewegte. Erst nach einiger Zeit bemerkte er, dass sie ihm offensichtlich kaum zuhörte. Er sah sie an und schaute in ihre Augen, die dunkel waren von Schmerz und Verlegenheit. „Verstehst du nicht, was ich dir sagen will? Wir können unser Leben sehr vereinfachen, wir können uns viele Leiden ersparen!"

Sie rührte sich nicht und er begann zuerst ihre Hand und dann ihren Arm zu streicheln. „Die Lösung ist im Grunde ganz einfach: wir müssen uns nur lieb haben!" Sie nickte gedankenverloren und ließ sich von seiner aufwallenden Zärtlichkeit ins Bett tragen. Heute nahm er sich besonders viel Zeit und verwöhnte sie mit allem, was er in seinem jungen Leben gelernt hatte und womit man eine Frau verwöhnen kann. Nachdem er in sie eingedrungen war, suchte er ihre Augen, doch sie blickte entweder wo anders hin oder sie hielt sie überhaupt geschlossen. Er wollte in ihren Augen ihre Seele finden, doch sie gewährte sie ihm nicht. Immer wenn er nach ihrem Herzen griff, erwischte er doch nur ihren Busen, dachte er frustriert. Es blieb ein schales Gefühl. Minuten später brachte sie dafür aber umso mürrischer zum Ausdruck, dass der Tisch vom Abendbrot noch nicht aufgeräumt sei.

Bert lag in der Dunkelheit und grübelte vor sich hin. Er spürte ihren Schmerz, doch er spürte auch ihre Ablehnung, ja sogar Aufsässigkeit. Es hatte ganz den Anschein, als sei sie nicht in der Lage, mit ihm über diese Dinge zu reden, die ihm so wichtig erschienen. Weil er jetzt ihre Aufmerksamkeit auf Sachen gelenkt hatte, die ihr nicht angenehm waren, war er natürlich schuld daran, dass es ihr nicht gut ging. Das hatte sie ihm vor dem Schlafengehen noch zu verstehen gegeben. Er verstand nicht, woran er schuld sein sollte, wenn er doch versuchte, ihr einen Ausweg aus der Schuld zu zeigen. Es war sichtbar, dass sie ihre eigenen Gefühle nur verworren wahrnahm, weil durch ihre Erziehung alles in ihrem Inneren durcheinander gekommen war.

Die Wut stieg auf in ihm. Viel zu neu war noch das ganze Wissen des Alten, zu unsicher war er noch in der Anwendung dieser Kenntnisse. Es ging ihm wie fast allen Menschen in einer solchen

Situation: er verfluchte die, denen er die Schuld am Unglück seiner Frau zuschrieb, er verdammte seine Schwiegereltern und den ganzen Bauernstand gleich in Pausch und Bogen mit dazu. Weil sein Gedächtnis so erstaunlich offen war in seiner eigenen Kindheitsgeschichte, fielen ihm Begebenheiten ein aus der Schulzeit, von Mitschülern aus dem Bauernstand, von ihrer Überheblichkeit und von ihrer verletzlichen Reizbarkeit. Jetzt verstand er besser, warum sie gar so explosiv sein konnten, so jähzornig und unkontrolliert. Der Hochmut des Elternhauses verband sich schlecht mit dem eigenen Gefühl von Unterlegenheit, das man in diesem Elternhaus empfand. Da waren die einen, die sich noch schlechter behandelt fühlten als der letzte Knecht, und da die anderen, die sich jedem überlegen wähnten und deren Anmaßung weit über das hinaus reichte, was sie von anderen über sich zu hören bekamen.

Als er es endlich schaffte, die Väter und Mütter selbst als verformte Kinder ihrer eigenen Eltern wahrzunehmen und die Wut auf die ganze bäuerliche Kultur auf den nächsten Tag zu verschieben, konnte er nun doch einschlafen. Als er am Morgen erwachte, wusste er, dass er einen Traum gehabt hatte. Alles war fremd in einem fremden Land und er wusste nicht was er tat. Es war kein Albtraum, es war nur alles ganz anders als er es je gekannt hatte.

Nach einem weitgehend ereignislosen Tag versuchte er am Abend wieder mit seiner Frau ins Gespräch zu kommen. Anna war gefasster und ruhiger als am Vortag, diesmal hörte sie ihm wenigstens zu. Dass sie ihm allerdings nicht folgen konnte, merkte er an Äußerungen wie: das war doch immer so – oder – die Bauern sind eben so! Er spürte ihren massiven Widerstand, sich sein Gedankengut zu Eigen zu machen. Sie äußerte das nicht wörtlich, sie redete auch nicht dagegen, sie verharrte einfach nur in träger Passivität. Ihr Gesichtsausdruck war der einer Fremden und sie blickte ihn ihrerseits an, als wäre er ihr fremd. Kein Wort und kein noch so zärtlicher Blick vermochten den Panzer ihrer Lethargie zu durchbrechen. Von ihr kam umgekehrt auch nichts, das als Ausgangspunkt für ein Gespräch dienen hätte können. Mit ihrer Strategie der Teilnahmslosigkeit ließ sie ihn einfach ins Leere laufen.

Ratlosigkeit stieg ihm hoch. Wann immer er das Gefühl hatte, nicht vor und nicht zurück zu wissen, stieg ihm der Ärger zusätzlich auf. „Wer bin ich eigentlich, dass ich mich von dir so königlich-herablassend behandeln lasse! Du kannst schon mit mir reden, immerhin habe ich dir auch ein riesiges Problem vom Hals geschafft!" Er sah sofort, dass das ein Fehler war, denn seine Frau kochte auf: „Wie lange willst du mir das jetzt noch vorhalten? Ich kann ja wo anders hingehen und einen Neuanfang machen!"

Die Drohung mit dem Verlassen ist ein beliebtes Machtspiel unter Eheleuten, weil sie den anderen punktgenau an einer Stelle trifft, an der wir alle verletzbar sind: du bist nicht gut genug für mich, dich lasse ich locker fallen! Schau du nur zu, dass dir jemand anderer am Morgen deinen Kakao wärmt! Diese Waffe wird normal aber erst dann zum Einsatz gebracht, wenn der Streit bereits ausreichend eskaliert ist. In diesem Fall kam die Drohung sehr früh, was auf Annas Unsicherheit schließen ließ, und außerdem war diese Waffe in jener Zeit ein eher stumpfes Instrument, weil eine Scheidung hierzulande im Gesetz nicht vorgesehen war. Nach einer Trennung konnte eine Frau mit einem anderen Mann nur noch in wilder Ehe leben, was in jedem Fall gesellschaftliche Ächtung bedeutete.

Bert zog sich das Herz zusammen. So hatte er sie noch nie erlebt. Was war denn jetzt in sein bisher doch eher ruhiges Weib gefahren? Eine Furie funkelte in ihren Augen. Ganz eindeutig wusste sie nicht, wovon sie redete. Sie war nur wütend. Er sah ein, dass er heute nichts mehr ausrichten würde können und erhob sich unschlüssig von seinem Sitz. Als er zur Tür hinausging, hörte er sie wieder hinter sich heulen. Alles war am Zerbröseln, was ihm wichtig gewesen war, denn die Beziehung war für ihn das Allerwichtigste. Er wusste nicht, sollte er rasen oder sollte er weinen. Das Gehen schuf keine Erleichterung. Als er nach Hause kam, war sie schon zu Bett gegangen. Er griff in den Schrank und nahm sich einen Schluck von dem guten Magenbitter, der sonst nur für die hohen Feiertage zugelassen war. Süß und bitter, dachte er, wie passend für heute! Süß, bitter, wärmend und berauschend.

Er widerstand der Versuchung, den Franz schon am nächsten Tag zu befragen. Kurz nur war er stehen geblieben, doch dann setzte er seinen Weg in die Arbeit fort. Am Nachhauseweg stand der Franz mit erhobener Hand vor dem Haus und Bert fühlte ein ganz eigenes Gefühl von Stärke und Frieden durch seine Seele ziehen. Als hätte ihm er Alte unsichtbar seinen Segen mit gegeben. Seines Wohlwollens war er sich sicher. Mit etwas mehr Zuversicht ging er seines Weges.

Größer hätte die Überraschung nicht sein können, als er zu Hause bei seiner Frau die junge Herta antraf, die beiden hatten sich offenbar angefreundet. Herta war dunkel und lebhaft und stand nicht nur im Ruf, recht gerne zu tratschen, sie galt in der Bevölkerung auch als Pritsche. Ihr Blick war ebenso neugierig wie herausfordernd, frech wie auch verschlagen. Sie musterte ihn mit Blicken, die ihm schlagartig klar machten, was hinter seinem Rücken geredet worden war, zumindest dass es nichts Gutes war. Die Herta versuchte ihn gleich auszuhorchen, was es denn mit dem Angerfranz für eine Bewandtnis und ob er sich dem alten Wirrkopf tatsächlich anvertraut habe. Sie ließ keinen Zweifel daran offen, dass sie die allgemeine Meinung über den alten Weisen teilte. Bei aller Freundlichkeit, die sie ihm entgegenbrachte, wurde er das Gefühl nicht los, dass das Gespräch zwischen den beiden Frauen, bevor er dazu stieß, einen konspirativen Charakter gehabt hatte. Seine Frau erschien ihm lebhaft und angeregt, doch sie wich seinem Blick aus und es war offensichtlich, dass sie kein reines Gewissen hatte. Nachdem jene endlich gegangen war, redete sie ihm vor, wie gut man sich mit der aufgeschlossenen Herta unterhalten konnte. Nun, vielleicht war es für seine Frau ja wirklich gut, sie schien heute entschieden fröhlicher und ansprechbarer. Im Laufe des Abends kamen bei ihm schon fast wieder zärtliche Gefühle hoch und Anna war bei weitem nicht mehr so angespannt wie in den letzten Tagen.

Nur zwei Tage später überraschte ihn Herta ein weiteres Mal. Im Begriffe, auf seinem Weg zur Arbeit in den Wald einzutreten, der auch das Anwesen des Angerfranz umfing, hörte er sich vom Waldrand her angerufen. Herta winkte ihm heftig und rief, sie hätte ihm etwas zu zeigen. Als er sich ihr durch die ersten Bäume näherte, hob sie plötzlich ihren Rock über die Mitte und zeigte ihm ihre schwarze Bürste. Da er unschlüssig stehen blieb, lief sie auf ihn zu, fasste ihn an den Schultern und schnurrte: „Du schöner Mann, du hast ja ein echtes Problem mit deiner verrückten Frau, du könntest auch einmal etwas anderes vertragen!" Sie schmiegte sich an ihn und drückte seine Hand auf ihren Busen, rieb ihre Scham an seinem Schenkel. Er wäre kein Mann gewesen, hätte er diesem Angebot ohne mit der Wimper zu zucken widerstehen können. Impulsiv fasste er zwischen ihre Schenkel und nahm Besitz von diesem nackten Geschlecht, das sich so offen anbot.

Seine Hose hatte sie ihm bereits geöffnet und war eben im Begriff, sein sich versteifendes Glied herauszuholen, als Bert ein schwirrendes Geräusch hörte. Ein Schwindel erfasste ihn und eine Stimme sagte laut: „Bert, pass auf!" Ein plötzlicher kühler Lufthauch aus dem Wald ließ ihn erschauern. Ein seltsamer Reiz lief seinen Rücken hinauf und sein Penis fiel um. Mit einem tiefen und lauten Atemzug wandte er sich von der bereits mit gespreizten Beinen am Boden liegenden Frau ab und ging zurück auf seinen gewohnten Weg. Wütend schrie sie ihm nach, dass er ein Feigling und in Wahrheit gar kein Mann sei. Sie schrie aber auch, dass er versucht habe, sie zu vergewaltigen. Er fühlte, sie habe noch nie so hässlich ausgeschaut wie jetzt, da er sie verschmähte. Er machte, dass er davon kam. Der Angerfranz grüßte ihn dieses Mal mit erhobenem Daumen. Eigenartig, so etwas hatte er an ihm noch nie beobachtet.

Auf dem Weg in die Werkstätte hörte er einmal eine leise Stimme flüstern: „Idiot, kann man so eine Gelegenheit einfach vorbeigehen lassen?" Nicht ganz ohne Herzklopfen traf er in seinem Betrieb ein. Hier herrschte betretenes Schweigen, denn der Meister hatte Walter, dem zweiten Gesellen mitgeteilt, dass er ab nächsten Monat keine Verwendung mehr für ihn haben werde. Es kämen einfach zu wenige Aufträge herein. Bert gab ihm einen freundschaftlichen Knuff an die Schulter und meinte, es werde sich schon etwas anderes für ihn finden, er sei da ganz zuversichtlich. Walter nickte gedrückt, doch schwer fiel es allen.

Diese neue Entwicklung in der Firma lenkte ihn ein bisschen ab von seinem Abenteuer am Morgen. So ganz gelang es ihm aber nicht, die Gedanken an Herta zu unterdrücken. Wenn sich ein Mann zu Hause nicht willkommen fühlt, dann werden andere Frauen in Windeseile um eins schöner und begehrenswerter. Denn ein Mann unterliegt oft genug der Versuchung durch seine eigenen Augen.

Zu Hause angekommen fand er eine heute einigermaßen entspannte Anna vor. Sie hatte begonnen, sich ein Kleid zu nähen und zeigte ihm stolz ihre ersten Fortschritte. Fast konnte man glauben, es sei wieder alles in Ordnung. Einen Augenblick dachte er, es wäre ehrlicher zu erzählen, was heute Morgen passiert war, aber dann verwarf er den Gedanken. So wie sie in den letzten Tagen gelaunt war, wusste man nicht, welches Ergebnis da zustande kommen würde. Er fühlte sich jetzt wieder einigermaßen sicher und seit mehreren Tagen küsste er Anna sogar wieder einmal auf den Mund. Es war nicht genau zu verstehen, warum sie heute nicht widerspenstig gesinnt war, aber es gelang ihm dann sogar, sie aktiv wieder auf den Bauch zu drehen mit der gleichen Folge wie beim ersten Mal. Er war glücklich und auch verliebt wie schon lange nicht.

So ein kleines Glück kann man leicht büßen, zumal man vielleicht mit einer launenhaften Frau gesegnet ist. Manches Mal spielt aber auch das Schicksal mit und manches Mal gar nur ein minderwertiges Weibsbild. Den nächsten Abend würde Bert so schnell nicht vergessen. Er sah seine Frau mit wutentbranntem Gesicht am Tisch sitzen, von wo sie ihn mit einem unflätigen Schimpfwort begrüßte. Auf dem Tisch lag die begonnene Handarbeit von gestern, sie war in kleine Stücke zerschnitten. Anna kochte und in diesem Augenblick war ihm klar, was vorgefallen sein musste. „Dass du dich an meine gerade erst gefundene Freundin heran machst, das passt ganz genau zu dir! Du willst mir Vorträge halten über das Gute und wie wir mit weniger zwischenmenschlichen Problemen leben können und dann treibst du es mit einer, die es ohnehin mit jedem macht! Du Schuft, ich glaube dir nie mehr ein Wort!" Sie brach auf den Tisch nieder und weinte hemmungslos.

Auf Bert stürmten die Gedanken ein. Was hatte Herta wirklich erzählt? Wer wusste sonst noch davon? Und wie kam es, dass seine Frau, die erst kürzlich mit dem Ende der Ehe gedroht hatte, plötzlich so eifersüchtig sein konnte? Verdammt, hätte er gestern nicht doch besser von dem Vorfall erzählt? Hätte sie ihm überhaupt geglaubt?

Anna sah und hörte nichts. Sie lag mit überkreuzten Armen auf der Tischplatte und jaulte wie ein getretener Hund. Sie nahm nicht wahr, dass auch er sich gesetzt hatte und dass sich in seinem Gesicht nun auch der Zorn abzubilden begann. Plötzlich hieb er mit der flachen Hand auf den Tisch. Es knallte wie ein Schuss. Anna fuhr entsetzt hoch und starrte ihn an.

„Jetzt sei einmal still!" bellte er und sein Gesichtsausdruck war wohl so, dass sie erschrocken schwieg. „Ich weiß nicht, was dir diese Schlange erzählt hat, aber das allermeiste davon ist sicher erlogen! Hat sie dir übrigens gesagt, wo das Verbrechen erfolgt ist?"

„Auf deinem Arbeitsweg im Wald." gab sie erstaunt zur Antwort.

„Was hat sie denn dort verloren an einem Werktag und am frühen Morgen, sie wohnt doch am anderen Ende des Dorfes? Hab jetzt ich ihr oder hat sie mir aufgelauert?"

Diese Frage schien Anna einigermaßen aus der Fassung zu bringen. „Ja, aber du hast sie doch verführen wollen und wäre sie nicht so standhaft gewesen, dann hättest du meine beste Freundin gevögelt!"

„Erinnerst du dich an die Geschichte aus dem Alten Testament mit Josef, dem die Frau des Verwalters nachstellte? Hat sie nicht das Gleiche behauptet? Ist Herta die erste Frau, die in einer solchen Geschichte keine Lüge auftischt?"

Anna war endgültig verunsichert. Sie wusste nicht mehr, wem sie glauben sollte. So wie ihr der eigene Mann in den letzten Wochen zugesetzt hatte, so traute sie ihm beinahe schon alles zu. Anderseits war sein klarer Verstand etwas, das sie glauben ließ, die Lüge könnte doch auf Seiten Hertas sein. Sie war sprichwörtlich hin- und hergerissen und ihr Kopf pendelte unschlüssig auf ihren Schultern.

Endlich fasste sie sich soweit, dass sie eine Forderung an ihn stellen konnte. „Was ist wirklich passiert gestern Morgen in diesem Wald?"

„Ich habe dich nicht betrogen, ist dir das nicht genug? Warum willst du Genaueres wissen?"

Mit masochistischer Begierde wollte sie trotzdem erfahren, was sich dabei abgespielt haben konnte. Bert zögerte. Wenn er etwas sagte, dann musste es diesmal wirklich alles sein und es musste so sein, dass Herta kein zweites Mal die Chance bekam, einen Keil zwischen die Eheleute zu treiben. Dann hatte er einen Entschluss gefasst.

„Ich sage dir mit rückhaltloser Ehrlichkeit alles, was passiert ist, wenn du hinterher nicht versuchst, irgendwelche Dinge hinzu zu konstruieren. Oder Auskünfte aus mir herauszuholen, die ich nicht geben kann, weil sie nicht in mir sind. Versprichst du mir das?" Als sie nickte begann er zu erzählen.

„Sie stand hinter den ersten Bäumen und ich habe sie erst gar nicht gesehen. Dann rief sie mich an und sagte, sie müsse mir etwas zeigen. Da ich mir nichts dabei gedacht habe, ging ich in den Wald hinein und plötzlich riss sie ihren Rock in die Höhe und ich sah, dass sie kein Höschen trug. Das wollte sie mir zeigen! Dann lief sie auf mich zu und legte meine Hand auf ihren Busen, gleichzeitig rieb sie ihren Bauch an meinem Bein. Sie meinte, ich hätte einmal etwas Besseres verdient als dich. Mit großer Schnelligkeit hatte sie meine Hose offen und griff auch schon nach meinem Schwanz. Und in diesem Moment hörte ich eine Stimme in meinem Inneren, die mir riet, nur ja vorsichtig zu sein. Mit diesem Augenblick war alles vorbei und ich ließ sie liegen wie sie da lag. Sie schimpfte hinter mir her, ich sei kein Mann, sondern ein Feigling. Als sie merkte, dass ich absolut nicht bereit war, behauptete sie gar noch, ich hätte versucht sie zu vergewaltigen. Und das war es! Mehr ist nicht passiert."

„Hast du einen Steifen bekommen?" fragte Anna zitternd vor Neugier und Lüsternheit.

„Ja, ganz kurz." antwortete er ehrlich und war sich sicher, dass das die letzte Auskunft war, die er geben wollte. Sie saß da, schaute ihn mit einem sonderbaren Blick an und begann dann an seinem Hemd zu nesteln. „Ich glaube dir kein Wort!" Etwas Irres mit Lächeln lag in ihrem Blick und sie wollte sofort mit ihm schlafen. Sie war fast verrückt vor Geilheit, so hatte er sie noch nie erlebt. Er merkte wie sich zwiespältige Gefühle in ihn einschlichen, einerseits war er sehr angetan von ihrer Erregung und auf der anderen Seite spürte er Vorsicht aufsteigen, weil das so absolut ungewohnt und für sein Gefühl fast ein bisschen unnatürlich war, was da in seiner Frau ablief. Da waren zwei Gefühle zugleich in ihm, die in Wahrheit nicht zueinander passten, die sich gegenseitig beeinflussten, ja miteinander stritten und doch zugleich da waren.

„Wie mit dem Kochlöffel umgerührt" dachte er und wusste nun ganz genau, was der Franz gemeint hatte und wie sich das anfühlte. Seine ehrliche Seele schauderte sich ein bisschen über diese Erfahrung, die er auf solche Art das erste Mal machte. Jetzt war dieser Zustand in ihm, doch er kam von außen, es war nicht seine eigene Gefühlslage. Er lag noch lange wach und versuchte sich Klarheit zu verschaffen, während Anna längst in einen zufriedenen Schlummer gefallen war. Im Moment hatte sie sicher kein Problem, dafür hatte er eines. Was war mit ihr geschehen? Wie konnten sich ihre Wut und ihre Eifersucht so rasch in sexuelles Verlangen verwandeln? War das jetzt ein Besitzanspruch an ihn oder der Vorrang vor der anderen Frau, die sie auf diese Art besiegt hatte? Oder war das wieder Rache? Aber an wem? An ihrer Mutter? Der Diebstahl war eine versteckte Rache am Vater, doch was sollte das alles mit der Mutter zu tun haben? Er verwarf den Gedanken, weil er ihm gar zu abwegig erschien.

Es wurde nicht mehr darüber geredet. In den nächsten Tagen hielt sie sich tatsächlich an ihr Versprechen und stellte ihm keine weiteren Fragen. Sie redete aber auch sonst über nichts in dieser Richtung. Fast schien es, als wäre nie etwas passiert, und Anna kehrte zu ihren alten Gewohnheiten zurück. Sie war meist mürrisch und im

Bett wich sie seinem Blick aus, zeitweilig wirkte sie sogar teilnahmslos und kalt.

Er begann sich zu fragen, ob ihre Ehe wirklich besser ginge, wenn er zwischendurch einmal eine andere Frau hätte. Dann würde sie eifern und ihn wieder wollen. Es war irre! Er hatte überhaupt kein Bedürfnis nach einer anderen Frau, für ihn gehörten Sexualität und Liebe zusammen. Seine Bedürfnisse nach körperlicher Vereinigung richteten sich nur auf Anna. Andere Männer mit ihrer Gier nach Abwechslung waren ihm schlicht unverständlich, er wollte nur Anna. Er fühlte ihre Verletzungen und ihre Trauer, die sie hinter ihrer abweisenden Maske verbarg, und das erfüllte ihn mit Liebe und Mitgefühl. Er war aber dann doch wieder zerrissen, weil er trotz allem fühlte, dass sie auf der Flucht vor ihm war. Und er rannte mit hängender Zunge hinterher. Da wurde ihm klar, dass eigentlich schon wieder sie bestimmte, was in der Beziehung zwischen ihnen lief. Sie war das begehrte Wild und er war der Jäger. Manche Männer mochten das vielleicht, er sicher nicht!

Andere Gesetze erzeugen andere Gemütszustände. Wochenlang drehte sich diese von Franz getroffene Feststellung in seinem Kopf. Was konnte das in seinem Fall bedeuten? Oft lag sein Blick forschend auf Anna und sie tat so, als würde sie es nicht bemerken. Sie hatte sich wieder in ihren inneren Kokon eingesponnen, der den Zutritt zu ihrer Seele verwehrte. War sie eigentlich vorher glücklicher, als er nichts von ihr gewusst hatte und sie nicht von ihm? War das nicht überhaupt ein Modell, nach dem viele Eheleute lebten? Was ich nicht weiß, macht mich nicht heiß! Wer weiß was alles zum Vorschein kommen konnte, wenn man anfing genauer hinzuschauen. So viele Menschen wollten einfach nicht wissen, wer sie waren. Als hätten sie bei allem Egoismus in Wahrheit kein echtes Interesse an sich selber.

Auch Anna wollte sichtlich nicht damit konfrontiert werden, dass sie ihren Vater zugleich bewunderte und hasste. Da fiel ihm ein Kollege aus der Berufsschule ein. Der Bursche hatte nicht solch ein Glück mit seinem Meister wie er selber. Stolz hatte er berichtet, mit welcher Wucht er die Pranke seines Chefs öfter als einmal ins Gesicht bekommen hatte und mit Bewunderung sprach er davon, dass das ein richtiger Mann gewesen sei. Wie konnte er einen Menschen verehren, der ihn so hart schlug? Eigenartige Gemütszustände!

Mehrere Male versuchte er mit Anna darüber zu reden, doch sie war verschlossener denn je. Also war er darauf verwiesen, sich seine eigenen Gedanken zu machen. Irgendwann wurde ihm klar, dass sich sein ganzes Denken um Anna drehte. Wann immer ihre Schmerzen für ihn spürbar wurden, landete er bei der Familie des Mühlbauern und oft auch noch bei der Kultur des bäuerlichen Raumes. Langsam begann er zu verstehen, was es heißt, Bauer zu sein.

Ein Bauernvertreter hatte einmal geprahlt mit der Würde des Bauern und seiner Verbundenheit mit der Mutter Erde. Wie die Ackerscholle sei der Bauer der Sockel des Staates und mit ihr sei er ein Lebtag verbunden. Ein Unbehagen stieg in ihm auf. Doch es stimmte: wenn das Heu einzubringen war, dann konnte man nicht diskutieren, wann man es einbringen würde. Wenn die Ernte anstand, hatten alle bereit zu sein, wollte man das Jahr überleben und nächstes Jahr wieder aussäen. Die Natur war in ihrem Zeitplan unerbittlich. Aus diesem Naturgesetz hatten die Bauern wohl ein anderes abgeleitet: ein Hof verträgt nur einen Bauern, nur einer schafft an, was zu geschehen hat, und die anderen haben zu gehorchen. Wer da nicht mit konnte, kriegte die Härte der bäuerlichen Mentalität zu spüren. So manche Magd und so mancher Knecht zeigten dem Bauern ihre Bewunderung für die unabdingbare Festigkeit seines Charakters, um sich damit vor seiner Selbstherrlichkeit zu schützen. Doch das war den meisten schon nicht mehr bewusst.

Heute rückblickend hat sich viel verändert. Unsere Gesellschaft ist nicht mehr agrarisch und autoritäres Verhalten steht heute nicht mehr hoch im Kurs. Von den vielen Knechten und Mägden ist niemand übrig, um den Bauern zu bewundern und von seiner Präsenz und Allmacht ist heute nur noch sein Traktor beeindruckt. Der aber darf dafür entsprechend mächtig ausfallen! Die Verbundenheit mit der Ackerscholle wird nur noch im Hinterzimmer des Gasthofs beschworen, wenn die Bauernvertreter die Formulare ausgeben, mit denen man höheren Orts eine Förderung beantragen kann. Und die Grobheit als Erziehungsmittel ist längst nicht mehr allgemein anerkannter Konsens in der Bevölkerung, auch wenn es sie noch gibt. Die Sklaverei gibt es schließlich auch noch, obwohl es sie nach allgemeiner Anschauung längst nicht mehr geben sollte.

Bert drehte sich ein bisschen im Kreis. Natürlich verstand er die Zwänge, die das Leben auf einem Bauernhof bestimmten. Gleichzeitig meinte er aber auch, dass man manches wohl angenehmer und freundlicher machen könnte. Da war wieder eine Erinnerung - es erstaunte ihn, wie viel ihm in der letzten Zeit plötzlich einfiel, was er einmal gesehen oder gehört hatte. Die Erinnerung betraf ein Brautpaar. Man hatte der Braut bedeutet, ihr Bräutigam sei ein guter Mensch. Man sagte ihr das aber nicht einmal, sondern gleich mehrmals, und schon bekam die Aussage einen eigenartigen Beigeschmack, als sei der gute Bräutigam wohl doch nicht ganz voll zu nehmen. Gewissermaßen ein Mann, bei dem die Untertöne erst sein wahres Wesen ausdrückten. Denn was ein richtiger Mann ist, das zeigt sich bekanntlich anders! Manche Frauen wollen immer einen richtigen Mann und was er dann ist, das erfahren sie erst, wenn sie ihn haben. So manches Veilchen am Auge der Frau legte vor aller Augen Zeugnis ab, dass hier wieder einmal ein wahrhaft rechtschaffener Mann durchgegriffen hatte.

Bin ich ein Mann? Bin ich in ihren Augen ein Mann? Wenn der Mühlbauer das Maß an Männlichkeit darstellte, dann war er kein Mann. Dann war er ein guter Mann mit Unterton. Musste man Bauer sein, um ein Mann zu sein? Da konnte er wohl nichts dafür, denn er war der Sohn eines Gutsarbeiters von der Herrschaft in der Nachbargemeinde. Und sein Vater war auch ein guter Mann mit Unterton. Nie hatte er beobachtet, dass er seine Mutter autoritär oder grob behandelt hätte. Mutter allerdings hatte wohl auch eine kleine Neigung zum Nörgeln, ganz zufrieden war sie nicht mit diesem braven Mann. Mutter war das außereheliche Kind einer Bauernmagd. Da hatten wir es wieder! Andere Gesetze und andere Gemütszustände. Es musste doch glatt etwas Ansteckendes im bäuerlichen Verhalten liegen. Er nahm sich vor, mit Franz darüber zu reden.

„Der Bauer als einziger Ausdruck von wahrer Männlichkeit?" fragte der Alte zurück. „Das mag manchen schon so vorkommen, wenn sie sich dieser Welt verbunden fühlen. Und natürlich hat der Bauer auch etwas Ansteckendes. Stell dir nur vor, der Bauer bringt den Samen in die Furchen!" Das Letzte kam sehr gedehnt, mit beißender Ironie über seine Lippen.

Bert begriff sofort: „Ja natürlich! Aber nicht nur am Acker. Er sorgt doch überall für Vermehrung."

Jetzt da er dem Phänomen auf der Spur war, sah er klar. Schafe, Schweine, Rinder und Pferde, alles musste sich mehren, um dem Bauern seinen Wohlstand zu sichern. Vermehrung war allgegenwärtig auf dem Bauernhof und der Bauer immer in der ersten Reihe dabei. Schon möglich, dass er sich dabei dem Gefühlszustand von Eber und Hengst und vom mächtigen Stier angenähert hat. Manchen Bauern war ihre Virilität ja schon äußerlich anzusehen und für den, der es gewohnt war, machte der Geruch nur geringen Schaden. Und wieder so ein Erinnerungsfetzen: ein Bauer kommt in die Küche und zeigt der Bäuerin mit den Augen die Richtung zur Kammer. Fünf Minuten später geht er wieder an die Arbeit. Keine Ahnung, wo er das wieder aufgeschnappt hatte.

„Der Bauernhof ist eine schwüle Atmosphäre voll von Gedanken an Zeugung und Vermehrung. Vor allem voll von Gedanken an die Handlungen, die damit verbunden sind. Aber es wird nur in Form von Witzen darüber geredet und kein Mensch würde dir zugeben, dass diese Analyse der Wahrheit entspricht." Franz sagte das völlig nüchtern und trocken.

„Das scheint sich aber nur auf die männliche Seite auf dem Bauernhof zu beziehen. Die Frauen sind davon nicht nachhaltig berührt, kommt mir vor. Auch meine Frau nicht."

„Viele Bauern lassen ihre Frauen im Unklaren darüber, dass sie auch eine Sexualität haben. Das würde die Sache nur unnötig verkomplizieren. Und sie selber kommen ohnehin immer zu ihrem Teil. Also wofür auch! Und eine Frau, die immer nur stillhalten soll, wird nun einmal kein besonderes Interesse an Sexualität entwickeln.

Noch dazu, wenn ihr eingeredet wird, dass das der Wille Gottes sei. Nicht umsonst sind Bauernschaft und Kirche so eng miteinander verbunden. Mach die Augen auf und du wirst sehen! Und schau einmal deiner Frau nach wie sie sich bewegt beim Gehen, vielleicht fällt dir etwas auf."

Bert saß da und war von der Dimension dessen, was er gerade zu hören bekommen hatte, fast erschlagen. Um das Übermaß an Energie in seinem Kopf abzuführen, begann er mechanisch zu rezitieren: „Gott erschuf den Menschen nach seinem Ebenbild. Als Mann und Frau erschuf er sie." Nach einer langen Pause fügte er an: „Soll das nicht heißen, dass sie gleichberechtigt sind? Kann Liebe nicht ausschließlich in Gleichberechtigung zum Schwingen kommen? Wie denn eigentlich sonst?"

Es war sehr leise im kleinen Haus des Alten. Bert hing seinen Gedanken nach und sein Gastgeber wusste, was in ihm vorging. Er ließ ihn in Ruhe. Leider genügte es nicht, wenn diese Erkenntnisse nur einer von zwei hatte. Für eine Beziehung braucht es eben zwei. Diese läppische Wahrheit entfaltete ihre Sprengkraft in dem Moment, wo einer der beiden nicht oder nicht mehr bereit war, den Weg weiter mitzugehen. Von Gleichheit war freilich schon vor 140 Jahren die vollkommen ausufernde Rede, was jedoch daraus wurde, ist unter dem Namen Französische Revolution in schrecklicher Erinnerung. Von Gleichheit würde noch mehr geredet werden vor allem jetzt in der Demokratie. Bis sie auch gelebt werden würde, könnte noch einige Zeit vergehen. Noch einige Zeit!

Der Alte studierte das Bild des jungen Mannes, der versunken da saß und sich klar zu werden versuchte, was das alles für ihn bedeutete. Sein reines Gefühlsleben hatte er von Anfang an in seiner Aura gesehen. Er war vielleicht ein bisschen naiv und unerfahren, doch er war in seinem Seelenleben nicht verunstaltet. Und er war hoch intelligent. Aus ihm würde ein guter Träger der Idee werden, einer, auf den er bauen konnte.

Bert hob plötzlich den Kopf und bedeutete seinem Lehrer, dass er viel zum Nachdenken hatte und deshalb gehen wollte. Er wunderte sich laut über seinen Zugewinn an Realitätssinn in so wenigen Wochen. Schon jetzt war ihm klar, dass er nur mit den wenigsten Leuten über diese Dinge reden konnte, die er sich gemeinsam mit dem Angerfranz erarbeitet hatte. Oder vielmehr über das Wissen, das ihm jener überlassen hatte. Für ihn bestand kein Zweifel, es war ein ungeheures Maß an Wahrheit in all diesen Überlegungen. Es kam ihm ganz natürlich vor, dass er sich vor seinem geistigen Lehrer verbeugte und den Heimweg antrat. Was würde ihn dort erwarten?

Anna trat ihm recht aufgekratzt entgegen: „Alle, mit denen ich heute im Dorf geredet habe, sind der Meinung, dass du nicht ganz klar bei Verstand sein kannst, wenn du dich mit dem Alten vom Anger einlässt. Sie glauben, dass er versuchen wird, dich ebenso verrückt zu machen wie er selber ist."

Fürs erste schwieg er einmal. Es war ihm klar gewesen, dass diese Stimmen einmal kommen würden. Die Intoleranz der bäuerlichen Gesellschaft war immerhin Legende und ihm längst nicht mehr fremd! Anna aber hatte den Alten schon näher kennen gelernt und hätte eigentlich klüger sein müssen. Doch Anna beugte sich jetzt sichtlich der Macht der Mehrheit. Das konnte viele Gesichter haben. Feigheit ebenso wie Anpassungsdruck, letztlich sogar ein böses Signal an ihn selber. Wie war das schnell mit bestimmten Leuten, denen die wildesten Sachen nachgesagt wurden, sie waren heillos blamiert. Doch wer seine Blamage nicht zur Kenntnis nahm, der war davon völlig unberührt. In kurzer Zeit verstummte der Tratsch und das Leben verlief wieder in den gewohnten Bahnen. Er beschloss also, die Stimmen dieser vielen klugen Leute einfach zu ignorieren und sich nichts um deren Meinung zu pfeifen. Und so geschah es auch.

Anna war aber weiter auf dieser Schiene und mischte sich jetzt mehr und mehr unter die Leute, um zu demonstrieren, dass sie in das dörfliche Leben integriert war. Nun, auch das war ihr nicht so genau bewusst, sie wollte nur einfach dazu gehören. Bert begann seinen Entschluss zu bereuen, keine Stellungnahme zu ihrem Verhalten abzugeben. Wann immer er ins Dorf kam, merkte er eigenartige Blicke von allen möglichen Leuten. Anfänglich hatte er das abgetan als momentane Stimmung, später hatte er sich gefragt, ob es an ihm lag und er langsam einen kleinen Verfolgungswahn entwickelte. Doch immer mehr kristallisierte sich heraus, dass Anna hinter seinem Rücken Dinge über ihn erzählte, die nicht der Wahrheit entsprachen. Es kam ihm bitter hoch, als er von einer älteren Frau aufgefordert wurde, seine Frau nicht so schlecht zu behandeln, sie sei doch ohnehin eine so schöne Seele. Er konnte beobachten, dass Anna in der Öffentlichkeit immer fröhlicher wirkte, zu Hause aber immer missmutiger. Die Energien waren in ihr offenbar falsch herum verteilt. Sie strickte ihr Leben nach dem einfachen Muster, einmal glatt und einmal verkehrt. Und die glatte Seite wurde nach außen gezeigt, womit automatisch die verkehrte nach innen zeigte. Was ganz uneigennützig wirken sollte und für die meisten Leute auch so wirkte, war in Wahrheit der blanke Egoismus. Außer ihm sah eben niemand, dass sie nur auswärts freundlich und fröhlich war.

Die Leute glaubten Anna, sie war offen und herzlich, sie gab sich großzügig und nachsichtig und verzieh ihm öffentlich Fehler, die er gar nicht gemacht hatte. Er aber geriet zunehmend unter Druck und sein Glaube, dass die Wahrheit die längeren Beine haben werde, wurde auf eine immer härtere Probe gestellt. Es war nicht absehbar wie das noch enden würde.

Anna lief tatsächlich zu großer Form auf. Sie war immer öfter im Dorf und nahm bei den verschiedenen Veranstaltungen teil, die von der Frauenschaft angeboten wurden. Sie mauserte sich zur Beraterin anderer Frauen, die scheinbar nicht so viel Glück hatten im Leben, wie sie es von sich darstellte. Sehr viele dieser Gesprache hatten die vermeintliche Lieblosigkeit der Männer zum Inhalt und man klagte sich weidlich aus beim eigenen Geschlecht. Anna vermied es allerdings tunlich, direkte Angriffe auf ihren Mann zu starten. Sie holte sich die Sympathie durch verhaltene Zustimmung und sanftes Verständnis. Auf die Klage einer Geschlechtsgenossin, sie müsse, wenn es nach ihrem Mann ginge, durchaus auch dreimal am Tag zur Verfügung stehen, antwortete sie mit mildem Nachdruck: „Aber das kann ich dir gut nachfühlen!" Wenn man sich so gut verstanden fühlt, ist jedes weitere Wort unnötig und wer gemeint ist, bedarf keiner weiteren Erläuterung.

Bert spürte deutlich wie sich die Ablehnung durch viele Menschen über seinem Haupt zusammenzog. Er wusste zwar nicht, was da abging, aber er spürte, dass es auf seine gänzliche Isolierung hinauslief, auch wenn ihn vorläufig noch niemand direkt damit konfrontierte. Die versteckte Feindseligkeit der Leute rief bei ihm immer öfter Schlafstörungen hervor und manchmal konnte er den dringend benötigten Schlaf erst finden, nachdem er einen kleinen Schluck vom Magenbitter zu sich genommen hatte. Er sollte lange Zeit später erfahren, dass Anna bald mit strahlenden Augen verkündet hatte: „Ich glaube, er beginnt wegen mir zu trinken!" Man konnte glatt denken, dass sie stolz war auf seine Probleme, vielleicht auch nur stolz darauf, dass sie die Macht hatte, ihm Probleme zu bereiten.

Der alte Mann sah ihn in diesen Tagen nur regungslos an und schwieg.

An einem Samstagabend explodierte die angestaute Spannung. Im Pfarrsaal war ein Vortrag angekündigt über die Welle der Arbeitslosigkeit, die derzeit ganz Europa ergriff. Bert ahnte, dass das auch etwas mit seinem Meister zu tun haben könnte und beschloss daher, diesen Vortrag zu besuchen. Als er eintraf, waren nur noch wenige Sitzplätze frei. Er, der es sonst gewohnt war, dass man ihm respektvoll und freundlich Platz gemacht hatte, musste nun erfahren, dass ihm eine Mauer feindseliger Bewegungslosigkeit den Eintritt in die Reihe verweigerte. Als er um Durchlass ersuchte, antwortete ihm eine dorfbekannte Betschwester, dass sie neben ihm aber nicht sitzen wollte. Auf seine scharfe Frage, was das heißen sollte, bekam er die zugleich nichts und alles sagende Antwort: „Na, wie du mit deiner Frau umgehst!"

Er saß betäubt an Geist und Seele im Vortrag und verstand eigentlich nur, dass sein Zustand noch schlimmer war als die ganze Weltwirtschaftskrise. Es war keine laute Explosion gewesen, es war eine ganz leise in seinem Inneren, denn er wusste jetzt mit Gewissheit, dass seine Vermutungen die ganze Zeit über richtig gewesen waren. Seine eigene Frau richtete ihn aus im Dorf. Der Mensch, den er am meisten liebte, entpuppte sich als Verräterin an ihm und ihrer Ehe. Jetzt gab es keine müden Erklärungen mehr, dass sie noch nicht ganz begreifen konnte oder es vielleicht doch gar nicht so meinte. Jetzt war alles klar. Der düstere Blick seines Schwiegervaters am Tag darauf beim Sonntagsgottesdienst war nur noch eine dünne Draufgabe. Alle wussten jetzt: der Bert war ein Schuft! In einem Dorf als Schuft zu gelten, grenzte an ein soziales Todesurteil. Kein einziger freundlicher oder aufmunternder Blick hatte ihn getroffen. Das war die schwärzeste Nacht seiner liebenden Seele.

Bert stürzte im freien Fall in seine Depression, die sich schon so lange angekündigt hatte und die ihn jetzt in ihren uferlosen Abgrund zog. Schon am Sonntagnachmittag vergrub er sich im Bett. So richtig ging es aber erst am nächsten Morgen los. Erst kotzte er sich die Seele aus dem Leib und dann bekam er einen Schüttelfrost wie noch nie in seinem Leben. Sogar Anna machte sich jetzt Sorgen und sie riefen den Arzt. Der maß den Puls und den Blutdruck und sah ihn dabei forschend an: „Das Leben behandelt dich nicht gut im Moment." sagte er ohne besondere Betonung und setzte seine Untersuchung fort. „Ist zwar kein Trost für dich, aber du bist nicht der erste, dem das passiert und du wirst auch nicht der letzte sein." Bettruhe empfahl er und Kalmustee. Ein erfahrener alter Landarzt konnte oft mehr helfen als die klügsten Professoren. „Wenn du deine Mitte wieder gefunden hast, aus der sie dich gestoßen haben, dann wird diese neue Mitte eine bessere Qualität haben als die alte. Irgendwann kommt die Zeit, da wirst du dankbar sein für den Schrecken von jetzt. Das meine ich so!"

Ja, dachte der Bert, er wird wohl Recht haben, es wird schon für etwas gut sein. Wie oft war das doch so, dass man immer erst hinterher begriff, wofür etwas gut war. Da fand er wieder etwas Halt an sich selber und konnte nun doch Entspannung finden und eine Mütze Schlaf.

Er war noch ziemlich bleich einige Tage später, als er einen Genesungsspaziergang zum Angerfranz unternahm. „Mir geht es dreckig!" sagte er nach der Begrüßung ohne Umschweife. „Ich weiß!" antwortete der Franz und wartete ab, was jetzt kommen würde. Nach einiger Zeit raffte sich der Junge auf und sagte: „Ich verstehe nicht, wie sich Anna so verändern konnte."

„Vielleicht hat sie sich gar nicht verändert, vielleicht wurde nur etwas sichtbar, was ohnehin immer schon da war. Aber du hast sie auf Händen getragen und so war es nicht notwendig, die anderen Seiten auch zu zeigen. Was meinst du, was ist jetzt neu?"

„Sie erzählt glatte Lügen über mich und richtet mich im ganzen Dorf aus. Und was das schönste ist, die Leute glauben ihr. Einmal habe ich versucht dagegen zu reden, da wurde es gleich noch ein Stück blöder. Ich habe keine Chance zu beweisen, dass das alles nicht wahr ist. Jetzt verbreitet sie gar schon, dass ich zu saufen anfange. Was soll ich bloß tun?"

„Jetzt einmal gar nichts, außer verstehen zu lernen, was da läuft. Welche Rolle spielte deine Frau zu Hause auf dem Bauernhof?"

„Im Grunde gar keine. Sie war die Außenseiterin, von der man keine Notiz nahm, außer sie versuchte sich dagegen zu wehren. Dann wurde sie mit voller Absicht von jeder Unterhaltung ausgeschlossen. Eigentlich müsste sie wissen wie es tut, wenn man ausgeschlossen wird, warum macht sie das jetzt mit mir?"

„Früher hätte man zu so etwas gesagt, es ist ein Dämon, der sie besetzt hat."

„Na, das war ja wohl ein Gespensterglaube, oder?"

„Ganz im Gegenteil, mein Junge! Dämonen sind zwar keine Gespenster, aber sie sind ganz real! Dämonen sind negative Energien, die sich vom Unglück der Menschen ernähren."

„Das habe ich noch nie gehört. Aber wenn das so ist, dann bin ich doch jetzt ein gefundenes Fressen für die Dämonen. Hoffentlich haben sie sich bald satt gefressen an mir, damit ich wieder meine Ruhe habe!"

„Die Dämonen werden alles tun, damit du nicht zur Ruhe kommst, sie wollen sich auch weiterhin von dir und natürlich auch von deiner Frau ernähren. Denn von dort kommen sie ja. Anders gesagt, du hast den Familiendämon des Mühlbauern im Haus! Und der ist nicht von schlechten Eltern! Hast du nicht eben gesagt, sie müsste wissen wie es tut, ausgeschlossen zu werden? Der Ausschluss aus der Gemeinde ist ein bewährtes Mittel eines Dämons, wenn er Hunger hat. Deine Frau hat ihm nicht mehr genügt und es ist ihr auch in der letzten Zeit relativ gut gegangen. Da war zu wenig Nahrung für den Dämon, doch jetzt hat er euch beide!"

Bert saß da, als hätte er einen Eimer Wasser über den Kopf bekommen. Er konnte sich nicht vorstellen, wie eine Negativenergie sich ausgerechnet ihn und seine Frau aussuchen konnte, um hier ihr Unwesen zu treiben. So brachte er das auch zum Ausdruck. Je länger er darüber nachdachte, umso unglaubwürdiger wurde dieses ganze Konzept. Eine solche Energie konnte doch keinen Verstand haben, schon gar keinen so bösartigen, dass sie ganz bestimmte Leute ins Visier nahm, um ihnen zu schaden. Alles in ihm wehrte sich, das zu glauben.

Doch der Alte hatte da ganz andere Vorstellungen. „Energie gehorcht ihren eigenen Gesetzen. Sie kann nicht gewonnen werden und sie kann nicht verloren gehen. Überall, wo ein Gefälle energetischer Art besteht, versucht sich das ganz von selber auszugleichen. Du hast es selber erlebt. Vor diesen ganzen Geschichten hattest du eine hohe Positivenergie und eine sehr niedrige negative. Als die Leute anfingen, über dich zu tratschen, ist folglich diese negative Energie der vielen Leute zu dir hinübergeschwappt. Und jetzt geht es dir schlecht, weil du jetzt auch hohe Negativenergie hast. Wenn du jetzt diese Negativenergie mit einer Schaufel aus deinem Haus schaffen könntest, damit es dir wieder gut geht, dann ist es nur eine Frage der Zeit, bis sie dir zum Fenster wieder herein kommt. Mit einem Wort, wenn du zu positiv bist, dann haben dich die Negativenergien am Schlafittchen. Da brauchst du keine Paranoia zu haben, das ist einfach ein Naturgesetz!

Es ist einfacher, sich diese Energien als Dämonen vorzustellen, und wir sollten daher mit diesem Begriff weiterarbeiten, weil wir dann leichter darüber reden können. Tun wir einfach so, als wären diese Energien persönliche Dämonen. Und dann werden wir versuchen, mit ihnen zu verhandeln."

Verblüfft erinnerte sich Bert an die wenigen Stunden Physik, genauer genommen über die Elektrizitätslehre, die er in der Berufsschule gehabt hatte. Ein hohes elektrisches Potenzial floss zu einem niedrigen ab. Woher wusste der alte Mann von diesen komplizierten Vorgängen? Aber er hatte sicher Recht mit dem Vorschlag, diese Energien einfach als Dämonen zu bezeichnen, und dann konnte man beraten wie man am besten mit diesen Gespenstern umging. Als erstes aber fiel ihm einmal auf, dass seine eigene Stimmung durch dieses Gespräch erheblich gestiegen war. Dieser Mann gab ihm einfach immer wieder etwas von seiner Energie!

Nicht zu wissen, wo es lang ging, ausgeliefert zu sein oder hoffnungslos zu sein, das waren ganz gewiss Zustände, die man auch als Energiemangel verstehen konnte. Kein Wunder, wenn solche niedrigen Potenzialzustände aufgefüllt wurden mit den dazu passenden negativen Energien. Wie sagt doch der Volksmund: wenn der Teufel Junge hat, hat er gleich ein ganzes Nest! Potenzialausgleich von negativen Energien, spannend! Bert hatte wieder Tritt gefasst. Doch nun fiel ihm wieder der Familiendämon des Mühlbauern ein.

„Du bist für mich wie eine ganze Bibliothek an Wissen, ich frage dich gleich ganz direkt, was wir jetzt tun können, um aus dieser üblen Lage herauszukommen."

„Langsam mit den jungen Pferden!" sagte der Franz. „Das ist noch nicht ausgestanden und du musst jetzt einmal beginnen zu verstehen, was mit deiner Frau überhaupt los ist.

„Ganz sichtbar hat sie jetzt Seiten gezeigt, die ich vorher nicht gekannt habe. Sie ist auf einmal klatschsüchtig, biedert sich Leuten an, mit denen sie bisher nichts zu tun haben wollte und macht mich hinunter, weil sie offenbar glaubt, dass sie dann besser dasteht. Das kennt man sonst ja nur aus der Volksschule!"

„Könnte man nicht auch sagen, sie tut so, als wäre sie der Mühlbauer und du irgendein Taglöhner? Zeigt sie da ein Verhalten, das sie von zu Hause kennt?"

„Ich habe mir nie vorstellen können, dass sie so sein könnte. Und jetzt muss ich akzeptieren, dass sie so ist! Jetzt habe ich ihre finstere Seite kennen gelernt. Eine übertrieben liebevolle Person war sie ja nie, aber jetzt kehrt sie Eigenschaften heraus, dass ich mir manchmal denke, sie ist der Hofhund an der Leine ihres Vaters. Vor allem der Hochmut dieser Familie wird jetzt auch an ihr sehr deutlich. Das alles kriege ich jetzt ab! Und was nun?"

„Glaubst du wirklich, dass nur du ein Problem hast? Wurde nicht sie auch aus ihrer Mitte gerissen, weil ihr Schicksal diesen Diebstahl wollte?"

„Ja, das war ihre falsche Rache an ihrem Vater, aber damit habe ich doch nichts zu tun!"

„Mit dem Diebstahl hast du freilich nichts zu tun und trotzdem ist bei dir jetzt etwas ganz gleich wie bei deiner Frau. Ihr habt etwas Gemeinsames. Ich sehe an deinem Gesicht, dass dir das überhaupt nicht einleuchtet. Dein Leben scheint im Augenblick aus einem Menschen, nämlich dir und einigen hundert Statisten neben dir zu bestehen. Und bei deiner Frau ist es das gleiche! Bevor du weiterkommst, musst du erst aus deiner Egozentrik heraus!"

Der Alte griff hinter sich auf die Ofenbank und holte ein Stück Draht hervor. Dieses bog er abwechselnd auf und ab und stellte die solcherart entstandene Sinuskurve Bert vor die Nase: „Das ist wie dein Leben! Himmelhoch jauchzend, zu Tode betrübt! Du kannst es auch anders anschauen: ich oben – ich unten! Mir geht's gut – mir geht's schlecht! Ich, ich, ich ...! Und jetzt schau, was ich jetzt mache!" Er nahm den Draht an beiden Enden und zog nach außen, er schien damit dreimal so lang zu werden. Die Kurven aber waren plötzlich flach. „Jetzt heißt es nicht mehr: ich oben und ich unten, jetzt wirst du in der Mittellage vielleicht offen für eine dritte Dimension, für das Du!"

Bert war es plötzlich so, als stünde er jetzt auf einer Ebene, wo sich eben noch Gipfel aufgetürmt hatten. Alles schien sich irgendwie zu ebnen wie nach einem Energieumschlag durch den Ausgleich eines Potenzialgefälles. War ihm vorher die Erregung im Hals gesessen, so senkte sich die Emotion nun bis weit unter den Nabel. Und sie war spürbar geglättet. Das allein war Beweis genug für die Wahrheit der unbequemen Worte des Alten. Es stimmte, er durfte nicht nur von sich selber ausgehen. Er hatte doch selbst für sich schon einmal definiert, was Liebe sei: zu erkennen, was der andere braucht, und ihm das zu geben; zu erkennen, was sich der andere wünscht, und ihm das zu geben, wenn es für beide Seiten gut ist. Mit einem Wort: mitdenken, mitfühlen und entsprechend handeln. Seine Frau war schließlich auch noch da und auch wenn sie im Moment kein gutes Einvernehmen hatten, so hatte er aber gewiss nicht das Recht, sie als nur lästiges Nebengeräusch abzutun.

„Und du musst auch aus deiner Egozentrik heraus, wenn deine Frau nicht mitgeht!" Der Alte musste Gedanken lesen können. Aber er hatte in jedem Fall Recht. Egal, ob seine Frau nun auch egozentrisch reagierte, er selber musste den Fehler in sich korrigieren, auch wenn die Ausrede auf die andere Seite noch so bequem gewesen wäre.

„Ich glaube, ja, ich habe dich verstanden" sagte er ruhig. „Unabhängig von meinen Ich-Gefühlen denke ich aber, dass sie das größere Problem hat, und deshalb braucht sie meine Hilfe. Leider habe ich noch keine rechte Vorstellung davon, wie der Knoten in ihrem Gefühlsleben entstanden ist. Und schon gar nicht, was ich tun könnte."

„Hast du ihr einmal nachgeschaut und ihren Gang beobachtet? Ist dir etwas aufgefallen?"

„Ja, ganz eigenartig! Es scheint zwei Sorten Menschen zu geben, was die Art zu gehen anlangt. Die einen gehen federnd und ihr Becken bewegt sich wie ein Waagebalken mit den Schritten. Die anderen bewegen den Hintern drehend hin und her, bei manchen schaut das aus wie bei einer Ente. Die ersteren sind sicherlich viel harmonischer!"

Das Gesicht von Franz zeigte erstmals eine deutliche Regung von Zufriedenheit. „Du hast richtig beobachtet" sagte er und freute sich sichtlich über seinen Eleven. Er schien zu überlegen wie er seinem Schüler beibringen konnte, welche Folgen das für die Sexualität der Betroffenen haben kann. Es war vielleicht nicht klug, den Jungen ganz unmittelbar mit der Nase auf das Problem zu stoßen. „Denk jetzt einmal rein bildlich: wenn jemand das Gesäß hinausstreckt, was bedeutet das für die anderen Teile des Beckens?"

„Das kann nur heißen, dass die Vorderseite eingezogen wird." Er stand auf und versuchte die Bewegung selbst zu machen. Könnte man gerade bei der Frau meinen, sie versucht ihr Geschlecht zu verstecken?"

Andere Gesetze, andere Erfahrungen? Warum versteckte eine Frau ihr Genitale so auffällig in ihrer Bewegung? Warum zog sie es scheinbar unabsichtlich so zurück? Hatte das wirklich etwas mit Erfahrungen zu tun?

„Hat das etwas mit Erfahrung zu tun? Du nickst und ich wundere mich, dass ich auf diesen Gedanken noch niemals selber gekommen bin. Aber dann müsste die Erfahrung so weit zurückliegen, dass die betroffene Frau sich nicht mehr daran erinnert oder gar nicht erinnern will. Dann ist das Verstecken des Genitales zur Gewohnheit, zur Haltung geworden."

Die Zufriedenheit im Gesicht des Alten verstärkte sich. „Was immer du da noch findest, rede nicht darüber außer mit mir. Ich rate dir dringend, rede mit niemandem darüber. Wenn dir etwas ganz unmöglich vorkommt, dann bist du der Wahrheit vielleicht am nächsten!"

Jetzt geschah etwas ganz Ungewöhnliches. Der alte Mann stand in seiner unvergleichlich elastischen Art plötzlich auf, sodass der Junge auch folgte. Und dann drückte er ihn ganz fest an sich. Die Umarmung war nur kurz aber von solcher Intensität, dass Bert die Tränen in die Augen schossen. Es brauchte kein Behüt-Dich-Gott, es war alles gesagt.

Welche Erfahrung kann er meinen, das war die Frage, die den jungen Mann in den nächsten Tagen beschäftigte. Beim Gehen, bei der Arbeit und in seiner spärlichen Freizeit. Immer ging der Gedanke im Kreis herum: welche Erfahrung? Die Frage blieb unbeantwortet, solange sie eine nur abstrakte Frage war. Er wollte sie unbedingt beantwortet haben und ununterbrochen kam der Gedanke wieder. Welche Erfahrung? Eigensinnig beharrte seine Seele darauf, er müsste durch Denken darauf kommen, welche Erfahrung Menschen gemacht haben müssen, wenn sie beim Gehen ihr Geschlecht einzogen.

Als sein Beharrungsvermögen nachließ und er nicht mehr verbissen suchte, wurde ihm die Lösung durch einen scheinbaren Zufall geschenkt. An einem Abend auf dem Heimweg, ganz am Anfang noch, sah er bei einem Bauernhaus Kinder spielen. Ein halbwüchsiger Bursch und ein vielleicht zwölf Jahre altes Mädchen vergnügten sich mit einem Abfangenspiel, das spürbar einen recht neckischen Charakter hatte. Als sie spielerisch vor ihm zurückwich, rief er gleich im moralisierenden Ton: „Du machst dem Teufel das Bett!" Bert wusste, was das hieß in diesen Zeiten. Ein Mädchen, das rückwärts lief, war immer in Gefahr, zu stolpern und hinzufallen, was zur Folge hatte, dass die Beine in die Höhe standen und der Kittel hinauf rutschte. Damit lag das Geschlecht blank, denn damals trugen die Mädchen aus Gründen der Sparsamkeit meist keine Höschen. Aber selbst mit Höschen war dieser unziemlich geile Anblick geeignet, bei Burschen und Männern alle Hemmschwellen niederzureißen. Wenn ein Mann in einer solchen Situation die Beherrschung verlor, dann war eindeutig das Weib schuld und nicht er selbst, wenn sie beide eine ungeheure Sünde begingen, die mit viel Höllenfeuer bedroht war. In diesem Fall geschah es nicht. Trotzdem prickelte es spürbar zwischen den beiden.

Dann machte der Bursch eine Bewegung mit der Hand und zielte dabei nach ihrem Leib. Und da war die Bewegung! Das Mädchen knickte ein, streckte das Gesäß hinaus und verhinderte damit die angedeutete Berührung ihres Geschlechtsteils.

Bert ging automatisch weiter wie eine aufgezogene Puppe. Die Erfahrung der Frauen mit den eingesperrten Geschlechtsteilen hieß also Angegriffen-Werden gegen den eigenen Willen. Wohl so früh als Kinder, dass sie sich nicht mehr daran erinnerten, oder auch weil sie sich nicht mehr erinnern wollten. Ohne Respekt vor dem Willen des Kindes angegriffen worden. Einfach genommen worden. Man wusste ganz dunkel, dass so etwas passiert, aber man durfte darüber nicht reden. Wer es wagte, über solche Dinge laut nachzudenken, der wurde in der Gemeinde schnellstens zum Schweigen gebracht. Die anständigsten Leute verboten dir das Maul, denn über das Thema Sexualität wurde nun einmal nicht geredet außer in Zoten, wenn die Männer im Goldenen Krug besoffen waren. Angegriffen wider Willen! Und die Erfahrung daraus konnte nur heißen: wer mich angreifen will, ist ein widerliches Schwein!

Anna? Ja, er hatte sie beobachtet und ja, auch sie war eine von denen, die sich verbargen. In ihren Augen war er also das Schwein, weil er sie als ihr Mann gerne angreifen wollte. Groll stieg in ihm hoch. Wer ist der Schuldige? Der Bruder war zu klein. Der Knecht? Ein ruhiger, stiller Mann, der sich kaum einmal hervortat. Und doch! Er konnte ein Wolf im Schafspelz sein. Aber wie sollte der an das Kind herankommen? Innerhalb der Familie waren die zwei niemals allein. Nun, wohl doch eher nicht. Wer dann?

Ein höhnisches Hecheln hatte er zuerst zur Antwort bekommen, als er den Mühlbauern fragte, ob er seine Tochter heiraten dürfe. Dieses eigenartige Gemecker hatte er heute noch im Gedächtnis. Dazu die hochmütigen Augen des selbstgerechten Bauern und die bissige Frage: „Willst mir mein liebstes Kind wegnehmen?"

Die Verhandlungen liefen einigermaßen zäh und es gab ein langes Hin und Her, wobei es sichtbar um nichts Wesentliches ging, als um die Bedeutung des Bauern und seine eigene Wichtigkeit, bevor er endlich zustimmte. Ganz langsam und ganz tief von unten kam jetzt in Bert das Gefühl hoch, dass er diese schmutzige Hand geschüttelt hatte. Diese Bauernhand, unter der Anna heute noch litt. Es war unglaublich, kaum vorstellbar. Doch wie hatte der Franz gesagt: wenn dir etwas ganz unmöglich vorkommt ….

Dieser stand vor seinem Haus und nickte. „Ich werde verrückt" dachte Bert, „jetzt ist es dann so weit! Der weiß, was ich denke! Und sagt mir, ich habe Recht! Ich werd noch verrückt!" Aber was noch schlimmer war, wie sollte er jetzt weitermachen? Konnte er etwas tun, um seiner leidenden Frau ihr Schicksal zu erleichtern?

Stimmt! Sie war gemein zu ihm, aber jetzt konnte er verstehen, warum sie es war. Es war wiederum Rache an ihrem Vater. Vielleicht sogar an ihrer schwachen und untätigen Mutter. Er musste ihr das bewusst machen und dann würde alles gut sein! Nur rasch nach Hause zu ihr, zu der Frau, die er so sehr liebte.

4. Konvergent - Divergent

Ihm war das Herz so voll, dass er den eigentümlichen Zustand seiner Frau nicht wahrnahm. Sie war aufgekratzt und zugleich aufgeregt, aber sie war auch weit weg mit ihren Gedanken. Keine Ahnung, was mit ihr los war, wichtig war jetzt nur einmal, dass sie diese Informationen erhielt, die ihm durch ein gütiges Schicksal zugefallen waren. Zwar war er jetzt ziemlich ratlos wie er beginnen sollte, doch dann beschloss er dort einzuhaken, wo sie schon einmal eine fruchtbare Diskussion hatten. Bei ihrer Rolle als Aschenputtel in der Familie. Er hatte sich kaum zum Abendessen niedergelassen, da drängte es schon aus ihm heraus.

„Wir haben schon einmal darüber geredet, dass du von deinen Geschwistern oft an die Wand gespielt worden bist und dass dich dein Vater dann nicht beschützt hat. Du warst also sehr einsam damals."

„Das ist nicht wahr. Ich hatte eine sehr schöne Kindheit und meine Eltern waren ganz lieb zu mir. Auch meine Geschwister haben mich nicht benachteiligt. Ich habe keine schlechten Erinnerungen an mein Elternhaus."

Der sprichwörtliche Donner, von dem gerührt er da saß, war noch zu harmlos ausgedrückt. Die Röte schoss ihm ins Gesicht und er vergaß auf das Kauen seines Abendbrotes. Ein sonderbares Karussell drehte sich in seinem Kopf und er versuchte einen Teil davon festzuhalten, damit er wieder einen klaren Gedanken fassen konnte. Es gelang ihm aber wohl eine Minute lang nicht. Dann brachte er endlich lahm heraus: „Das hast du aber doch selbst gesagt."

Sie antwortete: „Das habe ich nur so hingesagt, weil du es hören wolltest." Es entstand eine lange, bedrückende Stille. Es musste etwas geschehen sein an diesem Tag, während er nicht zu Hause war. Er sollte es gleich erfahren. „Mein Vater hat heute gesagt: wenn dein Mann jetzt auch anfängt, die besten Leute vom Dorf anzupatzen wie es der Angerfranz immer macht, dann wird er mich kennen lernen!" Daher also wehte der Wind. Obwohl er noch gar nicht über seine Gedanken gesprochen hatte, waren schon ein paar kleine Geister aufgescheucht. Seinen Schwiegervater rechnete er durchaus dazu. Der war zwar der größte Bauer im Umkreis, ein kleiner Geist war er trotzdem. Er musste seiner Tochter ganz schön eingeheizt haben, dass sie so sang- und klanglos die Seiten wechselte. Jedenfalls war ihre Angst vor dem Vater größer als ihre Liebe zu ihrem Mann. Na mein Gott, die war ohnehin nie so groß gewesen, zu diesem Schluss war er insgeheim schon gekommen.

Wenn der Mühlbauer zu solchen Waffen griff, dann konnte das nur heißen, dass er die Bedrohung ernst nahm, die von Bert ausging. Dabei war sie nicht einmal ausgesprochen, das war wohl auch wieder so ein automatischer Energieausgleich. Er zog seinen wärmeren Rock an, denn draußen wurde es schon empfindlich kühl am Abend, und unternahm noch einen langen Spaziergang. Die Frage, die er zu bearbeiten hatte, lautete: welche Funktion habe ich in diesem ganzen Chaos, das sich hier anbahnt? Gab es so etwas wie eine Vorsehung, die ihn als Vermittler bestimmter Botschaften auserkoren hatte? War es Gottes Wille, dass er in diesem ganzen Schlamassel den Kopf oben behielt? Aber mehr und mehr begann er zu spüren, dass er ziemlich allein stand und dass es schwer würde, gegen das ganze Dorf anzutreten. Und so viel war schon zu bemerken: wenn sie alle zusammenhielten und sich gegenseitig deckten, dann halfen ihm seine ganzen Wahrheiten nichts. Der Franz war schließlich auch allein geblieben, trotz seines ganzen immensen Wissens. Konnte aber auch sein, dass er das gar nicht anders wollte.

Ohne viel darüber nachzudenken, war er einen Hügel hinangestiegen und blickte nun auf das nächtliche Dorf hinunter. Nur wenige Lampen in den Häusern verbreiteten ihr schwaches Licht und so konnte man seine Konturen mehr ahnen als sehen. Was konnten sie ihm eigentlich anhaben? Dann tratschten sie eben! Es war wie mit der Blamage. Und wenn er sich nun nicht blamiert fühlte? Er begriff, dass er lernen musste, über diesen niederen Denkweisen zu stehen und da spürte er auch, dass das angstvolle Würgen im Hals weniger wurde. Er atmete wieder freier und seine Emotionen versammelten sich unter dem Nabel. Was half das ganze Überlegen und Grübeln?

Konnte man sich wirklich auf das Leben vorbereiten? Auch nicht auf einzelne Prüfungen konnte man das, weil dann doch wieder etwas geschah, das alle Pläne über den Haufen warf. So wie heute der Besuch seines Schwiegervaters bei Anna. In einem Punkt jedoch konnte er sich recht sicher sein: Freunde hatte er zurzeit keine. Was war also die einzige Sicherheit im Leben? Dass es keine gab! Das war eine Wahrheit, auf die man sich verlassen konnte. Die wenigsten Leute würden das allerdings so sehen wollen wie er.

Als er später behutsam sein Schlafzimmer betrat, fuhr Anna mit einem leisen Schrei hoch. Sie war also alarmiert, wenn jemand ins Schlafzimmer kam. Diese ängstliche Erinnerung konnte nicht vom Knecht stammen. Und außerdem, hätte der Knecht sich wirklich an dem kleinen Mädchen vergriffen, dann hätte ihn der Bauer totgeschlagen. Ein Knecht hätte keine Nachsicht zu erwarten gehabt. Nein, wenn sie in der Nacht aufschrie – und jetzt fiel ihm auf, dass dies nicht das erste Mal war – dann war dies ein weiteres Indiz für seinen Verdacht, dass der Mühlbauer selber derjenige war, der sich an seiner Tochter vergriffen hatte. Er konnte noch lange nicht einschlafen in dieser Nacht, weil er so zornig war.

„Und du hast keine Zweifel?" fragte der Angerfranz. „Nein, ich habe keine Zweifel, es passt alles zusammen."

„Ich glaube dir. Aber es wird dir sonst niemand glauben, darauf musst du dich einstellen. Also rede auch nicht darüber, sonst stehst du vor Gericht. Selbst wenn deine Frau sich an einzelne Begebenheiten und Übergriffe erinnern sollte, wird sie das auch weiterhin verleugnen. Sie will es nicht wissen, weil das Konsequenzen hätte. Sie ist nicht fähig, ihren Vater damit zu konfrontieren. Also schaut sie lieber gar nicht hin. Das ist eine Art Wohltätigkeitslüge sich selber gegenüber."

„Und was kann ich jetzt tun, um ihr zu helfen?"

„Das Schwierigste, das man in einem solchen Fall tun kann, nämlich gar nichts. Du musst darauf hoffen, dass die Dinge von selber durch einen Zufall ans Tageslicht kommen. Wenn du versuchst, ihr diese Wahrheiten aktiv bewusst zu machen, dann wird sie die

Mauern dir gegenüber nur noch verstärken. Wenn du sie liebst, dann musst du sie gewähren lassen und in Treue Geduld haben, bis sie von sich aus das Bedürfnis bekommt, Licht in diese Angelegenheit zu bringen."

„Wird das jemals der Fall sein?"

„Das kann man beim besten Willen nicht sagen. Ich bin auch kein Hellseher. Manchmal kann sich durch das Schicksal eine Wende ergeben und solche Menschen finden zur Einsicht, was mit ihnen geschehen ist. Die Mehrheit ist das freilich nicht und das Ergebnis sind dann die Ehen, die du kennst: man lebt mehr oder minder teilnahmslos neben einander her. Mit einem solchen Ballast im Gepäck ist nur schwer schnell laufen."

Sein Mut war nun gesunken, um nicht zu sagen ins Bodenlose gefallen. Zu lieben ohne eine gleichwertige Antwort, das war keine gute Prognose für die Zukunft. „Ich habe mich natürlich gefragt, warum passieren solche Sachen, vor allem warum passiert das mir?"

Ganz behutsam begann der Alte ihn mit seinen Fragen wieder zu führen. Bert musste verstehen lernen, dass die Position eines Bauern, dem auf seinem Hof alles untertan zu sein hatte, seiner ethischen Reifung nicht gerade förderlich war. Solche Männer glaubten wirklich, dass alles ihnen gehörte und dass sie sich alles nehmen konnten. Das wortlose Klima in der Familie tat ein Übriges, denn es machte Frauen nicht gerade zu geübten Liebhaberinnen und auch nicht eben begehrenswert, denn so um die Dreißig begann das Altern. Kam der Mann bei seiner Frau zu kurz, dann holte er sich das Seine – und wie er glaubte mit gutem Recht – bei seinen Töchtern. Das war eine weit verbreitete Praxis.

Für die Lustlosigkeit der Frauen gab es neben dem kalten Familienklima auch noch die von der Kirche verbreitete Anschauung, dass Lust etwas war, womit sich der Teufel seine Opfer fand. Das Sexualleben in dieser Zeit bestand also vorwiegend in mühevollem Nicht-daran-Denken, bis es einfach nicht mehr ging. Und dann durfte der Mann über seine Frau herfallen. Von Liebe konnte da kaum die Rede sein, weit mehr von Überrumpelung. Und außerdem, wer sagte denn, dass die Frau nicht selber den Blitzableiter für den Trieb eines Vaters oder Onkels abgeben hatte müssen? Sexualität konnte das schönste Geschenk Gottes ein, wenn man sie in Liebe lebte. Aber dafür gab es keine Vorbilder im ländlichen Leben und Liebe in den Städten war ohnehin nur vermutete und gewiss ver-schleierte Ruchlosigkeit. „Wer sagt eigentlich, dass nicht auch die Mutter schon ein Opfer von Übergriffen gewesen sein konnte? Dann wäre das alles ja schon ein Problem von und für Generationen!"

„Bevor dir das Herz jetzt ganz in die Hose fällt, steh bitte auf!" Er kam seitlich auf ihn zu, legte die rechte Hand auf seinen Bauch unter dem Nabel und die linke auf sein Kreuz. So standen sie minutenlang. Bert fühlte wie sich seine Aufmerksamkeit vom Hals und vom Herzen nach unten verlagerte. Die negativen Erwartungen gingen zurück und seine Angst vor der Zukunft wurde spürbar kleiner. „Jetzt stell dir vor, deine Beine wachsen hinunter durch den Boden bis in den Mittelpunkt der Erde. Spüre nur einfach dein Gewicht auf deinen Füßen und atme ganz ruhig weiter. Deine Beine sind wie Baumwurzeln, sie verankern sich mit ihrer ganzen Kraft im Boden. Auch ein wilder Sturm kann einen so starken Baum nicht umreißen. Du bist wie ein Baum, spüre die Kraft deiner Äste und spüre die Krone auf deinem Haupt. Vergiss niemals diese Stärke, die du jetzt fühlst, und wiederhole diese Übung so oft wie du kannst. Du brauchst die Kraft, die du dir aus der Erde holst. Du bekommst aber auch Kraft aus dem Himmel, so wie der Baum aus Sonne und Nährstoffen den Sauerstoff produziert. Das ist dein göttlicher Auftrag."

„Meine Trauer ist jetzt zwar nicht weg, aber sie ist erträglicher geworden."

„Das Maßgebliche für dein Wohlergehen ist immer deine Einstellung zu den äußeren Umständen, weniger sind es die Umstände selber. Daher hole dir deine Kraft, wo du sie immer auch bekommen kannst. Geh jetzt nach Hause und lebe in diesem Geiste, so wird das Beste aus deinem Leben!"

Das war allerdings leichter gesagt als getan. Lebe in diesem Geiste! Aber wie? Hatte nicht jeder das Recht auf ein ruhevolles

Zuhause? Von allen Seiten kamen die Anfechtungen in seine Behausung. Am liebsten würde er seinem Schwiegervater öffentlich ins Gesicht schreien, was er von ihm hielt. Innerlich hörte er die Stimme des Alten, der ihn fragte, ob er das dann notfalls auch beweisen konnte. Nichts konnte er. Das Maul musste er halten, denn der Mühlbauer hatte schon öfter bewiesen, dass er mit Gerichtsklagen nicht zimperlich war und kaum einen Nachbarn hatte er dabei ausgelassen. Bert konnte sich nicht einmal darauf berufen, dass das ohnehin jeder wüsste. Niemand wusste etwas, nicht einmal er selber. Auch er hatte nur Indizien, wenn auch starke und dazu das sichere Gefühl, dass er sich nicht irrte. Also Maul halten und weiter dienen! Gut dass er nicht ununterbrochen den Drang hatte, sich ständig irgend jemandem mitzuteilen.

Der Herbst ging ins Land und er ging auch vorüber. Die Arbeit wurde sichtbar immer weniger und der Meister wurde noch schweigsamer, als er schon immer war. Es gab schon Tage, wo er sie ein paar Stunden früher nach Hause schickte, nicht ohne anzumerken, dass er ihnen diese versäumten Stunden nicht ausbezahlen würde können. Beim Lehrling spielte dies keine Rolle, denn der erhielt ohnehin keine Bezahlung, da plagte den Lehrherrn eher der Gedanke, dass er dem Vater des Buben etwas zurückgeben würde müssen. Doch Bert begann es langsam zu spüren in seiner Geldbörse, als sich die Ausfälle häuften.

Mit dem Winter kamen ihre zweiten gemeinsamen Weihnachten. Sie waren nicht mehr so unbeschwert und von solch gedankenloser Weihnachtsfreude. Nur ein kleiner Baum und nur ein kleines Geschenk, eine einfache Halskette hatte er seiner Schönen besorgt. Dass sie ihm eine Schürze genäht hatte, damit er sich leichter tat beim Geschirrspülen, ging ihm nicht eben zart über die Seele. Sie bemerkte durchaus, dass er stutze, als er dieses Dinges ansichtig wurde, und meinte leichthin, sie müsse ihm ja sparen helfen.

Silvester wurde in jenen Tagen kaum gefeiert, es war einfach nicht üblich. Bert machte allein einen Spaziergang und dachte nach über das abgelaufene Jahr. In diesem Jahrzehnt waren die Winter sehr streng und er hörte den Schnee knirschen unter seinen festen

Schuhen, als er wieder seinem bereits zur Gewohnheit werdenden Hügel hinaufstieg. Winterromantik wollte allerdings nicht aufkommen. Plötzlich dachte er ganz ohne Vorwarnung, dass so manche junge Familie die ersten Weihnachten schon mit einem Kind erlebte. Bei ihnen zeigte sich nichts dergleichen. Vater, dein Wille geschehe! betete er leise in sich hinein. Wer weiß, wofür es gut ist! Sonderbar, seit er den alten Franz kannte, sprach er auch öfters mit Gott.

In diesem Jahr war viel passiert. Vor allem, seit er den Alten näher kennen gelernt hatte, war sein ganzes Leben beschleunigt worden. Der ungeheure Scharfblick, den er an diesem Mann beobachten konnte, hatte auch auf ihn abgefärbt. Er begriff jetzt oft auf den ersten Blick, wofür er vorher lange nachdenken hatte müssen. Stimmte das eigentlich? Richtiger war wohl, dass er früher über viele Dinge gar nicht nachgedacht hatte, weil er sie für selbstverständlich nahm. Und jetzt? Er empfand sich als gegenwärtiger, wacher im Gegensatz zu früher. Im Vergleich zu jetzt war er ein Träumer gewesen.

Wenn man ihm früher gesagt hatte, dass seine Frau sehr hübsch sei, dann hatte er sich gefreut. Heute wusste er, dass man von einem Menschen nichts weiß, so lange man nur seine Außenansicht kennt. Es konnte sich wohl auch keiner vorstellen, dass sie in den letzten Monaten zunehmend zu schulmeistern begonnen hatte und keine Gelegenheit ausließ zu beweisen, wie klug sie war. Für ihn war es wieder ein Mosaikstein zu seinem Wissen über den Mühlbauern. Wie oft hatte man Anna wohl mit und ohne Worte mitgeteilt, dass sie ein bisschen dumm war. Ihre jetzige Neunmalklugheit hatte ja nur den Zweck, diese alten Abwertungen zu vergessen und sich selber zu beweisen, dass sie nicht dumm war. Umso penetranter empfand man als Partner diese Besserwisserei. Für Außenstehende aber war sie die hübsche dritte Tochter des Mühlbauern. Mehr und mehr begann sie mit ihrem Aussehen zu kokettieren.

Bert hingegen wurde immer verschlossener, je mehr seine Frau das Licht der Öffentlichkeit suchte. Sie entwickelte eine laute Art zu lachen, die er immer öfter als aufdringlich erlebte. Mit einem Wort, die Distanz zwischen den Eheleuten wurde schleichend aber unübersehbar immer größer. Dabei fiel ihm der Diebstahl, den sie begangen hatte, die meiste Zeit gar nicht mehr ein. Manchmal dachte er dann, sein Gedächtnis sei schon genauso kurzlebig wie ihres oder das anderer Menschen. Eine dünne Schicht von Bedrücktheit legte sich wie ein Schleier über seine Seele. Zumindest zu Hause.

War er dann wieder bei seinem neuen Freund und Förderer, dann war er hellwach, in voller Konzentration. Irgendwann im Spätherbst hatte ihn der Alte überrascht, indem er ihm zwei dünne Metallstäbe entgegen hielt, die an einem Ende im rechten Winkel umgebogen waren. Mit vor Lebenslust funkelnden Augen blitzte er ihn an: „Kannst du Wasser suchen?"

„Damit?" Bert war hochgradig verwirrt. Was hatte der Alte jetzt wieder mit ihm vor? Ja gewiss hatte er schon davon gehört, dass ganz wenige Erwählte Wasser suchen konnten und dass man sie oft von weit her holen musste. Wahre Wunder waren da im Umlauf und weil niemand auch nur eine Ahnung davon hatte, wie das zuging, war das Wunder gleich noch um Stück größer, wenn der Rutengeher die Quelle auch ihrer Tiefe nach bis auf einen halben Meter genau geortet hatte. Unentschlossen stand er mit seinen zwei Winkelruten in den Händen da und fühlte sich vom Alten wieder einmal kräftig gefoppt. Wie sollte er mit diesen Dingern umgehen können? Aber der bedeutete ihm gleich, mit nach draußen zu kommen.

Dort nahm er ihm die Ruten noch einmal aus der Hand, ergriff sie an den kurzen Teilen und hob die langen Enden vor sich bis knapp unter die Waagrechte. Die beiden Nadeln standen bewegungslos parallel und der Alte begann langsam in die linke Gartenecke zu schreiten. Der Junge schaute ihm mit höchster Aufmerksamkeit zu. Und plötzlich überkreuzten sich die langen Enden vor dem Körper seines Lehrers. Er blickte auf und nickte: „Hier ist Wasser!"

„Das kannst du also auch!" sagte Bert mit Bewunderung in der Stimme. Der aber kam schnellen Schrittes zu ihm zurück, hielt ihm die Ruten entgegen und sagte trocken: „Und jetzt du! Ich fresse einen Besen, wenn du es nicht kannst. Aber erwarte nichts. Geh einfach da hinüber und frag leise in dich hinein: Wo ist hier Wasser?"

Bert glaubte, ihm würden jetzt die Knie zu schlottern beginnen, doch nichts geschah. Er nahm die Ruten auf, hielt sie parallel und ließ sich helfen in dieser Stellung, damit sie nicht tanzten. Dann ging er langsam in die gleiche Richtung, die der Alte vorher genommen hatte. An der gleichen Stelle wie bei jenem klappten die Ruten zusammen. Wie verrückt rannte er zum Ausgangspunkt und stellte sich wieder auf. Es gelang ein zweites Mal. Freude schoss in ihm hoch wie ein Springbrunnen. So glücklich war er seit Wochen nicht gewesen. Wie ein Schuljunge musste er von neuem zurück und immer wieder probierte er und immer wieder war er erfolgreich. Der Alte sah ihm vergnügt zu wie er den ganzen Garten ablief, um sich dann auf jene eine Ecke zu konzentrieren, wo er Wasser gefunden hatte. Jetzt lief er sternförmig vom gleichen Ausgangspunkt zur vermuteten Quelle und nach wenigen Anläufen konnte er seinem Meister den Verlauf der Wasserader zeigen.

„Ich hab mir den Besen erspart!"

Verdutzt starrte Bert ihn an. „Ich habe ja gesagt, ich fresse einen Besen!" lachte der Alte aus vollem Halse, so hatte er ihn noch nie erlebt. Es war so ansteckend, dass auch er sofort herausplatzte. Er wunderte sich über gar nichts mehr. Der Alte hatte etwas in ihm gesehen, von dem er selber nicht geahnt hatte, dass er es könnte. Der Überschwang der Freude war vorbei, jetzt kam eine stille Zufriedenheit über ihn, oder besser sie kam in ihm. Er blickte die einfachen Metallstäbchen an und der Alte legte ihm mit einem Nicken die Hand auf die Schulter. Er wusste, sie gehörten jetzt ihm.

Jetzt begann aber erst der Unterricht. Bert lernte wie er mit wenigen Gängen die Tiefe der Quelle bestimmen konnte, er lernte aber auch, dass es noch viel mehr zu finden gab als nur Wasseradern. Hartmann- und Currylinien sollten ihm ab jetzt genauso zu Lebensbegleitern werden wie Gesteinsbrüche oder der Benkersche Kubus. Ganz langsam fand er Klarheit darüber, wie der Alte zu seinem Wissen gekommen war, denn einfache Fragen an das eigene Unbewusste waren auf diese Weise mit den Ruten ebenso leicht zu beantworten. Es war ein ganz neues Lebensgefühl in dem Wissen, zu den ganz wenigen Menschen zu gehören, die mit der Wünschelrute umgehen konnten. Es wurde ihm erst später klar, dass ihn der Angerfranz damit aus seiner Depression geholt hatte. Der Mann war einfach unbezahlbar und eine tiefe Dankbarkeit kam jedes Mal in Bert hoch, sobald er an ihn dachte. Mindestens aber dann, wenn er seine Ruten in die Hände nahm.

Es war spät geworden an diesem Silvesterabend, als Bert endlich nach Hause kam. Seine Frau fand ganz offenbar nichts dabei, dass er immer öfter allein spazieren ging. Es kam ja auch nicht mehr so viel Wärme und Wohlwollen von seiner Seite, also warum hätte sie sich mit dem Langweiler abgeben sollen. Jetzt war sie im Begriffe schlafen zu gehen. Bert entschied sich auch dafür und gemessen an dem Maß an Verunsicherung, das vor ihm stand, schlief er relativ leicht und bald ein.

Das neue Jahr begann mit einer Einladung zum Mühlbauern. Auch heuer saßen sie wieder am großen Tisch in der Stube und am Neujahrstag war sogar die Bäuerin etwas gesprächiger, immerhin hatte sie ja ihre ganzen Kochkünste ins Treffen führen können. Doch nicht erst bei der Neujahrestorte merkte man, wie dünn die Glasur der Freundlichkeit war. Schon von Anfang an blickte der Mühlbauer seine Tochter und ihren Mann mit unverhohlener Ironie an. Sie war das entweder gewohnt oder sie tat so, als hätte sie es nicht bemerkt. Bert hingegen fühlte den Groll in sich hochsteigen und wappnete sich für den geeigneten Moment. Der kam denkbar bald.

„Ein Mann, der sich nicht von seinem Boden ernähren kann, ist nur die Hälfte wert!" dröhnte der Mühlbauer, nachdem er von den rückläufigen Aufträgen in der Tischlerei gehört hatte. „Es wird halt auch nicht ein jeder in die volle Geldtasche geboren!" konterte Bert scharf und trocken. Der Mühlbauer lief rot an, Annas jüngerer Bruder, der künftige Bauer schaute gespannt von einem zum anderen. „Du wirst doch zugeben, dass ein natürliches Gefälle besteht zwischen Leuten, die Besitz haben und den anderen, die ohnehin nur vom Neid regiert werden." Man merkte, dass er sich nur schwer beherrschte. „Das natürliche Gefälle besteht nur in Köpfen, die keinen Verstand haben." Bert war völlig ruhig, als er diese Aussage tat. Genau das aber ließ seinen Schwiegervater endgültig explodieren.

„Du Rotzbub, muss ich mir das in meinem eigenen Haus von meinem Schwiegersohn sagen lassen? Du meinst wohl, dass du der Gescheitere bist und alle anderen blöd? Du Lümmel, wo hast du deine Manieren gelernt? Ein Kleinkeuschler hat bei mir nicht aufzudrehen!" tobte der Mühlbauer und in Bert entstand ein Bild: die Ruten kreuzten sich und sagten – hier ist eine Störung! Er stand wortlos auf, legte den Löffel neben den halbvollen Suppenteller und sagte leise: „Ein gutes neues Jahr!" Dann verließ er ohne ein weiteres Wort den Hof. Durch die geschlossenen Fenster hörte er, wie der Mühlbauer weiter wütete.

Man konnte nicht immer kuschen und für ihn war es schon längst an der Zeit, dem Mühlbauer einmal sichtbar zu trotzen. Seine Überheblichkeit störte ihn schon seit Monaten, aber erst jetzt gab ihm das beinahe diagnostische Bild der Ruten mit deren Aussage „Störung" den Mut, seinen Ärger auch unmittelbar zum Ausdruck zu bringen. Er ging ohne alles Schuldbewusstsein und mit erhobenem Haupt nach Hause.

Seine Frau kam erst zwei Stunden später. Mit rotgeränderten Augen fauchte sie ihn an: „Was glaubst du eigentlich wer du bist, mit dem angesehensten Bauern der ganze Umgebung so zu reden, mit einer solchen Aufsässigkeit!" Er hörte den Vater aus ihren Worten.

„Ich bin ein Mann, der sich seine Selbstachtung nicht von einem anmaßenden, überheblichen Bauern niedertrampeln lässt, auch nicht, wenn das der eigene Schwiegervater ist. Und ich bin ein Mann, der langsam zu begreifen beginnt, was sich bei euch hinter eurer schönen Fassade abspielt, und der sich von eurem schönen Schein nicht mehr täuschen lässt. Heulst du jetzt, weil du auch Beton bekommen hast, oder tut dir dein armer Vater so leid? Hat er dich gar gezwungen zu wählen zwischen ihm und mir?"

Sie schwieg viele Minuten. In ihrem Gesicht spiegelte sich der Streit wider, den sie mit sich selbst offenbar ausfocht. Dann brachte sie mühsam hervor: „Ich weiß nicht wie das mit dir weitergehen soll. Das ist ja nicht so einfach mit dir und deinem Beschäftigungsverhältnis. Was machst du denn, wenn du die Arbeit in der Tischlerei auch verlierst wie dein Kollege? Dann haben wir kein Geld und unsere Lebensgrundlage verloren. Mein Vater fragt sich, ob du mich dann noch erhalten kannst."

„So wie ich ihn verstehen gelernt habe, fragt er sich wohl, ob ich mir dich noch weiter leisten kann, du als seine Tochter bist ja schließlich auch ein Luxusartikel!" Er wusste, dass sein bitterer Hohn traf. Er wusste aber auch, dass sie irgendwann nicht drum herum käme, ihre eigene Stellung in der Gesellschaft zu akzeptieren. Sie war die Frau eines Arbeiters und daher nicht mehr berufen, das Gehabe der reichen Bauerntochter hervorzukehren. Der Standesunterschied zwischen Bauern und Arbeitern war evident und jetzt, da die Romantik der jungen Liebe verflogen war, musste sie ohne alle Zweifel Stellung beziehen und sich eingestehen, dass sie nicht mehr dem Bauernstand angehörte. Je früher sie das tat, umso besser für ihre eigene persönliche Weiterentwicklung.

Sie begann zu weinen. „Bist du neidisch auf mein Ansehen in der Gemeinde? Was kann ich dafür, dass die Wirtschaftslage so schlecht ist, ich will ja einfach nur einigermaßen sorgenfrei leben." Sie steigerte sich in ihr Gefühl von Benachteiligung, übersah dabei aber seine Lage total.

Erstaunt musste er feststellen, dass er früher noch bald bereit war, ihre Anflüge von Selbstmitleid nicht nur zu tolerieren, vielmehr sogar Verständnis dafür zu haben. Heute war davon nichts mehr in ihm zu spüren. Mit trockener Härte gab er daher zurück: „Wenn du mit mir verheiratet sein willst – und nicht nur in guten Tagen sondern auch in schlechten, so wie du es vor dem Altar versprochen hast – dann wirst du begreifen müssen, dass wir ein gemeinsames Schicksal haben. Wenn du aber nur auf deine Sicherheit bedacht bist, dann hast du als Alternative nur den Weg zurück auf den Hof. Dort wirst du dann als alte Bauernmagd enden!"

„Ihr Männer seid so etwas von ekelhaft, ihr habt nicht das geringste Verständnis für die Lage einer Frau! Und ich habe einmal geglaubt, du wärst anders als die anderen. Jetzt sehe ich, dass du der gleiche Rüpel bist wie die Kerle, von denen mir die anderen Frauen erzählen. Ich geniere mich beinahe, dass ich dich so positiv dargestellt habe." log sie ungehemmt dazu.

Er antwortete ganz bedachtsam: „Ich habe verstehen gelernt, dass die Gehässigkeit der sichtbare Teil des Hasses ist, den die Menschen mit großem Eifer zu verbergen versuchen. Mit deinem Ausbruch hast du viel über dich verraten und über deinen tiefsitzenden Hass, für den ich aber ganz sicher nichts kann. Überlege einmal, woher der kommen könnte! Und was das andere angeht, so reden wir hier nicht über Liebe oder Hass und nicht über Verurteilung oder Benachteiligung, wir reden von ganz nüchternen Konsequenzen. Du kannst jubilieren und singen oder vor Wut an die Decke springen, aber wenn du nicht mehr verheiratet bist, dann bist du Bauernmagd. Du kannst vielleicht gerade noch in die Stadt ziehen, in einer Fabrik arbeiten und mit irgendeinem Arbeiter in wilder Ehe zusammenleben. Aber das ist nun schon die ganze Fülle deiner Möglichkeiten! Das Leben kümmert sich nicht immer um unsere kleinen Wünsche, auch um die meinen nicht."

Er sah wie sie zusammensackte. Zornig und doch recht lahm versuchte sie ihm auf der gleichen Ebene zu begegnen: „Und was hast du vor dem Traualtar versprochen?"

„Muss ich dich daran erinnern, in welch eine Lage du mich schon gebracht hast, sodass wir fast die Wohnung verloren hätten? Habe ich dich verurteilt oder bin ich zu dir gestanden? Wo ist der Schurke, den du so gerne sehen würdest? – Wer hat dich gelehrt zu glauben, dass dir alle Menschen schaden wollen? Für mich ist diese Einstellung von dir nicht neu, die hast du mit deinem bescheidenen Heiratsgut mitgebracht!"

Man sah, dass sie innerlich kochte, wie so oft in letzter Zeit, doch sie schwieg. So eingekesselt hatte sie sich in ihrem Leben noch nicht gefühlt, seit ihr Vater gedroht hatte, sie betteln gehen zu lassen, wenn Bert arbeitslos würde. Ihre gequälte Seele winselte und so schlich sie ins Bett wie immer, wenn sie einer schmerzlichen Auseinandersetzung aus dem Weg gehen wollte. Damit versäumte sie auch den Ausdruck auf dem Gesicht ihres Mannes, der ihre

Schmerzen sehr wohl sah. Er sah sie nicht nur, er spürte sie gewissermaßen sogar selber. Zugleich wusste er aber auch, dass sie nicht in der Lage war, den Zusammenhang herzustellen zu ihrer Kindheit, in der sie diese Fehlhaltung gelernt haben musste. Sie sah ihn als den Verursacher ihrer Schmerzen, denn ihre Erinnerungen waren so komplett gelöscht und sie war so völlig aufgelöst in ihrem Schmerz, dass jede andere Erklärung wiederum nur ihren Widerwillen ausgelöst hätte.

Nach einer Stunde war sie so weit abgekühlt, dass er es wagte, ihr ein Gespräch anzubieten. „Warum bist du so misstrauisch? Wer hat dir das eingeimpft? Ich glaube nicht, dass ich dir dafür auch nur den geringsten Anlass gegeben habe."

Sie reagierte wieder sehr langsam. Fast träge kam ihr Kopf unter der Decke heraus: „Wie komme ich dazu, ein Leben in Armut zu führen, nur weil ich dich geheiratet habe? Mitgefangen und mitgehangen? Und du hättest schon längst etwas unternehmen können, damit die Armut nicht eintritt. Aber du hast ja keine Ideen, du sitzt nur herum und grübelst über den Unsinn, den dir der Angerfranz einredet. Schaff endlich Geld heran, von mir aus mach dich selbstständig!"

Dieses letzte Argument war von so bodenloser Dummheit, dass ihm die Wut hochstieg. Wo sein alteingesessener Meister nicht genug Aufträge hatte, würde er gewiss mehr bekommen! Ihre Strategie kam ihm immer wieder vor wie der Spieleinstieg bei der Preference. Sie hatte nichts Ausgleichendes, sie musste immer anstacheln. Wie beim Königrufen. Man lizitierte den anderen so lange hoch, bis er ein Spiel riskierte, das ihm zum Verhängnis wurde. Das konnte allerdings auch fürchterlich in die Hosen gehen, wenn der andere sich nicht in ein solches Spiel hinein treiben ließ. Dann konnte es passieren, dass man selber ein Spiel gestalten musste, für das man keine ausreichend guten Karten hatte.

Er lehnte sich entspannt zurück, weil er nun wusste, dass er sich von ihr nicht auf das Hochseil treiben lassen durfte. Ganz gelassen sagte er daher: „Der Unsinn, den mir der Angerfranz deiner

Meinung nach einredet, kann uns vielleicht noch die Existenz retten. Er hat mir beigebracht wie man Wasserquellen findet. Und er sagt mir, dass ich gut bin in meiner neuen Arbeit. Ich habe es nur noch nicht an die große Glocke gehängt."

Erst war sie sprachlos und dann kam etwas von ihr, was er nie erwartet hätte, und nun war er stumm. Niemals hätte er ihr die geistige Wendigkeit zugetraut, dass er es jetzt ihrem Vater aber ordentlich zeigen werde. Immerhin war die Wut jetzt an der rechten Adresse! Dass sie ohne Wut allerdings ganz offenbar nicht auskommen konnte, verriet ihm, sie beide waren noch lange nicht am Ziel.

Als wäre nichts gewesen, wollte sie jetzt mit ihm ins Bett. Ein solch plötzlicher Umschlag in die positive Sphäre war für ihn nur schwer nachvollziehbar und aus diesem Grund war er nachher auch nicht ganz bei der Sache. Es schien sie nicht zu stören, denn sie war wie so oft auch diesmal wieder in ihrer eigenen Welt. Manchmal dachte er, wenn ihm in diesem Spiel nicht bestimmte Aufgaben zufielen, wäre er glatt überflüssig. Wer weiß, ob sie seine Abwesenheit überhaupt bemerkt hätte. Er erinnerte sich an einen Gedanken, den er einmal in ihrer gemeinsamen Anfangszeit gehabt hatte. Verliebt sein ist ein Zustand, der sich womöglich ausschließlich vom eigenen inneren Feuer ernährt. Je mehr ein Mensch mit sich selbst beschäftigt ist, umso leichter kann man den Partner austauschen, ohne dass er es merkt. Hauptsache verliebt! Hauptsache das innere Feuer brennt!

Von Verliebtheit konnte hinterher allerdings weder bei ihm noch bei ihr die Rede sein. Dafür plapperte sie wie aufgezogen und schwelgte in ihrem künftigen Ruhm als Gattin des großen Radiästheten, den sie bereits jetzt in ihm zu erkennen glaubte. Immer deutlicher sah er jetzt an ihr den Drang, die Welt mit sich als Zentrum und alles andere lediglich rund um sich angeordnet zu verstehen. Wie es der Franz gesagt hatte. Er verstand nun, warum die erste Frage bei ihr immer lautete: was bedeutet das für mich? Ist das jetzt gut oder schlecht für mich?

Wie hätte der Franz wieder gesagt? Gut oder schlecht ist nur etwas für grünes Gemüse! Das Leben schert sich nicht um einzelne

Hohlköpfe! Was kümmert den Adler der Regenwurm? Oder so ähnlich. Der Franz hatte eine Menge solcher Sprüche auf Lager. Und viele davon sollten sich in den kommenden Wochen bewahrheiten.

Jetzt fürs erste einmal musste Bert für sich zur Kenntnis nehmen, dass er sich ziemlich einsam fühlte. Eigentlich konnte man zu zweit einsamer sein, als wenn man allein war, dachte er bedrückt. Wenn man schon einmal zu zweit war, dann war man eine Hoffnung ärmer, dass alles besser sei, wenn man einmal nicht mehr allein wäre. Anna redete noch immer wie mit sich und er fühlte das Bedürfnis nach einem einsamen Spaziergang, schon allein um ihrem Gebrabbel zu entgehen. Er dachte, dass er wohl auch nicht mehr der ideale Ehemann war, der zu sein er sich einst vorgenommen hatte.

Was war hier im Gange? Auf viele Dinge konnte er sich einfach keinen Reim machen. Und heute war ganz sicher nicht sein kreativster Tag! Als er reichlich unzufrieden nach Hause kam sah er, dass sie die Wohnung mit emsigstem Aufwand auf vollen Glanz gebracht hatte. Wie manche andere Frau neigte auch sie dazu, von Zeit zu Zeit die überschüssige Triebenergie in den Putzeimer umzuleiten. Sie schaute ihn an mit einem Blick als hätte sie gefragt: bin ich nicht brav?

Ich hab es dir nicht aufgetragen, dachte er mürrisch. Oder sollte sie wollen, dass er ihr solche Aufträge gab? Das wäre ja, wie wenn ein Vater seine Tochter zu einem ordentlichen Haushalt anwies. In diesem Augenblick wusste er, dass sie hier etwas durcheinander kriegte. Sie konnte zwischen Vater und Ehemann offenbar nicht mehr klar unterscheiden. Wollte er jetzt für alle Zeiten das Kommando übernehmen? Ganz sicher nicht! Zwischen ihm und dem Mühlbauer waren Welten!

Die nächsten Tage waren nicht von Harmonie gekennzeichnet, nachdem sie mit ihrem Vorstoß in die kindliche Bravheit so schlecht gelandet war. Und dann begann sich nach und nach zu zeigen, dass sie selbst beabsichtigte zu leben, was Bert ihr vorenthalten hatte. Weil er nicht bereit war, ihr seine Anordnungen zu erteilen, wurde sie in ihren Äußerungen mehr und mehr autoritär. Es war kein freundlicher

Unterton mehr dabei, wenn sie ihn ersuchte, das Geschirr sauber zu machen, der Ton wurde hörbar befehlender und schroffer. Das war es wohl, was sie von zu Hause kannte. Hatte der Franz nicht einmal gesagt, dass viele Menschen in ihrer Ehe versuchten, das bekannte Muster aus ihrer Kindheit wieder herzustellen? Da hatte er es schon wieder! Er als Bauer, der er nicht sein wollte?

Seit langer Zeit hatte er Herta nicht mehr gesehen. Doch gewiss, wenn man sich das am wenigsten wünschte, traf man solche Leute, denen man lieber aus dem Weg gegangen wäre. Schnippisch raunte sie ihm zu: „Bist wohl nicht mehr recht zufrieden mit deiner Anna, lässt sie verlauten. Hättest einmal etwas Besseres haben können und jetzt weißt du das wohl selber auch?" Ohne dass er gleich sagen hätte können warum, kam ihm die Galle hoch.

„Und wenn es so wäre, dich tät es ganz sicher nichts angehen!" Mehr und mehr begann ihn der Tratsch hinter seinem Rücken zu nerven. Und am meisten nervte ihn die Tatsache, dass seine eigene Frau mitten drin war in diesem dörflichen Gemeinwesen, das eigentlich mehr gemein als dörflich war. Er hatte immer gedacht, dass ihn die Klatschweiber nicht berührten, doch jetzt, da er selber davon betroffen war, jetzt merkte er, welch negative Macht die bäuerliche Gesellschaft auf den Einzelnen ausüben konnte. Bisher hatte er es noch nicht zu spüren bekommen, welche Intoleranz auf dem Land herrschte, doch nun begann es unter die Haut zu gehen. Wer nicht mithüpfen wollte mit der Masse, der Mehrheit, der hatte rasch die Chance, mit scheelen Blicken angeschaut und hämischen Worten angeredet zu werden. Da konnte ja jeder kommen und glauben, er sei etwas Besseres!

Anna aber badete in ihrem neugewonnenen Prestige. Sie war sich auch nicht zu blöde, die Freundschaft mit Herta wieder aufleben zu lassen. Immer wieder saßen die beiden Frauen beisammen und die Blicke, die sie tauschten, hatten wie einst wieder etwas Konspiratives. Bert wusste noch nicht recht, was es zu bedeuten hatte, aber er wusste, dass es nichts Gutes war. Also beschloss er, den Stier an den Hörnern zu packen und bei nächster Gelegenheit ging er zum Schein auf die Avancen von Herta ein.

Es war bei einer öffentlichen Gemeindeveranstaltung, als er plötzlich merkte, dass sich jemand von hinten an ihn drängte. Deutlich spürte er ihre üppigen Brüste an seinem Oberarm und als er den Kopf wandte, raunte sie ihm zu, er solle doch nicht so pitzelig sein, seine Frau habe die Augen schließlich auch öfter einmal wo anders. Es gelang ihnen unauffällig, hinter den Häusern in einen Obstgarten zu verschwinden, wo Herta gleich wieder ihr gesamtes Arsenal an Verführungskünsten auspackte. Sie schnurrte wie eine Katze und wand sich wie eine Schlange, im Einsatz ihrer Körperlichkeit war sie eine wahre Meisterin. „Mir scheint, du bist wohl eine Doppelagentin?" fragte Bert grinsend. So wie er sie nun um die Mitte hielt, war sie von einer beachtlichen Anpassungsfähigkeit.

„Mir geht es ja nur um dich" drückte sie ihr Schambein an seinen Schenkel „und nicht um Anna, die ist mir nicht schlau genug! Die glaubt, sie kann mich beeindrucken, wenn sie mir Details aus eurem Eheleben erzählt." Er begann mit seinem Bein Widerstand zu leisten, um sie zu noch mehr zu ermuntern. „Was wird sie dir schon groß erzählen?"

„Na groß eben! Und wenn sie schon so prahlt mit deiner Männlichkeit, dann will ich wissen, ob sie die Wahrheit spricht." Es war nicht zu verhindern, dass er auf ihre weiblichen Attacken mit Blutandrang reagierte und er wusste, dass sie das auch schon an ihrem Hüftknochen spürte. Sein Widerstand war nur noch mäßig, als sie nach seinem Glied fasste. Nach all dem, was er in der letzten Zeit mit seiner Frau hatte ertragen müssen, war es ihm schon beinahe egal wie dieser Ansturm jetzt ausgehen sollte. Er hob ihren Rock und griff ihr ohne Umwege zwischen die Beine, durch das Höschen fühlte er ihre Feuchtigkeit. Sie zeigte sofort Reaktion und presste sich an ihn so wie sie auch seinen Penis fest drückte.

„Und was weiß sie sonst noch zu erzählen, meine liebe Frau?" Er hatte seine Absicht doch noch nicht vergessen, mit harten Händen hielt er sie am Becken fest, sodass sie sich nicht mehr bewegen konnte. Er drückte ihre Scham rhythmisch an sich und zwang ihr seinen Willen auf, den Mann vor ihr widerstandslos zu wollen und ihm alles zu erzählen, um nur ja sein Gefallen zu finden.

„Sie sagt, dass du heimlich zu saufen anfängst und manchmal wirre Dinge erzählst, die kein normaler Mensch glauben kann, weil du zu viel Umgang hast mit dem Angerfranz. Sie meint, dass sie dich total in der Hand hat und dass du alles tust, was sie will, wenn sie sich nur von dir vögeln lässt. Sie hat gar keinen Respekt mehr vor dir, weil du offenbar schon jetzt zu verdummen anfängst."

Die letzten Worte kamen nur noch stoßweise, so sehr hatte sie sich in ihre sexuelle Erregung hineingesteigert. Seinen Gesinnungswandel merkte sie in ihrer dummen Gier nicht. Mit ergrimmender Wucht stieß er sie von sich, sie taumelte rückwärts und hatte Mühe, auf den Beinen zu bleiben. Kein Wort fiel, als die beiden sich mit wutflammenden Gesichtern anstarrten. So hatte er sie jetzt also zum zweiten Mal zurückgewiesen. Wie ein Blitz fuhr ihm die Erkenntnis in die Seele, was ihm seine Anna noch immer im Herzen bedeutete. Nicht nur dass sie ihm etwas bedeutete, noch mehr wie sie ihm mit ihrer Abwertung Schmerzen zufügen konnte. Was konnte er jetzt mit seiner Wut tun?

Es war ihm egal, was mit Herta geschah, er ließ sie stehen, wo sie stand und wandte sich zum Gehen. Keinen Gedanken verschwendete er daran, dass er sich mit dieser Intrigantin jetzt vielleicht eine gefährliche Feindin geschaffen hatte. Es war ihm auch egal, dass er sich beinahe in ihren sinnlichen Strudel hätte mit hinein reißen lassen. Und gerade weil sie so heftig aufgegeilt war, wusste er dass sie die Wahrheit über Anna gesagt hatte. Aber natürlich hatte seine Wut nicht ihr sondern seiner Frau gegolten, dessen wurde er sich jetzt auf dem Nachhauseweg bewusst.

Wie war das? Seine Frau glaubte ihn in der Hand zu haben? War er im Nachteil, weil er liebte? Ist der Liebende immer im Nachteil? Ein Liebender sagt Ja zum Partner und wenn der nicht mit dem gleichen bedingungslosen Ja zurückkommt, dann ist der Liebende schon im Nachteil. Idealisten und Idioten lieben jetzt weiter in der Hoffnung, dass ihnen irgendwann ihre Liebe zurückgezahlt wird. Ich habe einen gekannt der glaubte, seine Liebe würde seine psychotische Frau heilen. Weil er glaubte, was alle sagen: Liebe kann alles heilen. Danach wusste er, dass man nicht alles glauben soll, was alle sagen.

Wie gesagt: Idealisten und Idioten liebten weiter! Seine Frau hatte Recht, weil er weiter geliebt hatte nach diesem hässlichen Auftritt gegenüber ihrem Vater, als sie sich nicht bedingungslos an seine Seite gestellt hatte, hatte sie ihn in der Hand. Seine Liebe wandte sich gegen ihn!

Ein Bild kam ihm hoch. Zwei Menschen stehen sich gegenüber. Der eine macht einen Schritt auf den anderen zu, der aber bleibt stehen. Wer von beiden hat die Macht über diese Beziehung? Der, der handelt, oder der, der nicht handelt?

Er wäre jede Wette eingegangen, dass der weitaus größte Teil der Menschen dem die Macht zuschreibt, der auf den anderen zugeht. Doch das genaue Gegenteil ist wahr. Nur einen Gedanken später weiß man es: was kann er tun, wenn der andere auf sein Entgegenkommen nicht reagiert? - Nichts! Liebe kann man nicht erzwingen.

Ein tiefer Atemzug brachte ihn wieder auf den Weg unter seinen Füßen. Noch vor einem Jahr hätte er sich unmöglich vorstellen können, dass seine geliebte Anna einmal eine solch niedere Gesinnung leben würde. Was war bloß geschehen in diesem Jahr? Welcher Dämon hatte Einzug gehalten in ihre Seele? Gewiss, sie war ein bisschen verträumt und nicht immer in der vollen Geistesgegenwart gewesen. Doch Bösartigkeit oder politische Intrigen hätte er ihr unmöglich zugetraut, nein, das war nicht ihr Wesen. Sollte er sich so sehr in ihr getäuscht haben? Sie war doch nicht so in ihrer Seele. Es kam ihm vor, als sei eine Horde von mongolischen Plünderern über sie gekommen wie einst über das Land im Mittelalter. Ihre Seele war verwüstet.

Unmöglich dass sie glauben konnte, er wäre ein Trinker, wo die Flasche mit Likör noch immer halb voll war, seit einem halben Jahr halb voll. Trotzdem behauptete sie das in der Öffentlichkeit, um ihn anzuschwärzen. Wo lag da der Sinn? Welchen Nutzen hatte sie davon, wenn ihr eigener Mann als übler Kerl da stand? Wie in Kindergarten und Volksschule! Frau Lehrerin, der Max hat keine

Aufgabe! Wenn die anderen schlecht dastehen, dann werde ich der Wahre, Gute sein. Welch jämmerliche Vorstellung vom Leben! Dann fiel ihm ein, wo sie das gelernt haben musste und zum zweiten Mal innerhalb kurzer Zeit überkam ihn eine Wut, dass er zum Brandstifter hätte werden können. „Erziehung" dachte er „ist in manchen Familien wie der Mongolensturm in der Seele der Kinder! Ein Verbrecher jeder, der die Bedürfnisse eines Kindes nicht respektiert!" Eltern, die ihren Kindern keine schöne Kindheit bereiten, sind in Wahrheit Verbrecher an der ganzen Menschheit!

Lammfromm sei sie, seine Anna, hätte er vor einem Jahr noch behauptet. Und jetzt musste er erschüttert zur Kenntnis nehmen, dass sie zu einer Intrigantin und Lügnerin geworden war. Unvorstellbar, dass sie sich so verändert haben sollte. Hatten diese Eigenschaften schon in ihr geschlummert, als er sie vor Jahren kennen gelernt hatte? Waren sie unter dem Druck der äußeren Umstände herausgekommen wie das Magma aus einem Vulkan? War das sie, was er zu sehen bekam, waren es Eigenschaften von ihr?

Er redete nicht mit ihr. Nicht an diesem Abend und nicht an den folgenden. Aber er war sich sehr rasch klar, wo er hingehen musste, um eine Antwort auf seine brennenden Fragen zu finden. Der Alte hörte sich seine Ausführungen stumm an. Nicht die geringste Regung stand in seinem Gesicht während sich Bert mit der Frage plagte, was er da eigentlich geheiratet hatte. Vor lauter Für und Wider kam er zu keiner Entscheidung, ob sie nun das Opfer ihrer Kindheit oder die Täterin in ihrer Ehe war. Natürlich gehörten die zwei Dinge zusammen, das hatte ihm schon gedämmert, doch er brachte es nicht fertig, beide Umstände zugleich wahrzunehmen, es war entweder das eine oder das andere im Vordergrund.

„Ein armes Schwein ist auch ein Schwein!" sagte der Franz, diesmal auf eine fast flegelhafte Art. „Vergiss nicht, du bist auf etwas draufgekommen, was deine Frau noch nicht weiß. Für sie selber ist manchmal ihr eigenes Verhalten unverständlich. Daher muss sie Gründe finden, die ihre Gedanken für sie selber nachvollziehbar machen. Nachdem sich im letzten Jahr beinahe alle Probleme in und um eure Beziehung kristallisiert haben, kann es für sie nur mit dir zu tun haben, warum auf einmal nichts mehr funktioniert. Einer muss schließlich schuld sein und weil sie in sich keine Schuld fühlt, muss es folglich an dir liegen. Sie denkt etwa so wie die Steinzeitmenschen. Wenn die merkten, dass die Erde bebte, glaubten sie, die Götter seien böse auf sie, anstatt zu wissen, dass sie auf einem Vulkan lebten. Die Kindheit deiner Frau ist wie ein Vulkan, der noch nicht ausgebrochen ist."

Bert wusste, dass sein Mentor Recht hatte. Die Anfälle von Gereiztheit und Wut bei seiner Frau waren in den letzten Monaten häufiger geworden und er verstand, dass der große Ausbruch noch vor ihnen lag. Das Grummeln im Untergrund war schon unüberhörbar! Was konnte er tun? Er begann plötzlich zu verstehen, dass er die Schmerzen seiner Frau vielleicht jetzt schon deutlicher wahrnahm als sie selber. War es eine Hilfe, wenn er ihr brutal vor Augen führte, was in ihrer Kindheit mit ihr geschehen war? Würde sie nicht wieder damit reagieren, dass er ein persönliches Bedürfnis habe, ihre Familie zu verunglimpfen? Diese Anflüge kannte er ja schon zur Genüge. Verzweifelt schaute er den Alten an.

„Wenn du dich im Wald verlaufen hast, kannst du umdrehen und zurückgehen bis an diese Weggabel, die du falsch gewählt hast. Im Leben ist das ganz anders. Du kannst nicht umdrehen und zurückgehen, du kannst nicht zweimal die gleiche Weggabel betreten, denn inzwischen ist Zeit vergangen. Zweimal die gleiche Entscheidung ist nicht die selbe. Und wenn du hinterher denkst, das hättest du anders machen sollen, so hast du auch nicht die Gewissheit, dass es damit wirklich besser gewesen wäre. Es hätte auch noch viel schlechter sein können! In Entscheidungen kannst du nur dein Herz fragen und dich nachher von deinem Leben belehren lassen."

„Also wenn ich sie jetzt zum Teufel jage, bin ich ein Schwein und wenn ich sie behalte und sie spielt weiterhin ihre Spielchen, dann bin ich ein dummer Hund. Ist das die Wahl, die ich habe?"

Das Gesicht des Alten ging auseinander und mit breitem Grinsen sagte er voller Humor: „Das erste Stück Weisheit in deinem jungen Leben!"

Jetzt musste Bert wirklich selber auch lachen. Der Franz wurde wieder ernst und bestätigte das, was er bereits gesagt hatte: „Jetzt engagiere dich einmal für die Beziehung! Wenn du es nicht tust, dann ist sie ganz sicher tot. Und wenn es trotzdem schief geht, musst du dir hinterher selber keine Vorwürfe machen. Lass dich jetzt einmal ganz auf die Beziehung ein und es wird langfristig das Beste daraus entstehen, für dich und für sie. Einige Dinge musst du aber von Anfang an einbeziehen: Überheblichkeit und Rechthaberei sind die Hauptfehler von Menschen, die in ihrer Kindheit nicht genug Aufmerksamkeit erfahren haben. Du musst einen Weg finden, damit umzugehen, ohne dich selber all zu sehr aufreiben zu lassen. Gerade früher ist dir gelungen, den komischen Anteil an dieser Tragödie heraus zu stellen. Wenn du nicht zu nahe an der ganzen Problematik klebst und dich selber nicht zu sehr darin verstrickst, dann gibt es im Leben immer auch ein bisschen etwas zum Schmunzeln.

Jeder Mensch ist für etwas gut und sei es nur als Beispiel, wie man es nicht machen soll. Gerade wenn deine Frau jetzt immer wieder negative Seiten hervorkehrt, solltest du dir sagen, dass es besser ist, sie nicht ganz voll zu nehmen. Das empfiehlt sich generell bei einer ganzen Reihe von Menschen, du brauchst nur die Augen aufzumachen. Da gibt es Leute, die sind felsenfest davon überzeugt, dass sie mit ihrem lautstarken Schimpfen erfolgreich sind. Und damit haben sie auch Recht: mit Schimpfen erreicht man immer etwas – in der Regel allerdings genau das Gegenteil von dem, was man beabsichtigt. Ganz ähnlich verhält es sich auch mit den Miesmachern. Raunzend und greinend gehen sie durchs Leben und wundern sich, dass sie keiner mag. Und auf ihre Übellaunigkeit haben sie natürlich ein Recht, weil sie ja eben keiner mag! Und so beißt sich die Katze in den Schwanz, bis der Nörgler endlich begreift, dass er selbst diesen Kreisel in Gang setzt. Nörgeln ist nämlich der sinnlose Versuch, innere Zufriedenheit auf Kosten anderer zu finden."

Mit steigender Aufmerksamkeit folgte der Junge den Ausführungen, die mit einem durchaus humorvollen Unterton zum Besten gegeben wurden. Ein inneres Schmunzeln stieg in ihm auf und er wunderte sich nicht mehr, dass es sein Lehrer offenbar ohne die geringste Anstrengung schaffte, auf die dörfliche Gemeinschaft rundweg zu verzichten. Hatte er nicht manchmal selber schon gedacht, dass die erhebliche Mehrzahl der Menschen ganz gezielt an den wirklich wichtigen Dingen vorbei lebte?

Ein Glucksen machte sich in seinem Bauch breit und brach schließlich als Schwall von befreiendem Gelächter aus seinem Hals. Als er auf seinen Heimweg einbog und noch einen Blick zurück warf, dachte er wie passend seine Besuche hier für ihn immer wieder waren. Diese Lichtung war für ihn wirklich wörtlich zu nehmen, auch wenn er die innere Befreiung nicht immer ganz durchhalten konnte. Wie hatte der Alte gesagt, er müsse sich für die Beziehung engagieren? Wie tat man das? Was konnte man für eine kriselnde Beziehung tun? Dass er es wollte, war ja ohnehin keine Frage. Im Grunde musste es das sein, was er ohnehin schon einmal als Sinn der Beziehung verstanden hatte, man musste sich gegenseitig wahrnehmen, also miteinander reden. Auch über Dinge, die nicht so angenehm waren.

Seine Frau war sehr unruhig an diesem Abend, als er nach Hause kam. Sie begann eine Arbeit und hörte wieder auf, als läge ihr etwas auf der Seele, ohne dass sie das richtig realisiert hätte. Eine Zeit lang beobachtete Bert ihre Ziellosigkeit und bemerkte auch einen selbst für sie auffallenden Mangel an Konzentration. Dann stieg ihm ganz langsam ein Verdacht auf: „Hat dir deine Freundin Herta schon berichtet?"

Sie versuchte es abzustreiten, doch er merkte, dass sie log. In diesem Augenblick beschloss er, nichts zu erklären und sich auch nicht zu rechtfertigen. Im Gegenteil, er ging sofort in den Angriff über. „Also mir hat sie erzählt, dass sie nur an mir interessiert ist, weil du ihr nicht schlau genug bist. Schöne Freundin, die du da hast!"

Anna stand da als hätte er ihr eine Ohrfeige verpasst. Sie konnte fast nicht glauben, was sie da zu hören bekam, und zugleich sah sie im Gesicht von Bert die Ruhe und Gelassenheit, die in einer solchen Situation nur ein ehrlicher Mensch haben kann. So sehr er sie aus der Fassung gebracht hatte, so rasch fing sie sich auch wieder. „Du scheinst zu glauben, wenn andere Blödsinn reden, dann hast du das Recht, in fremder Wäsche zu wühlen. Oh ja, sie hat mir alles erzählt und ich konnte dich nach Luft schnappen hören, so genau hat sie es erzählt."

Verblüfft sah er ihre Brustwarzen durch die dünne Bluse stechen. Da war es wieder, dieses eigenartige Verhalten in der Mischung von Zorn und sexueller Erregung. Wäre da einfach nur Zorn, dann hätte sie ihn ablehnen müssen. Wäre da einfach nur Eifersucht, sie hätte ihn wiederum aus Zorn ablehnen müssen. Aber bei ihr war es offenbar beides, Zorn und Begehren zugleich. In dieser Hinsicht schien sie mit einem klaren Gefühl nicht auszukommen und es brauchte diese seltsame Mixtur, damit sie ihm bebend vor Wut und gleichzeitig zitternd vor Lust ihre widersprüchliche Seele ins Gesicht halten konnte. Es war ihm unbegreiflich, was sich in ihr abspielen mochte, trotzdem trat er noch einen Schritt auf sie zu. Ihre Augen flackerten, als sie ihm mit der gleichen Entschlossenheit, die ihm auch schon bei Herta begegnet war, an die Hose fasste. Es war eine wütende Entschlossenheit und es stand nichts von Liebe oder Zärtlichkeit in ihren Augen. Es war auch nicht einfach nur Gier oder Wollust, es war Wut. Es war eine verzweifelte Wut. Er sah erst jetzt, dass es Schmerz war. Eine ganze Palette ineinander verstrickter Gefühle mit einem Stamm aus Schmerz.

„Dann nimm diese Schlampe, wenn du sie willst!" schrie sie und war unfähig, ihren eigenen Gefühlsansturm noch zu ertragen. Es klang wie ein Freibrief und seine Augen auf ihrem zuckenden Rücken wusste er, dass es das am allerwenigsten war. Jetzt stieg ihm selber die Wut hoch. Diese Weiber, da sollte sich einer auskennen! Lange Haare, kurzer Verstand! Er schüttelte sie an den Schultern: „Was hast du diesem Dreckstück erzählen müssen, wie es uns geht? Wolltest du, dass das ganze Dorf Bescheid weiß? Geht es dir gut, wenn ich schlecht dastehe? Wie blöd bist du eigentlich zu glauben, dass das alles nicht auch auf dich selber zurück fällt? Vorne herum tun sie dir schön und hinter deinem Rücken lachen sie über uns, ja auch über dich! Die Idioten sind doch alle froh, wenn es einmal einem anderen an die Wäsche geht, da sind sie selber aus dem Schneider!"

Schwer atmend ließ er sie los und setzte sich an den Tisch. Mit einer heftigen Bewegung deutete er auf ihren gewohnten Sitzplatz. Sie setzte sich gehorsam. Man sah, dass ihr nicht wohl war in ihrer Haut, weil er in dieser Auseinandersetzung auch nicht ohne Waffen war. Aber sich selber in Frage zu stellen und ihre Rolle in dem Spiel zu reflektieren, um den Auslöser in sich selbst zu erkennen, das schaffte sie nicht. Trotzdem war aus diesem Streit jetzt erst mal die Luft draußen. Sie saßen beide ein bisschen erschöpft am Tisch und keiner wusste so recht wie es weiter gehen sollte. Im vollen Schwung des Streites war das viel leichter, da konnte man einfach zulangen, ohne viel nachzudenken. Da brauchte man sich nur ein Stichwort des anderen zu merken und schon war wieder Pulver im Rohr und die Ladung flog dem anderen entgegen. Hemmungslose Wut, das ist doch ein herrliches Lustgefühl, so ohne jede kleinliche Rücksicht auf dumme andere Leute!

Bert fasste sich wieder. Er sah die Verzweiflung in ihrem Gesicht. „Wie kannst du dich bloß auf dieses Weib einlassen?" fragte sie verhalten.

„Wie kannst du dich auf dieses Weib einlassen?" gab er hart zurück.

„Ich habe aber nicht mit ihr geschlafen!" sagte sie bissig.

„Das habe ich auch nicht" gab er verblüfft zurück und begriff, was diese Schlampe schon wieder erzählt haben musste. Sie spürte seinen kurzzeitigen Mangel an Reaktion und mit der Raffinesse des verdorbenen Weibes versetzte sie ihm sofort den nächsten Hieb in die offene Flanke:

„Du spielst den Rechtschaffenen und in Wahrheit hast du nichts anderes im Sinn, als Frauen zwischen die Beine zu fassen, wenn sei einmal einen schwachen Moment haben! Du bist ein abgefeimter Hund, dem alles recht ist, wenn er nur seinen Trieb befriedigen kann! Du bist wie alle Männer: dein Hirn hat in deinem Schwanz Platz! Ich habe gedacht ich kenne dich, aber erst jetzt erkenne ich dich wirklich! Herta hatte einmal einen Freund, mit dem hätte sie dreimal am Tag vögeln müssen, wenn es nach ihm gegangen wäre, und jetzt sehe ich, dass du auch so einer bist. Allerdings bist du es nicht einmal zu Hause!"

Sein Versuch, etwas über die Ränke von Herta und Anna herauszufinden, wandte sich voll gegen ihn selber. Sie beide würden heftig davon Gebrauch machen und ihn hinstellen als einen Mann, der seine Frau betrog und auch sonst ein wahrer Untermensch war. Er spürte wie die Lähmung seines Herzens bis in sein Gehirn kroch, sodass er plötzlich er nicht mehr wusste, ob er Männlein oder Weiblein war. Und während er noch versuchte, seine Gedanken zu ordnen und eine neue Widerstandslinie aufzubauen, wusste er schon, dass sie diese Schlacht gewonnen hatte. Und er wusste ebenso, dass sie ihm diesen Sieg in den nächsten Wochen hunderte Male unter die Nase reiben würde. Er verzichtete auf eine Rechtfertigung, ja er verzichtete sogar auf jedes Argument, denn jetzt war der Karren so verfahren, dass alles sinnlos war. Er schalt sich einen Idioten, dass er seiner Frau soviel an Verständnis und Liebe entgegen gebracht hatte. Ihr Leitspruch lautete unabänderlich: wie lasse ich meinen Mann vor den anderen schlecht ausschauen? Und so wie sie sich in den letzten Monaten in der Gemeinde gegeben hatte, durfte er durchaus noch immer annehmen, dass ihr die Leute auch weiterhin glaubten.

Mit kochendem Gehirn erhob er sich und schlüpfte in seinen Überrock. Das Gehen schien diesmal keine Erleichterung zu bringen. Erst nach wohl einem Kilometer voll marternder Gedanken war er an dem Punkt angelangt, dass er mit reinem Gewissen zu sich sagen konnte: egal was sie reden, die Wahrheit ist es nicht! Die Wahrheit ist vielmehr, dass wieder einmal ein Liebender als der Fehlerhafte hingestellt wurde. Der Liebende war immer im Nachteil! War er der einzige, der diese Erfahrung machen musste? Gewiss nicht! Immer der gleiche Kreisel im Gehirn!

Der Pfarrer fiel ihm ein, der letzten Sonntag über die Sünden der Welt von der Kanzel gedonnert hatte. Sünden? Keiner wollte das hören und wenn schon von Sünden die Rede war, dann galt das wohl nur für die Sünden der anderen. Jeder spannte die Schultern, wenn von den Sünden die Rede war, und panzerte sich gegen die zu erwartenden himmlischen Schläge. Von der Sünde des Hochmuts war die Rede gewesen und dass sie vor dem Fall käme. Wieso kam die Liebe nicht gegen den Hochmut an?

Wieso überhaupt kam die Liebe nicht gegen die Sünde an? Immer wurde die Liebe gepredigt und die Sünde verdammt und immer wieder siegte die Sünde. Sonderbare Welt! Wie wenn der Ochse den Göpel zum hundertsten Mal im Kreis gedreht hat, so wiederholte sich die Predigt des Pfarrers im Kampf gegen die Sünde. Wohlgemerkt, die Sünde der anderen! Der Pfarrer musste der Ochs in der Wirtschaft Gottes ein! Und die ganzen Kühe rundum begriffen nicht, wie schwer er arbeitete, der Ochs! „Wahrhaftig", das war doch immer der Spruch in der Bibel. Wahrhaftig, die Welt ist voll von Rindviechern!

Dabei hatte der Kerl Recht! Hochmut zerstörte die Liebe, das hatte er gerade am Verhalten seiner Frau bemerkt, die sich gemeinsam mit der Dorfschlampe über ihn erhoben hatte, um sich selber damit ein Gefühl der Überlegenheit zu besorgen. Hochmut schafft Überordnung und Unterordnung, Liebe aber kann nur auf gleicher Ebene gedeihen. Wo Überhebung passierte, konnte keine Liebe sein! Ja, das war es. Bei wahrer Liebe schauen sich zwei Menschen in die Augen, bei Hochmut schaut einer auf den anderen herab. Warum konnte der Pfarrer das nicht einmal so erklären, warum musste er immer schimpfen? Was erreichte er mit seiner Schimpferei? Nichts, außer dass sich jeder für unschuldig erklärte. Wo hatte er das wohl gelernt, der geweihte Holzkopf? Warum trugen die Priester diese steifen Krägen? Damit man das Gewinde vom Holzkopf nicht sah! Er spürte nun selber, dass er ungerecht war in seiner Verbitterung.

Bert schüttelte sich. Wem waren diese ganzen Überlegungen zum Nutzen? So viel war klar, er musste wieder mit dem Alten reden. Er war gespannt, was der dazu sagen würde. Bis dahin musste er aber noch das tödliche Schweigen zu Hause ertragen. Diesmal schien Anna zu glauben, sie könnte ihn strafen, indem sie ihr pausenloses Geschnatter einstellte. Den Nutzen ihres Schweigens wusste er allerdings bald zu schätzen. Wenn sie schwieg, dann kamen immerhin auch keine Belehrungen und Vorhaltungen von ihr. Kein Schaden, wo nicht ein Nutzen dabei ist!

„Jetzt bist du schon in der Esse und ab jetzt wirst du geschmiedet." sagte der Alte, nachdem er von den letzten Vorgängen erfahren hatte. Er schien absolut nicht überrascht, es kam Bert eher so vor, als hätte der Mann schon alles vorweg gewusst. Diesen Gedanken brachte er auch gleich zum Ausdruck. Der Angerfranz schien leicht zu schmunzeln. Er griff ganz belanglos hinter sich und legte seine Ruten auf den Tisch. Ohne alles Pathos und ohne bedeutungsschweren Gesichtsausdruck. Einfach so; und Bert begriff, dass es wieder einmal eine Aufforderung war, selber öfter zur Bearbeitung seiner Fragen die Ruten zu benützen.

„Ich versetze mich in dich und deine Lage und dann frage ich, was dich beschäftigt. Schön der Reihe nach. Und ich glaube, ich nehme dich ganz gut wahr."

„Bis jetzt habe ich noch kaum Leute kennen gelernt, die, ohne für sich etwas zu wollen, so mit mir mitgedacht haben. Manchmal kommt mir vor, das ist eine unverdiente Ehre. Anderseits machst du es mir aber nicht schwer, dieses Geschenk anzunehmen, weil du mich niemals spüren lässt, dass ich dir verpflichtet wäre."

„Du bist mir nicht mehr verpflichtet als ich dir!"

Sie saßen minutenlang schweigend da und jeder hing seinen eigenen Gedanken nach. Es muss nicht immer geredet sein, wenn man weiß, dass man gedanklich auf dem gleichen Pfad ist. Plötzlich schienen Bert seine kleinen Fragen zu den Leiden seiner Frau bedeutungslos zu werden, nun eigentlich waren es ja seine eigenen Leiden, die aus den Schmerzen seiner Frau entstanden. Das konnte er ja mit seinen Ruten allein bearbeiten. Aber etwas anderes mochte er schon noch ansprechen und das waren seine Gedankengänge hinsichtlich Pfarrer und Kirche. Das Geschimpfe der Geistlichen über die böse Welt war ein Thema, das dem Alten gewiss einige deutliche Meinungen entlocken würde, auch wenn er glaubte, selber schon einiges begriffen zu haben. Diese Gedankengänge von seinem letzten Spaziergang brachte er nun dem Franz zur Kenntnis.

Dieser wiegte scheinbar betroffen sein Haupt, doch schoss ein verschmitztes Grinsen aus schmalen Augen auf seinen Besucher. „Ja, das hat etwas mit der so genannten Wahrheit zu tun. Auch studierte Geistliche haben da manchmal ein großes Problem damit. Am besten sage ich dir das mit einer kleinen Geschichte. Also:

Ein Röhrling und ein Blätterpilz standen im Wald und sogleich sagte der Röhrling: ‚Du bist nicht in Ordnung, du bist anders als ich!' Und darauf konterte der Blätterpilz: ‚Im Gegenteil, du bist der, der nicht in Ordnung ist, das hat mir der große Schwammgeist geoffenbart, und dass ich mich vor dir hüten muss, weil du schon lange einer falschen Lehre anhängst.' Und während sie so stritten, wer denn nun die gültigere Offenbarung besäße, kam ein großer Hirsch daher, den der Röhrling noch nie gesehen hatte. Als er Angst kriegte, beruhigte ihn der Blätterpilz und sagte, dass dieser Hirsch von Zeit zu Zeit einfach vorbei käme und noch nie irgendeine Bedeutung für die Pilze gehabt hätte. Er wisse auch nicht, was es mit diesem großen Wesen auf sich hätte, aber ganz offensichtlich hätte es in der Schöpfung des großen Schwammgeistes keine besondere Bedeutung. Am besten behandelte man es so, als sei es gar nicht vorhanden. Danach verlegten sie sich wieder auf den Streit über ihre Werte. Dann kam der Hirsch herzu und fraß den Röhrling, den Blätterpilz aber ließ er stehen. ‚Ich habe stets gewusst,' sagte der Blätterpilz, ‚dass der große Schwammgeist mir zeigen wird, wer der wahre und gute unter den Schwämmen ist!'

So ist es auch mit den kirchlichen Würdenträgern. Sie leben in ihrer Welt und meinen, dass das, was sie auf der Universität gelernt haben, schon die ganze Wahrheit ist. Diese Wahrheit bestätigen sie sich gegenseitig, wenn sie beisammen sind. Ein Außenstehender aber begreift nichts von dem, was sie so intensiv beschäftigt. Mit anderen Worten, die Herren schmoren im eigenen Saft. Sie haben ihre eigenen Begriffe, innerhalb derer sie sich bewegen und vergessen dabei die meiste Zeit, dass ein Bild noch nicht der Gegenstand ist, der darauf abgebildet ist. Die Herren Kleriker leben in einem Haus, das aus lauter Worten und Begriffen aufgebaut ist. Eine Frohe Botschaft ist das nicht und Kranke heilt die Kirche erst recht nicht, obwohl der Stifter ihrer Religion sie genau dazu erziehen hatte wollen, wie ich glaube. Eine Frohe Botschaft ist etwas anderes als die Lehre dieser

Kirche, eine wirklich Frohe Botschaft müsste Menschen fröhlich und glücklich machen."

Dazu musste Bert nichts mehr sagen. Die Härte und Präzision, mit der der Alte gesprochen hatte, ging noch über seine eigenen Gedanken hinaus. Was allerdings neu für ihn war in der ganzen Darstellung, war die Unterscheidung von Begriff und Realität. War das nicht auch der Grund, warum sich manche Menschen für besonders gut und edel hielten und in Wahrheit waren sie eitel und eingebildet? Nein, das genügte wohl nicht als Erklärung. Wenn die Welt innerhalb und außerhalb der eigenen Hirnkapsel eine derartige Differenz aufwies, dann hatte das Gründe, die in der Regel in einer schmerzhaften Kindheit lagen, wurde er vom Alten aufgeklärt.

Wenn Kinder über längere Zeit einem massiven Druck ausgesetzt werden, dann hat das Folgen für ihre Seele. Anfänglich, nämlich im Trotzalter, wehren sie sich ja noch und bekommen Schreikrämpfe von höchst aggressiver Intensität, die man unter dem Namen Fraisen kennt und die durchaus lebensbedrohlich sein können. Wenn ein solch kleiner Wurm dann anfängt blau zu werden, dann kennt die bäuerliche Pädagogik noch weit bis ins 20. Jahrhundert als einfaches und sofort wirksames Mittel einen Eimer mit kaltem Wasser. Der wiederholte Einsatz dieser psychologischen Keule bricht den Trotz des Kindes nachhaltig und um den dahinter liegenden Schmerz nicht noch einmal spüren zu müssen, wird das ganze Erinnerungspaket einfach in den seelischen Keller gesperrt. Ein Rest von Bewusstsein lässt den späteren Erwachsenen glauben, er sei ein besonders wertvolles Mitglied der menschlichen Gemeinschaft, weil er keine schlechten Eigenschaften an sich entdecken kann. Unter dem äußeren Druck hat er gelernt, alles zu vergessen und zu vertuschen, was anderen nicht gefallen könnte. Was man von außen als penetrante Selbstbeweihräucherung erkennen kann, ist in Wahrheit der Selbstschutz einer gequälten Seele, die alles daran setzt, sich an nichts zu erinnern. Sich vor allem nicht an das Unerträgliche zu erinnern. Hin und wieder gerät dann doch einer in den Sog dieser vergessenen Erinnerungen und der lernt dann den „Grünen Heinrich" kennen. So hieß in jener Zeit das Fahrzeug, mit dem Verrückte in die Irrenanstalt transportiert wurden.

Bert hatte atemlos zugehört. Es war faszinierend, mit welcher Genauigkeit und Schlüssigkeit sein Mentor so schwierige Dinge darzustellen verstand. Plötzlich kam ihm ein junger Mann in den Sinn, der bei seiner Mutter am Rand des Dorfes lebte. Er litt an der so genannten hinfallenden Krankheit, wie man die Epilepsie damals nannte. Immer wieder war es für junge Leute, ja sogar für Schüler ein Heidenspaß, diesen Kranken so lange zu reizen und zu ärgern, bis er einen Anfall bekam. Dieses Bild, das viele so sehr zu ergötzen schien, hatte Bert immer abgestoßen. Keiner von denen war offenbar in der Lage zu spüren, wie es dem Kranken dabei ging. Keiner konnte sich denken, wie es ihm selber ginge, wenn er in der Haut dieses Jungen steckte. Das musste die tiefste Ursache von Grausamkeit sein! Diese Erfahrung passte genau zu dem, was er beim Alten schon einmal gehört hatte. Wer die eigenen Gefühle nicht wahrnahm, der nahm fremde erst recht nicht wahr. Oder wieder einmal kurz zusammengefasst: fremder Schmerz geht nicht ans Herz! Der Volksmund wusste das schon lange! Wo hatte er das nur gehört: verhärtet eure Herzen nicht! Ob dieser schimpfende Priester auch eine verhärtende Kindheit hatte?

Wenn du die Welt mit diesen Augen anschaust, dann siehst du die Verrückten eindeutig in der Mehrzahl. Oder richtiger, du siehst Leidende noch und noch, die alle Hände voll damit zu tun haben nicht zu bemerken, dass sie ihren Schmerz fast nicht mehr ertragen. Sie rennen vor Dingen weg, die längst nicht mehr aktuell sind. Nicht mit sich im Kontakt zu sein, ist eine schwere Störung, wenn nicht die schwerste überhaupt. Leute erzählen dir aus voller Überzeugung ihre schönsten Gedanken, ohne zu bemerken, dass sie nichts davon leben können. Es ist eine Riesendifferenz zwischen Ihren Worten und Ihren Taten, ohne dass sie das überhaupt realisieren; sie lügen sich selber in den Sack und machen sich glauben, sie seien das Edelste weit und breit. Sie glauben den eigenen Worten und jeder andere weiß über ihre Narrheit Bescheid. Jedes Vertrauen, das nur auf Worten basiert, ist schwach. Es wird früher oder später zerbrechen. Nur Vertrauen, das auf Taten gegründet ist, hält! Menschen wissen das instinktiv bei jedem anderen, nur nicht bei sich selbst. Es gibt offenbar nicht nur ein unstillbares Bedürfnis, sich von anderen hinters Licht führen zu lassen, noch größer scheint jenes, sich selber über sich zu täuschen.

Bert wusste in diesem Moment, dass auch seine Anna zu diesen Menschen gehörte. Beinahe kam er sich jetzt selber so vor, wie er ihr Verhalten manchmal empfunden hatte: er war zerrissen. Mitleid und Zärtlichkeit mischten sich mit Ärger und Hoffnungslosigkeit. Wie sollte er jetzt mit ihr umgehen? Wenn er ihr die Schmerzen vor Augen führte, die sie zu ihren verrückten Reaktionen verleiteten, dann wurden die Schmerzen noch größer. Natürlich nur vorübergehend, aber das würde sie nicht verstehen wollen. Sie würde sich blind wehren und wenn sie das als Erwachsene noch könnte, sie würde die Fraisen kriegen, nur um nicht hören zu müssen, was sie seelisch so verunstaltet hatte. Und er? Wie sollte er überleben können neben einer Frau, die sich ihrer wirren Reaktionen nicht bewusst und ständig darauf aus war, die eigene Haut zu retten. Er war schließlich kein Einsiedler und er war auch kein alter Mann. Wie sollte er mit seinen Bedürfnissen allein zurechtkommen? Sein Sinn war trübe ob solcher Zukunftsaussichten und der Nachhauseweg kam ihm dreimal so lang vor wie an glücklicheren Tagen.

Währenddessen hatte der Alte in seiner Hütte eine dicke Decke auf den Boden gebreitet und einen niedrigen Schemel mit leicht vorgeneigter Sitzfläche darauf gestellt. Auf einem Hocker hatte er eine Kerze entzündet und als er sich mit jugendlicher Leichtigkeit auf die Knie niederließ, den Schemel zwischen seinen Fußknöcheln, brauchte er sich nur noch nach hinten zu setzen als säße er auf seinen Fersen. Seine Wirbelsäule war vollkommen aufrecht und gerade in ihrer natürlichen Schwingung. Den Blick unverwandt in die Kerzenflamme gerichtet kam die meditative Versenkung sofort. Selbst ein unwissender Zuseher hätte auf einen Blick erkannt, dass dies ein häufig geübter Ablauf war. Doch das war nur das Äußere. Im Inneren des alten Mannes mit seiner jugendlichen Leichtigkeit begann ein leiser Ton zu singen. Eine Saite war gespannt zwischen dem tiefsten Punkt seines Rumpfes und seinem Schädeldach. Das Licht der Kerze legte sich als heller Ball rund um die Saite, die federleicht und zugleich straff gespannt ihre Schwingung immer mehr erhöhte.

In der Kerze gegenüber erschien die Gestalt seines Schülers und er weitete auch ihre Flamme aus, verband sie mit der eigenen. Um beide entspann sich nun ein Geflecht silberner Fäden, die sich mit hoher Geschwindigkeit bis an den Rand des Universums ausdehnten. Ungeheure Weite erfüllte sein Herz und sie ergriff auch den Jungen und dessen Aura. Eine unvergängliche Energie trug die beiden Flammen höher und höher, bis sie sich am Zenit des Universums mit der Urenergie vereinigten. Das spirituelle Brot des Alten war erstmals Nahrung für die Abwehrkräfte des Jungen. Unendliche, unspürbare Energie!

5. Doppelbruch

Anna schwebte irgendwo knapp unter den Wolken. Nicht dass es ihr so gut gegangen wäre, sie schien nur mehr und mehr den Boden unter den Füßen zu verlieren. Bert hatte oft das Gefühl, sie wartete auf einen Engel, der vom Himmel herabsteigen würde, nicht um ihre Misere zu beenden, sondern um sie vor aller Welt als das edelste Wesen im Umkreis von hundert Meilen öffentlich bekannt zu machen. Zeitweilig war sie in einem Zustand von Erregung, dass sie kaum ihren einfachsten Pflichten als Hausfrau nachkommen konnte. Sie selbst hatte aber nicht das Gefühl, dass es ihr schlecht ging. Im Gegenteil. Jedem der sie nach ihrem Wohlergehen fragte, antwortete sie mit kindlicher Aufgeregtheit, dass es ihr sehr gut ginge. Gleichzeitig wurde sie ihrem Mann gegenüber zunehmend schnippisch und begann immer öfter nach Fehlern an ihm zu suchen, die ihr vielleicht bislang verborgen geblieben sein könnten. Schließlich war sie völlig überrascht zu erkennen, wie sehr verschlossen er war und dass er jeden Schritt an ihr kontrollieren wollte. Sie fühlte sich beengt und eingeschlossen wie seit ihrer Kindheit nicht mehr. Nein, das musste sie nun nicht noch einmal haben!

Bert erlebte seinen Weg in die Arbeit jetzt ganz anders. Noch vor einem halben Jahr hatte ihn sein leichter, fester Schritt in seelische Dimensionen geführt, die er bis dahin noch nicht gekannt hatte. Jetzt waren seine Füße schwer und müde und nicht im Traum hätte er sich vorstellen können, dass sie ihn wieder in jenen Zustand tragen hätten können. Das hatte allerdings nicht nur mit dem Zustand seiner Ehe zu tun, das war auch eine Folge des Zustandes seines Arbeitgebers, beziehungsweise von dessen Firma. Das zweite Mal jetzt war der Monatswechsel vorüber gegangen und jedes Mal schienen die Nerven des Meisters angespannt wie eine Gitarrensaite. Beim letzten Mal war er ihm wieder einen großen Teil seines Lohnes schuldig geblieben und seine Haltung dabei drückte seine Beklommenheit aus, sodass Bert es nicht einmal schaffte, ihm böse zu sein. Der Mann war noch keine fünfzig und bekam langsam die Statur eines Greises, so sehr drückte ihn sein Schicksal nieder. Es war nicht nur seine Schreinerei, die auf ihm lastete, zu Hause hatte er noch eine Frau und sechs kleine Kinder. Für ihn war wirklich jeder Tag zum Fürchten.

Ganz langsam kriegte der Bert aber selber auch das Gefühl, dass für ihn jeder Tag zum Fürchten war. Erst letzten Sonntag nach dem Kirchgang vernahm er die bellende Stimme seines Schwiegervaters über die Köpfe der Gemeinde hinweg eine gemeine Einladung aussprechen: „Wenn du nichts mehr zum Beißen hast, kannst gerne auf meiner Wiese Gras fressen!" Das kam so überraschend und mit einem derart bösen Unterton, dass Bert wie gelähmt und mit offenem Mund stehen blieb. Während er noch um eine Entgegnung rang, hunderte Augen von erstarrten Menschen auf sein Gesicht geheftet, brüllte der Mühlbauer nun seine eigene Tochter an: „Da hast dir den Richtigen ausgesucht, das hast du jetzt davon!" Auf dem Kirchplatz hörte man das leise Säuseln des Windes und in diese Stille hinein eine dröhnende Stimme:

„Mühlbauer!"

Alle Blicke wandten sich hinüber zu den Stufen vor dem Pfarrhof. Und noch einmal:

„Mühlbauer!" Es war der Angerfranz, der sich hier Gehör verschaffte.

„Sei schön still und geh nach Hause, sonst rede ich. Und du weißt, dass das nicht gut für dich ausgeht. Ich weiß ein bisschen zu viel von dir. Also halt dein Maul und geh nach Hause! Du hast schon genug Schaden angerichtet."

Mit wilden Schritten eilte der Bauer auf den Alten zu, rote Wut im Gesicht. Der aber stand ganz gelassen da und fixierte nur die Nasenwurzel zwischen den Augen des Rasenden. Als wäre er gegen eine Wand gerannt, blieb der Bauer wenige Meter vor dem Alten stehen. Seine Kiefer bewegten sich, doch er brachte kein Wort heraus. Der andere stand noch immer reglos und bohrte seine Augen in die Stirn des Bauern. Da machte er ein paar unentschlossene Schritte rückwärts und räumte dann wortlos das Feld. Dem Vernehmen nach soll er den ganzen restlichen Sonntag zu Hause nur noch gebrüllt haben.

„Du hast meinen Papa verärgert." gab Anna später ihre Meinung zum Besten.

„Dein Papa ist ein entsetzlicher Prolet, der vor nichts Respekt hat, der sogar seine eigenen Kinder in der Öffentlichkeit herabsetzt. Oder glaubst du, dass das heute Blumen für dich waren? Es gibt Menschen, die darf man nicht gewähren lassen, sonst ufern sie aus. Solche Menschen wie deinen Vater muss man mit Entschlossenheit bekämpfen!"

„Gerade sehr kämpferisch warst du ja nicht, du hattest die Hosen gestrichen voll! Der Angerfranz hat dich heraushauen müssen, sonst hätte dich die ganze Gemeinde ausgelacht!"

Das entsprach der Wahrheit. Erstaunlich ist immer wieder die schlagartige Zunahme ihrer Intelligenz, wenn sich Leute anschicken bösartig zu werden, so blöd sie sonst auch sein mögen. Sein Zorn machte ihn ungerecht. Denn blöd war sie nicht, es war etwas anderes, das wusste er.

„Dein Vater war noch bei der Kommunion, bevor er uns öffentlich herabgesetzt hat. Seine Worte müssen also aus wahrhaft christlicher Nächstenliebe entstanden sein." sagte er zynisch. „Du kannst sagen, was du willst, ich halte nichts von ihm, er ist für mich ein widerlicher Scheißkerl!"

Nun war der Streit eröffnet und nichts konnte ihn noch stoppen. Natürlich ließ sich Anna die Schuldzuweisung an ihren Vater nicht gefallen und belferte zurück: „Hättest du ihn zu Neujahr nicht so attackiert, dann könnten wir noch immer ein gutes Verhältnis zu ihm haben, aber du musst ja überall deinen Senf dazu geben, du kannst ja den Mund nicht halten, selbst dann nicht, wenn du auf Stärkere triffst! Und wenn es hundert Mal berechtigt wäre, so etwas kann man auch anders machen!"

„Glaubst du, ich ducke mich vor so einem Rüpel wie es dein Vater ist? Schau einmal deine Mutter an, wie er die behandelt, und dann denk nach, wie ein Mann eine Frau behandeln sollte. Er ist es, der überall seine abwertenden Urteile spricht, er ist ein überheblicher Kerl, doch Hochmut kommt vor dem Fall, du wirst es sehen!"

Sie hockten sich gegenüber, beide kochend vor Zorn. Sie weil sie meinte, ihren Vater verteidigen zu müssen, und er, weil er meinte, sich gegen die niedere Gesinnung seines Schwiegervaters wehren zu müssen. Aber was war das, eine niedere Gesinnung? In seinem Bestreben, auf diese schwierige Frage eine Antwort zu finden, klinkte sich sein Geist aus dem Streit aus und er hörte die keifenden Argumente seiner Ehefrau nur noch von Ferne. Es konnte ja sein, dass man unterscheiden musste zwischen absichtlicher Bosheit und einer Bösartigkeit, die im Wesen eines Menschen begründet war. Die letztere war sicher die gefährlichere Variante.

Er tat das Gemeinste, was man als Ehemann tun kann, er nahm wortlos seinen Rock und ging zur Tür hinaus. Seine Frau so einfach mit ihrer Wut allein zu lassen, das wurde ihm als Gemeinheit nicht bewusst, ihm war nur wichtig, seine Gedanken zum Thema in ungestörter Ruhe ordnen zu können. Gemeinheit hin oder her – es war vor allem auch ein wirksames Mittel, diesen unseligen Streit zu beenden.

Als die anderen Kirchbesucher von ihrem Frühschoppen nach Hause gingen, trat Bert in das einzige Gasthaus des Dorfes und bestellte sich ein Bier. Die Gaststube war leer, denn es war in jener Zeit weder üblich noch auch möglich, zum Essen in ein Wirtshaus zu gehen. Er saß und starrte in sein Glas, aus dem er den ersten langen Zug genommen hatte. Was tat er da eigentlich? Wofür stand seine Existenz in diesem Circus von überbordenden Leidenschaften? Er und sein Schwiegervater, mittlerweile sein erklärter Feind, und dazwischen Anna, die nicht wusste, wohin sie sich orientieren sollte. Er fühlte einen Sog in sich, der ihn rückwärts aus diesem Tümpel zog. Ein Tümpel voller niederer Kreaturen, mit denen ihn gefühlsmäßig nichts verband. Die hochaufwallenden Emotionen beruhigten sich unter dem Einfluss des Bieres und wie er so ruhig werdend da saß, spürte er wieder einen Sog im Rücken, der ihn zu einer Drehung veranlasste.

„Dein Schwiegervater geht nicht gerade gut mit dir um! Manche Leute sehen das schon. Andere lachen euch aber auch nur aus!" Der korpulente Grauhaarige hinter dem Tresen wirkte nicht kritisch, eher nachdenklich, laut nachgedacht hatte er wohl. Bert war überrascht, von dieser Seite eine warme Strömung zu spüren, und daher fiel ihm jetzt auch keine passende Erwiderung ein. Er nahm nur wahr, dass sein Kopf in schweigender Zustimmung zu nicken begann. Es waren offenbar immer die Älteren, die ihm Verständnis entgegen brachten. Immer die Älteren. Auch das war ein Sog.

Das Bier auf nüchternen Magen hatte eine ungeheure Wirkung. Es fiel ihm auf, dass Alkohol ihn lustig machte, wenn er lustig war, und depressiv, wenn er traurig war. Heute machte er ihn noch mehr nachdenklich. Alkohol schien immer die vorherrschende Stimmung zu verstärken. Er saß da und seine Emotion war tief unten in seinem Körper. War sie nun schwer oder war sie gewichtig? Was war mit seinen Gefühlen? Anna! Ja natürlich, Anna!

Was hatte er so Unmögliches von ihr erwartet? Sich Auge in Auge gegenüber zu stehen, sie mit Achtung und Respekt und Liebe anzunehmen. Sich weder über ihr noch unter ihr zu empfinden. Ein Alltag in Selbstverständlichkeit. Ja es stimmte, er wollte ihr das Bild eines Mannes zeigen, der anders war als das, was sie zu Hause kennen gelernt hatte. Er glaubte einfach nicht an die absolute Überlegenheit des Mannes, er glaubte nicht an die Krone der Schöpfung. Er meinte vielmehr, dass Gott sie beide als Mann und Frau erschaffen hatte. Gewissermaßen in einem Atemzug. Zwei Menschen auf Augenhöhe. Sie konnte es nicht annehmen, es musste wohl so sein, dass sie einen Mann wie ihren Vater wollte. Autoritär und überlegen. Es waren nicht wenige Frauen, die so dachten. War ja recht praktisch. Enthob die Frauen jeder eigenen Entscheidung und bei Bedarf konnte man noch immer kundtun, dass man so manches anders gemacht hätte. Auf diese Art konnte man sich über den Mann erheben, ohne jemals selber auf die Probe gestellt worden zu sein. Es schien ihm so ähnlich wie die überwältigende Weisheit der Nachgeborenen.

Anna hatte niemals eine klare Präferenz für das autoritäre Modell bezogen, allerdings auch nicht für ein gleichheitliches. Sie war irgendwie mitgeschwommen und hatte sich in ihren Charaktereigenschaften nicht wirklich profiliert. Jetzt, wo sie vermehrt unter Druck geriet, kontrastierte sie sich auch stärker, wie das in einer solchen

Situation nun einmal der Fall ist. In ihrem Fall hieß es, dass sie verstärkt in jene Richtung ging, die ihr aus ihrer Kindheit vertraut war. Damit war aber auch automatisch klar, dass die Ausbildung eigener und individueller Vorstellungen nicht gerade begünstigt war. Bert ließ die Hoffnung fahren, sie würde aus eigenem ein Umdenken in sich selber vornehmen, um sich mit ihrem Mann besser zu verständigen. Er würde mit seinen Gedankengängen, die den allgemeinen Vorstellungen so oft widersprachen, wohl allein bleiben. Und sie würde weiter Blödsinn reden. Wie hätte der Franz gesagt? Wer solch ein Schicksal hat, der redet Blödsinn, das ist ganz normal. Zu fragen wäre dann aber, warum hat er solch ein Schicksal? Ist das von Gott so gewollt oder ist es Karma, also unaufgearbeitete Schuldmasse aus früheren Leben? Wie primitiv doch dieser ewige Schuldgedanke war!

Der Wirt wünschte ihm alles Gute, als er das Lokal verließ. Zu Hause wurde er mit freundlichen Worten begrüßt: „Hast wieder gesoffen?" Die Chance, den unterbrochenen Streit an der gleichen Stelle fortzusetzen, stand bei ‚Alle Neune', um die Sprache der Kegler zu verwenden. „Ich bin nicht neugierig darauf, mit dir zu streiten. Wenn du das unbedingt willst, dann geh nach Hause; das Umfeld dort ist wie geschaffen zum Streiten. Ich möchte jetzt in Ruhe gelassen werden."

„Aber ich mache mir Sorgen um dich, wenn du immer öfter zum Trinken anfängst. Andere haben mir auch schon bestätigt, dass das für dich gefährlich sein kann." Ihre Sorge grenzte an Heuchelei und er wusste, dass sie ihn damit nur provozieren wollte.

„Dann werde ich halt diese anderen einmal befragen, was gefährlicher ist, ein kleiner Rausch oder ein kleiner Diebstahl."

Nun war sie doch still und plötzlich wusste er mit der eingetretenen Ruhe nichts anzufangen. Er legte sich angezogen auf sein Bett, die Fersen auf der Bettkante. Die Finger im Nacken verschränkt starrte er an die Decke und versuchte sich klar zu werden über seine nächsten Schritte. Doch dann tat das Bier noch einmal seine Wirkung und er schlief ein.

„Danke!" sagte er nur, als sie sich in der Einfahrt auf dem Anger gegenüberstanden. Der alte Mann bedeutete ihm mit nur wenigen Worten, dass es notwendig war, den Mühlbauern in die Schranken zu weisen. Und ein anderer hätte es ja doch nicht getan, denn Zivilcourage hatte nur dann einen Wert, wenn man sie nicht selber üben musste. Und außerdem konnte man herumreden wie man wollte, es hatte dem Mühlbauern gebührt.

„Die neueste Forschung" erklärte der Franz mit Nachdruck „spricht davon, dass sogar unbelebte Dinge wie Steine eine eigene Schwingung haben. Es ist für mich nicht ganz leicht zu verstehen, aber die Quantenphysiker behaupten, dass nicht nur alles in Schwingung ist, dass es vielmehr von unseren Gedanken auch noch beeinflusst wird. Und so stelle ich mir eben auch vor, dass es Menschen mit einer niedrigeren und Menschen mit einer höheren Schwingung gibt. Wir sagen heute noch eher, dass Menschen unreif sind oder auch, dass einer reif geworden ist. Das Bild von der niedrigeren und der höheren Schwingung hat allerdings den Vorteil, dass man es feiner abstufen kann."

Für Bert war das im Moment ein bisschen viel. Er hatte keine Ahnung, wie er das alles einordnen sollte. Immerhin war er noch nicht lange auf der Suche nach Menschenkenntnis.

„Schau! Solange jemand Eifersucht für eine natürliche, menschliche Eigenschaft hält, glaubt er auch an das Recht auf Eifersucht. Du weißt ja: die Leidenschaft, die mit Eifer sucht, was Leiden schafft! Eifersucht ist ein Kennzeichen einer niederen Eigenschwingung, sie macht nicht nur den Eifersüchtigen selbst, sondern auch seine ganze Umgebung unglücklich. Weil er aber keinen Grund sieht, von der Eifersucht abzulassen, wird er über kurz oder lang allein sein und niemanden mehr haben, den er mit seinen Gefühlen terrorisieren kann. Und an diesem Beispiel kannst du jetzt versuchen, andere Kennzeichen von niederen Eigenschwingungen zu beschreiben."

„Hochmut!" rief Bert spontan aus. „Der versucht andere herabzusetzen und sich selber auf deren Kosten zu erhöhen. Mein

Schwiegervater fällt mir genau dazu ein. Zwar zieht ein jeder vor ihm den Kopf ein aber man könnte nicht sagen, dass ihn einer mag. Ausgenommen meine Frau vielleicht!"

„Deine Überlegung ist richtig, deinen Zynismus zum Schluss hättest du dir sparen können! Ein Kind liebt seine Eltern immer bedingungslos, so lange es nicht erwachsen geworden ist. Und selbst dann braucht es nur eine kleine Differenzierung zur Liebe, die auch ohne blinden Glauben auskommen kann. Mit dem Verständnis von Liebe muss man allerdings immer sehr vorsichtig sein. Ich kannte da einen Mann, der glaubte, was alle sagen, nämlich dass die Liebe alles heilen kann. Daher glaubte er, dass er mit seiner Liebe die Psychose seiner Frau heilen würde können. Jetzt glaubt er nicht mehr, was alle sagen."

Bert überhörte die Warnung und geriet in Eifer: „Da bräuchte man gewissermaßen einen Katalog der üblen Eigenschaften und dann merkt man an ihrer Zahl wie hoch jemand schwingt."

„Langsam, langsam mit den jungen Pferden! Auch sehr weise und hoch schwingende Menschen können immer noch Fehler aufweisen, die jedoch durch die übrige Persönlichkeit so aufgewogen werden, dass sie womöglich nicht einmal auffallen. Mache in dieser Sache niemals etwas zu mechanisch und vor allem musst du ständig daran denken, dass deine Aufmerksamkeit, ja sogar allein deine Beobachtung schon etwas an der Situation verändern kann. Wenn du einem Menschen positive Eigenschaften zuschreibst, wird er sie schon allein deshalb eher entwickeln, weil er sich darüber freut. Dein Denken gestaltet das Leben mit! Das genau hat die Quantenphysik ja herausgefunden!"

Der Alte weiß so etwas! Bert war überwältigt. Niemals hätte er ihm eine solche Belesenheit zugetraut. „Du hast das doch gelesen?"

„Ja, einer von diesen Quantenphysikern hat den Nobelpreis gewonnen und da hat es mich interessiert."

Öfters einmal entstand zwischen den beiden eine Pause, die jedoch keiner als bedrückend empfand. Meistens griff dann einer der beiden das Thema an einer beliebigen Stelle wieder auf, so auch diesmal.

„Du hast gemeint, man bräuchte nur eine Liste der üblen Eigenschaften und dann wüsste man wie hoch jemand schwingt. Da ist schon etwas dran und du wirst lachen, diese Liste gibt es auch schon lange." Als ihn der Junge erstaunt anschaute, setzte er fort. „Du kannst dich erinnern, dass ich dich ganz am Anfang gefragt habe, ob du an Gott glaubst. Ja, stimmt. Wir haben damals sehr gelacht. Später hast du dann erkennen lassen, dass du mit den Methoden der Kirche nicht immer ganz einverstanden bist. Auch da kann ich dir zustimmen, nur muss ich dich bitten, nicht unkritisch zu sein. Auch in der Kirche gibt es gute und wertvolle Gedankengänge. Du hast dich geärgert über die fehlerhafte Deutung der Sünde als Anlass, mit den Gläubigen zu schimpfen. Ist schon in Ordnung, aber so war das von Anfang an wohl doch nicht gedacht. Sündigen heißt: den Punkt verfehlen – und so betrachtet, kann das ein sehr hilfreiches Instrument sein, zu wissen wo man den Punkt verfehlt. Und genau dazu gibt es diese berühmte Liste. Kannst du dich an die sieben Hauptsünden erinnern?"

Bert musste sich besinnen. Es war eine Zeit lang her, dass er den Katechismus in der Schule auswendig hatte lernen müssen. Mit einiger Mühe fiel ihm wieder etwas ein:

„Neid, Zorn, Hoffart – da schau, da haben wir den Hochmut wieder! – Trägheit, Wollust und ..." Er stockte. Der Alte grinste.

„Sind das jetzt deine Schwachpunkte, oder hast du damit wirklich nichts am Hut? Nun, wie ist es? – Was wäre mit Habsucht und Unmäßigkeit?"

„Ja, jetzt sind es sieben. Aber nicht bei allen sind die Auswirkungen gleich, oder? Und außerdem, wen kümmert es, ob ich den Punkt verfehle?"

„Du Narr, dann schau einmal genau hin! Es gibt immer einen Leidtragenden, in aller Regel ist es der Sünder selber! Ich sehe schon, wir müssen die Liste durchgehen, du hast nicht aufgepasst in der

Schule!" Wie ein schnurrender Kater rollte der Humor in seiner Stimme mit.

Bert protestierte. Der Religionsunterricht war ja absolut nicht lebensbezogen, man hatte nur die Verpflichtung, den Katecheten nicht zu enttäuschen und diesen Schmusus auswendig zu lernen. Dass ihm das in seinem Leben einmal als wichtig erscheinen könnte, auf diese Idee wäre er niemals gekommen! Jetzt allerdings war er aus vollem Herzen dabei.

„Also, nehmen wir eine andere Sünde, den Hass. Der gehört sogar zu den Todsünden. Wenn er lauthals geäußert wird, findet er bald keine Ohren mehr, denn niemand will so etwas auf Dauer hören. Ist er aber leise, dann erfährt der Adressat womöglich gar nichts davon. Wer ist nun der Leidtragende?"

„Dann schmerzt der Hass ja nur noch den Hassenden. Stimmt! Kein Nutzen, nur Schmerz – Punkt verfehlt!" Bert sah den zufriedenen Ausdruck im Gesicht des Alten. „Da habe ich Denkstoff für meine Spaziergänge" lachte Bert.

„Es ist altes Wissen, um das sich heute kaum noch jemand kümmert, das aber nichts desto weniger eine hohe Bedeutung hat, wenn man es richtig anwendet. Entscheidend ist aber immer der Punkt der Selbstschädigung und niemals der des Vorwurfes. Sobald eine Weisheit im Kleide eines Vorwurfes daherkommt, ist sie keine Weisheit mehr. Normal rasseln dann alle Fallgitter herunter, das ist dir nicht neu."

Es war absolut einleuchtend, was der Franz da von sich gab. Es war von ebenso schlichter Einfachheit wie von zwingender Klarheit. Er setze aber gleich noch eines drauf:

„Die größte Schwäche der Kirche ist aber die Unfähigkeit einzusehen, dass sich die Zeiten ändern können. Sie bleibt immer bei den Gedankengängen hängen, die schon vor tausend Jahren als richtig erschienen waren, nur weil sie denkt, dass solch alte Gedanken gleich auch ewig sein müssten. Das stimmt aber nicht. Vor zweitausend Jahren hatte die Frau noch absolute Gehorsamspflicht dem Mann gegenüber, weil sie sein Eigentum war. Ehebruch durch die Frau war also ein Eingriff in die Eigentumsrechte ihres Mannes. Stell dir vor, Ehebruch war ähnlich schlimm wie der Diebstahl eines Esels!" Der Alte schüttelte sich vor Lachen, weil ihm dieser Einfall gerade erst gekommen war. „Vielleicht ist mancher erst nachher draufgekommen, dass der Ehebruch eine wahre Eselei war!" Er lachte noch immer bei dem Gedanken, dass man das wahre Wesen eines Menschen erst erkennen wird, wenn man ihm einmal nahe genug gekommen ist. So schön konnte das Gesicht gar nicht sein.

„Ich meine damit, dass man damals bestimmte Dinge noch wörtlich genommen hat, die heute kein Mensch mehr so akzeptieren würde. Auge um Auge, Zahn um Zahn! Stell dir vor, du probierst das einmal und dann schau wie schnell du dich im Gefängnis wieder findest. Dabei war das im Alten Testament eine richterliche Anordnung – Zahn um Zahn! Und einen Arm hackt man heute nach einem Diebstahl auch nicht mehr ab, außer in Arabien. Würde man im Christentum eine Anordnung von Jesus wörtlich nehmen, dann hätten wir wahrscheinlich eine florierende Industrie für Mühlsteine, weil er gemeint hat, jemandem, der ein Ärgernis gebe, solle ein Mühlstein um Hals gehängt und er in die Tiefe des Meeres versenkt werden. Stell dir vor! Bei jedem, der ein Ärgernis gibt, ist ein Mühlstein unwiederbringlich verloren! Ob man überhaupt so viele Mühlsteine herstellen kann?"

Der Alte hatte sich so in sein Vergnügen hineingeredet, dass er beinahe nicht mehr aufhören konnte. Die deftige Ironie in seinen Worten sprach Bert sehr an und er amüsierte sich mindestens so sehr wie der Erzähler selber. Es war ein Vergnügen, ihm zuzuhören und seine humorvollen Wendungen nach zu vollziehen. Obwohl im klar war, dass man wie eben am Beispiel der Mühlsteine nicht alles wörtlich nehmen durfte, war er jetzt doch geneigt zu glauben es würde genügen, einfach den alten Katechismus auszupacken und sich alles zu Herzen zu nehmen, was man dort fand. Noch ehe sich dieser Gedanke in seinem Kopf festsetzen konnte, wurde er schon vom alten Philosophen vernichtet.

„Aus mehreren Gründen genügt es nicht, einfach die Kirchenlehre zu übernehmen und dann zu glauben, jetzt könnte man nichts mehr falsch machen. Irrtum! So manches in der Kirche wurde einfach nur zur Selbsterhaltung produziert, weil auch dort - und das bis in die höchsten Ämter – sehr selbstgefällige Leute saßen. So manches wurde nur produziert, um andere – also nicht Rechtgläubige – zu provozieren. Und so manches wurde produziert, weil die sieben Hauptsünden eben auch in der Kirche die sieben hauptsächlichen Sünden waren, also die am häufigsten vorkommenden. Und wieder bei anderen Dingen haben sich einfach die Gewichte verschoben."

„Also zur Habsucht fällt mir gleich einmal der Ablasshandel ein, der ja ausschließlich zur Bereicherung der Kirche erfunden wurde. Aber was meinst du mit der Verschiebung der Gewichte?"

„Ich meine, es haben sich manche Werte verändert. Du darfst nicht vergessen, dass jede Entscheidung, die du triffst, einen Wert – oder auch einen Unwert – verwirklicht. Wie schon am Beispiel Ehebruch angedeutet hat sich die Bewertung der Frau als Eigentum ganz erheblich verändert, nebenbei auf Grund der Werte der Kirche, die ja nicht alles nur dumm gemacht hat. Nimmst du jetzt zum Beispiel eine Werthaltung aus dem Alten Testament, dann kannst du erstaunliche Beobachtungen machen. Es heißt dort: du sollst nicht … und dann kommen die jeweiligen Werte. So ist das dort verpackt. Also: du sollst kein falsches Zeugnis ablegen wider deinen Nächsten! Das ist das achte Gebot. Was hörst du?"

„Du sollst nicht lügen!"

„Das hast du in der Schule gelernt. Das ist die neue Auslegung durch die katholische Kirche. Das steht aber nicht in den zehn Geboten. Also noch einmal: was hörst du?

„Nun, ich höre dass es nicht richtig ist, einen anderen für irgendetwas zu beschuldigen, von dem ich weiß, dass es falsch ist. Wahrscheinlich höre ich, dass ich vor Gericht keinen Meineid leisten soll."

„Vollkommen richtig! Das war die ursprüngliche Bedeutung. Und jetzt wird es etwas schwieriger, weil wir es mit einer Umwertung zu tun haben, die von der Kirche betrieben wurde, die Umwertung vom falschen Zeugnis zur Lüge. Kannst du dir einen Orientalen vor dreitausend Jahren vorstellen, dem es ehrenvoll gewesen sein sollte *nicht* zu lügen? Er hätte in seiner Zeit ja nicht einmal überleben können, denn die Lüge war im Alltag so verankert wie heute in der Politik. Und die sprichwörtlichen Lügner von der Levante hatten auch das höchste Prestige! Das war die Ehrlichkeit mit Augenzwinkern. Nur durfte man auch damals wahrscheinlich nicht Lüge dazu sagen. Vielleicht sagte man Missverständnis dazu, so wie heute in der Politik.

Es ist überhaupt auffallend, dass Menschen sich nicht nur gegenseitig belügen, sondern auch sich selber und dass sie sich manchmal kollektiv selber in den Sack lügen. Meist passiert das dann, wenn sie glauben, eine allgemein gültige Weisheit aussprechen zu müssen. Nimm etwa den Spruch: Reden ist Silber, Schweigen ist Gold. Er gilt dann, wenn dein Leben in Gefahr ist durch zu viel Offenheit. Er gilt nicht, wenn es um das menschliche Zusammenleben geht, weil hier das Schweigen die erste Wurzel der Missverständnisse ist. Die Möglichkeiten sich misszuverstehen, sind tausendmal häufiger als zur Übereinstimmung zu finden. Da hilft nur Reden! Und schließlich gibt es Situationen, wo der Spruch komplett verkehrt ist. Wenn du in der Volksschule über Quantenphysik redest, ist Reden nicht Silber sondern Schwachsinn!

Wohlgemerkt, ich rede hier wie auch die Kirche nicht vom kleinen Schwindel, sondern von der echten Lüge, die geeignet ist, einem anderen Menschen Schaden zuzufügen. Und wie du weißt, gibt es da die ganz plumpen Lügen und die ganz raffinierten. Deshalb sind Hochstapler meist sehr intelligente Leute und mindestens so gerissen wie die Heiratsschwindler. Die gefährlichste Form der Lüge aber ist die Perfidie: durchblicken lassen, dass das der Wahrheit entspräche, was der andere im Vertrauen auf den Lügner ohnehin schon glaubt. Eins haben Lügen und Heuchelei aber immer gemeinsam: sie werden eingesetzt, um sich einen Vorteil zu sichern auf dieser Welt. Und sei der Vorteil noch so klein, für das jenseitige Leben ist er mit Sicherheit gleich null!

Wie alles im Leben hängt es vom Menschen ab. Ich bin zu einem Ergebnis gekommen, das eigentlich seine Richtigkeit noch nie eingebüßt hat: ein ehrlicher Mensch weiß, wann und warum er lügt; ein unehrlicher lügt einfach!"

Es war ein langer Vortrag und darauf folgte eine lange Pause. Mehr und mehr begann sich Bert unwohl zu fühlen, weil das Schweigen so schreiend war. Er hob den Kopf und sah seinem Mentor voll ins Gesicht, sah dessen Lächeln:

„Was hat das mit dir zu tun? Fällt dir nichts auf? Worüber hast du dich in der letzten Zeit immer wieder beklagt?" Jetzt fiel der Groschen. Seine Frau und die Herta und die Umtriebe von den beiden in der ganzen Gemeinde.

„Ich weiß allerdings jetzt nicht, wie ich dieses Wissen von dir in meine Praxis umsetzen könnte."

„Da fehlt dir vielleicht noch ein bisschen Lebenserfahrung." sagte der Alte und rückte sich in seinem Sessel zurecht, als würde er sich noch einmal auf eine längere Erklärung vorbereiten. Bert sah wieder dieses schelmische Lächeln in seinem Gesicht und wusste, er konnte sich jetzt neuerdings auf eine gepflegte Ironie seines Meisters einstellen.

„Du musst wissen, es gibt drei Arten von Lügen. Da ist einmal erstens die eigene Lüge. Sie ist in der Regel notwendig, für jedermann verständlich und moralisch ist sie unbedenklich. Dann gibt es die fremde Lüge. Hier muss man unterscheiden zwischen fremden Lügen, die etwas mit mir zu tun haben oder die nichts mit mir zu tun haben. Wenn sie nichts mit mir zu tun haben, dann sind sie kein Grund zur Aufregung und ethisch bedeutungslos. Ganz anders ist das mit Lügen, die mich zum Opfer machen. Sie sind empörend, ungerecht und moralisch höchst verwerflich! Nun siehst du, mit wie vielen Maßstäben die Wahrheit gemessen wird.

Tatsache ist und bleibt jedoch, dass die Lüge der Ausgangspunkt sehr vieler menschlicher Konflikte ist. Du kennst noch den alten Spruch, der schon langsam in Vergessenheit gerät: wer einmal lügt, dem glaubt man nicht und wenn er auch die Wahrheit spricht! Dieser Satz stimmt schon allein deshalb, weil durch die Lüge das Vertrauen des Belogenen zerstört wird. Je mehr in einer Gemeinschaft gelogen wird, umso weniger Vertrauen gibt es und umso weniger gibt es Wohlbefinden für alle. Das haben die Kirchenlehrer in früheren Zeiten richtig erkannt und begriffen, dass die Lüge der Ausgangspunkt von sehr viel Missbehagen im Leben der Menschen ist. Denn Wohlbefinden setzt Frieden voraus und der wiederum Vertrauen. Aber selbstverständlich gibt es Menschen, die den Frieden nicht ertragen, die erst Ruhe geben können, wenn sie zuvor eins zwischen die Hörner bekommen haben."

„Und ich kann mir nicht vorstellen, dass das Lügen angeboren ist wie eine lange Nase, man hat es wohl in seiner Elternfamilie erlernt. Das heißt dann sicher auch, dass jemand, der zur Lüge neigt, in seiner Kindheit nicht viel Vertrauen erfahren hat. Ja hallo, da tut sich ja jetzt ein Abgrund auf! Da wird mir erst klar, welchen Dorn ich mir eingetreten habe, als ich in diese Familie eingeheiratet habe. Da geht es ganz offensichtlich nicht nur um Hochmut, da geht es auch um Lüge und Misstrauen. Das ist ja eine ganze Palette von üblen Eigenschaften."

„Wer in einem solchen Klima aufgewachsen ist, der kann gar nicht anders als mit zu machen. Was Hänschen nicht lernt, lernt das Gretel auch nicht von ihm." Der Alte verstand es immer wieder, schmerzhaften Themen mit einer humorvollen Wende die Schärfe zu nehmen. Aber Bert war sich klar, was er meinte. Wie sollte Anna ihm vertrauen nach einem solchen Lehrmeister wie es ihr Vater war. Und da hatte er es wieder: andere Gesetze erzeugen andere Gemütszustände! In diesem Haus war der Vater das Gesetz.

„Mir kommt fast vor, als könnte ich jetzt in die Zukunft schauen. Ich komme aus der Familie Lamm und meine Frau ist eine geborene Wolf. Mein Schicksal ist wie es scheint vorgezeichnet." fügte er bitter an.

„Ja und jetzt lerne dich deiner Haut zu wehren, wenn dich deine Feinde bedrängen!" Die Formulierung war fast wie aus dem Alten Testament gewählt. Doch er hatte Recht. Die Wahrscheinlichkeit, dass sich seine Ehe noch einmal einrenkte, war denkbar gering. Und seine Feinde hatte er tatsächlich schon im eigenen Bett. Eine ganze Feindfamilie. „Du hast mir einen falschen Rat gegeben, als du mir sagtest, ich solle meine Beziehung retten!"

„Hättest du das Thema jemals erledigt ohne ein wirklich echtes Engagement? Ich konnte dir diese Erfahrung nicht ersparen, sie gehört zu deinem Wachstumsprozess. Es geht in der Tat nichts über die eigene Erfahrung, von einem erzählten Braten bist du weder satt, noch hast du einen Geschmack auf der Zunge. Also lass dich ein auf dein Leben und verlass dich darauf: jeder Schmerz in deiner Seele, dem du ausweichst, kommt als Krankheit in deinem Körper wieder. Was du jetzt erlebst, beschreiben die weisen Chinesen mit dem Satz: die Edlen gehen weg, die Minderen kommen herbei, der Weizen des gemeinen Mannes blüht. Hatten wir das schon einmal?"

Er nickte seinem Gast zu und der verstand sofort, dass es für heute genug war. Er erhob sich und streckte dem Franz seine Hand entgegen, was er sonst selten tat. Der Alte sah die Trauer und die unausgesprochene Bitte in den Augen des Jungen. Er nickte neuerdings und drückte die dargebotene Hand ein zweites Mal. Und das war es.

Es war spät, als er nach Hause kam und er sah die Kampflust in der Körpersprache seiner Frau. Vorerst schien es so, als wollte sie das Gespräch nicht beginnen. Doch dann siegte die Aggressivität: „Du sitzt immer länger bei dem alten Spinner!" Sie griff ziellos am Tisch nach dem einen und anderen, ohne das Ding wirklich an sich zu nehmen. Damit überbrückte sie nur die Zeit bis zum Ausbruch der offenen Feindseligkeiten.

„Ich bin aber nicht das Schaf!" dachte er bei sich und fühlte sich sonderbar ruhig. Wie oft hatte er in solchen Situationen versucht, das gemeinsame Schiff wieder in ruhigere Gewässer zu steuern. Heute würde er ihr diesen Gefallen nicht tun. Er hatte begriffen, dass sie dadurch nicht friedlicher sondern noch überheblicher wurde. Sie lebte eindeutig nach dem Gesetz des Elternhauses. Die Ruhe breitete sich noch weiter in ihm aus. Das Begreifen, nach welchem Muster ein Streit bisher zwischen ihnen abgelaufen war, machte ihn sicher und daher holte er sich ganz gelassen seine Jause aus dem Vorrat. Er sah wie sie förmlich zappelte, weil er nicht um ihren Streit angriff, und schob sich ein Stück Brot in den Mund. Mit dem Ausdruck: lernt die Gretel auch nicht ... lächelte er sie an: „Würdest gerne streiten? Ich helfe dir aber nicht!"

Er sah, dass sie am liebsten aufgestampft hätte, ihre Augen funkelten vor Streitlust. Als sehe ihn der Mühlbauer an. Die waren alle so. Das erste Mal begriff er den Charakter der Familie, die er sich als nächste Verwandtschaft ausgewählt hatte. Die waren alle so. Am liebsten hatten sie es, wenn sie jemanden in Grund und Boden stampfen konnten. Da hatte er doch irgendwo einmal einen Spruch gehört. Wenn der Bauer aufs hohe Ross steigt, kann der Teufel selber ihn nicht mehr derreiten! Er musste schmunzeln und Anna bezog das natürlich auf sich: „Was gibt es da so blöd zu grinsen?"

Bert bezwang seinen Wunsch, sofort zurück zu schießen. „Ich habe das Gefühl du glaubst, dass jeder der zu dir nett ist, ein guter Mensch wäre. Und umgekehrt: jeder, der dir die unangenehme Wahrheit sagt, ist ein schlechter Mensch. Merkst du eigentlich wie anfällig du bist, angelogen zu werden? Warum bist du diesem simplen Denkmodell verfallen? Ist das nur, weil nie jemand freundlich zu dir war?" Er sagte es ganz ruhig. Der Ton war allerdings nicht fragend sondern vielmehr feststellend. Er saß da und schaute ihr nur direkt ins Gesicht. Sein Wunsch, dass sie selbst zur Einsicht käme, entstand aus dem Wissen, dass eine Wandlung in ihr nur aus ihr selber kommen konnte. Jede Beeinflussung von außen war Manipulation. Das war nicht sein Stil, mochte kommen was da wollte.

Vielleicht spürte sie seine Sicherheit, vielleicht auch nur seine Bedingungslosigkeit. Eine Zeit lang schwieg sie. Er sah in ihren Zügen, dass sie nicht imstande war, seine Wahrhaftigkeit einfach vom Tisch zu fegen. Er sah aber auch ihre maßlose Wut, die sie daran hinderte, einen klaren Gedanken zu fassen, geschweige denn, seiner Analyse nüchtern zu folgen.

Da setzte er nach: „Von einem Chinesen stammt glaube ich die Behauptung: wahre Worte sind nicht schön und schöne Worte sind nicht wahr! Was hältst du davon?"

Diesmal hatte er die Schlacht gewonnen, den Krieg aber deshalb noch lange nicht. Der Krieg würde weitergehen und das alles spielte sich auf der Ebene des Bewusstseins ab, das seine Impulse aus dem Unbewussten erhielt. Wie immer in solchen Dingen, war der Verstand nur das Ausführungsorgan der tiefen, unbewussten Motive. In diesem Moment wusste Bert wieder einmal, dass ihre tiefen Gefühle nach Rache suchten für etwas, das ihr vor vielen Jahren angetan worden war. Mit ihm hatte das im Grunde überhaupt nichts zu tun und er konnte ihr dabei auch nicht helfen. Er konnte nur nachvollziehen, wie leicht aus einem Opfer ein Täter wurde. In diesem Fall räumte der Täter nun wortlos das Feld. Waffenlos, aber mit hitziger Seele, das sah er ohne jeden Triumph.

Wie konnte sich jemand auf einen Kampf einlassen, von dem er im Prinzip wissen musste, dass er nicht zu gewinnen sei? Das hatte etwas von Selbstzerstörung in sich, zumindest von Selbstbestrafung. Wofür? War es möglich, dass sich jemand dafür selber bestrafte, weil er im Grunde genau wusste, dass er nicht lieben kann? Wer auf dem Grunde seiner Seele wusste, dass er nicht lieben kann, der müsste eigentlich wissen, dass er dann in der Regel aus der gegenteiligen Emotion handelte, also aus Hass. War das immer so? Die eigene Unfähigkeit zu lieben löst Aggression aus gegen den Liebenden? Solch starke Emotionen waren sicher immer geeignet, den letzten Rest an Verstand zu vernebeln. Die Rückfrage an sich selber – Was tue ich da eigentlich? – die unterblieb in solchen Situationen immer. Und dann hatte die Rage freie Fahrt bis zur nächsten Katastrophe! Ein Gefühl tiefer Machtlosigkeit überfiel ihn. Sie war doch kein schlechter Mensch, sie war einfach nur todunglücklich. Was konnte er bloß tun?

Seine Überlegungen blieben fruchtlos, ihre hingegen nicht. Mehr und mehr zeigte sie Tendenzen, ihm Aufträge im Haushalt zu erteilen. Insbesondere an Tagen, wo er wegen Arbeitsmangel wieder einmal früher nach Hause kam. Unter dem Vorwand, er müsse doch in der Lage sein, sich etwas zu kochen, wenn sie einmal nicht da sei, erklärte sie ihm die Zubereitung einfacher Kost. Dann stand sie daneben und sie stand gewissermaßen mit erhobenem Kochlöffel.

Jeder noch so kleine Fehler wurde erbarmungslos geahndet und oft kritisierte sie seine Schritte bereits, bevor er sie noch gemacht hatte. Sie legte dabei eine keifende Besserwisserei an den Tag, würdig einer wahren Teufelin. Es war wieder einmal ein Machtkampf und er hatte dabei das untrügliche Gefühl, ihr in Sachen Feindseligkeit weit unterlegen zu sein. „Bist du feind-selig, selig einen Feind gefunden zu haben?" fragte er sie eines Tages unvermittelt und da war sie dann wieder stumm.

Es waren trübe Tage und Bert wurde von unangenehmen Vorstellungen gequält. Vor allem Erinnerungen an frühere Zeiten, als sie ihre urtümliche Wildheit im Bett noch mit ihm ausgelebt hatte. Alles Vergangenheit! In Wahrheit quälte ihn ja nur sein unbefriedigter Trieb, das musste er sich eingestehen.

Zentner von seelischer Schwere trug er das nächste Mal zu seinem geistigen Ziehvater. Ein Gespräch mit zehn Minuten Schweigen zu beginnen, das war vielleicht ungewöhnlich, für den Alten aber nicht unverständlich. Er sah ja das Gesicht seines Schülers.

„Es gibt für eine jegliche Sache eine Zeit unter dem Himmel. Eine Zeit, Steine zu sammeln, und eine Zeit, Steine wegzuwerfen; eine Zeit zu umarmen, und eine Zeit, sich der Umarmung zu enthalten. – Das steht bei den Propheten im Alten Testament. Und es ist wahr. Jetzt ist es deine Zeit, Steine wegzuwerfen!"

„Und mich der Umarmung zu enthalten!" Tränen standen in den Augen des Jungen, als er die Wärme seines Mentors spürte. Er ließ sie einfach laufen, machte nicht einmal den Versuch, sie abzuwischen.

„Ich habe da einen alten Spruch von mir als Trost: immer wenn du glaubst, es geht nicht mehr ..." Der Junge verzog geringschätzig das Gesicht ob dieser platten Weisheit „kommt von irgendwo ein Fußtritt her! Und du wirst merken, dass es noch immer geht. Dass du noch immer lebst und manchmal sogar stärker bist als vorher."

Ja, das glaubte er eher als die allgemein bekannte Plattitüde. Nach einiger Zeit hatte er sich wieder gefangen und musste sogar lächeln über die Worte des Alten. Der schaffte es sogar noch, aus den abgestandensten Floskeln Weisheit zu destillieren.

„Deine jetzige Einsamkeit ist ein Gefühlszustand, der sehr leicht in Selbstmitleid abgleitet. Daher ist es wichtig, über die Bedeutung der Einsamkeit nachzudenken. Überlege einmal das Gefühl von Einsamkeit bei Menschen, die sich nur als ihren Körper empfinden. Du wirst allein geboren und wirst einmal allein sterben. Niemand kann dir so nahe stehen, dass er dich bei einem dieser Wege begleiten könnte. Und zwischen diesen beiden Endpunkten der körperlichen Existenz steckst du allein in deiner Haut. Auf der physischen Ebene gibt es keinen Ausweg, auf der seelischen hingegen schon, er heißt Liebe. Genauer gesagt, er heißt bedingungslose Liebe. Es braucht eine gewisse Reife, bis man bereit ist, seine Einsamkeit anzunehmen, und es braucht noch einmal ein Stück Reife mehr, um die Bedingungslosigkeit der Liebe zu verstehen."

Bert hing immer noch in der Blase seiner Trauer und die letzten Aussagen seines Meisters waren nicht voll in sein Herz durchgedrungen. „Bin ich schuld an allem, was da läuft? Wie komme ich eigentlich dazu?"

„Schuld ist der Drang von unreifen Leuten, irgendwen zu finden, der den Fehler scheinbar verursacht hat, um ihn dann ans Kreuz zu schlagen, damit sie ihren Dämmerschlaf ungestört fortsetzen können. Und nicht immer werden dabei wirklich die Schuldigen aufgeknüpft. Die Frage wie du dazu kommst, ist schon interessanter, denn sie hat mit deiner Bestimmung zu tun. Der werden wir uns bald nähern."

„Ich ertrage die Abwertungen meiner Frau bald nicht mehr!" stieß er bitter hervor. „Ist das jetzt alles nur die Folge ihrer kindlichen Verletzungen, oder ist das nicht auch einfach angeborene Bösartigkeit? Gibt es Menschen, die von Natur aus schlecht sind?"

„Ich habe dir schon einmal gesagt, es gibt ohne Frage Menschen mit einer niedrigen Eigenschwingung. Das ist der Stand meines Wissens, besser kann ich es nicht erklären. Aber wir werden sicher noch darüber reden, warum die Eigenschwingung so niedrig ist.

Über gut oder schlecht möchte ich nicht reden, das ist mir zu kirchlich. Sei bitte vorsichtig mit der Bezeichnung niedere Gesinnung, da könnte sich noch bald jemand auf den Schlips getreten fühlen. Sei überhaupt vorsichtig mit Beurteilungen, wenn du etwas nicht beweisen kannst. Wir wissen die meiste Zeit nicht genug, um von Wahrheit sprechen zu können."

Bert wusste, dass der Alte Recht hatte. Nicht nur damit, dass man nicht genug vorsichtig sein konnte, auch mit seiner unausgesprochenen Forderung, gerecht zu sein. Und das hieß einmal ganz sicher, niemandem Unrecht zu tun. Anderseits konnte man jedoch durchaus Eigenschaften von Menschen diskutieren, die nach ihrer Definition eine niedrige Eigenschwingung aufwiesen. Genau das wollte Bert jetzt von seinem geistigen Meister hören.

„Gibt es in diesem Sinn schlechte Menschen – und wenn ja, woran erkennt man sie?"

„Merk dir, das ist ein Thema, über das man nicht spricht! Es gibt heutzutage keine schlechten Menschen, es gibt ausschließlich weise Menschen, die ob ihrer vermuteten Grandiosität mit Achtung und Wertschätzung behandelt werden wollen, und im Gefolge derer gibt es ungeheuer viel an Schmerz und Verletzung. Aber das will keiner wahrhaben. Und daher sind immer die anderen schuld, wenn irgendwo Konflikte auftreten. Nicht wenige Menschen leben mit der unausgesprochenen Selbsteinschätzung: wenn alle so wären wie ich, dann gäbe es keine Probleme auf der Welt!

Es gibt jedoch viele Zeichen für diese Art ‚Weisheit', wenn du die Augen offen hast: solche Leute nehmen von dir immer das Schlechteste an; sie warten immer auf ein Verhalten, das ihren eigenen Gefühlen entspricht. Der Volksmund weiß das, wenn er sagt: ‚Wie der Schelm denkt, so ist er!' Sie nehmen also gerne das Maß von den eigenen Schuhen. Wie sie mit sich selbst umgehen, so gehen sie auch mit anderen um und mit Tieren und mit Sachen in ihrer Umgebung. Zu einem mehr oder minder ausgeprägten Mangel an Einfühlungsvermögen kommt daher oft, dass ihre Bewegungen ruppig sind und in ihrer Nähe manches zu Bruch geht. Und du merkst es, wenn sie berechnend sind, denn man merkt die Absicht und ist verstimmt, sagt Goethe.

Solch ein Mensch fühlt sich leicht bedroht und neigt zu ausufernder Rechtfertigung, auch wenn er nicht angegriffen wird. Beobachte einen Hund, der Angst vor dir hat: er geht mit der Schnauze tief zur Erde, schaut dich von unten her scheel an und du siehst beinahe das Weiße rund herum um seine Iris. Du spürst wie sich die Haare an deiner Wirbelsäule kräuseln und weißt genau, dass er jeden Moment losfahren kann! So ähnlich ist auch die Körpersprache von Menschen mit niederer Eigenschwingung.

Weitere Kennzeichen sind übermäßige Subjektivität und Egozentrik sowie die unterschiedlichen Maßstäbe, die nur aus persönlicher Sympathie angelegt werden. Darüber haben wir schon einmal gesprochen. Die Aufblähung der Fehler anderer, um damit selber gut dazustehen, ist eine der größten Dummheiten eines Menschen mit niedriger Eigenschwingung, weil es normalerweise nicht lange dauert, bis er von anderen Menschen gleichen Geistes gnadenlos aufgedeckt wird. Um dem vorzubeugen kommt es oft zur Zusammenrottung mit Gleichgesinnten. Hier wird es für die Opfer meist besonders gefährlich, weil Menschen im Bedrohungsfall glauben, mit aller Härte zurückschlagen zu müssen. Und wenn du ihnen gegenüber eine Schwäche zugibst, kannst du sicher sein, dass dir das innerhalb kurzer Zeit schon vorgehalten und ganz sicher auch gegen dich verwendet wird.

Die Neinsagerei und der Drang zu belehren und zu ungefragten Ratschlägen sind oft die Folgen einer grausamen Erziehung. Solche Leute halten sich meist für sehr sensibel, sind aber in der Regel nur empfindlich, denn zur Sensibilität gehört auch Einfühlungsvermögen! Verlogen, intrigant, intolerant und boshaft sind weitere typische Eigenschaften. Aber sprichst du es aus, dann ist es, wie wenn der Pfarrer von der Kanzel schimpft. Alle ziehen die Achseln hoch und denken: mich kann er nicht meinen! Die Abwehr von Vorwürfen funktioniert automatisch, weil sie in Fleisch und Blut übergegangen ist. Und so sieht ein jeder den Splitter im Auge des Nachbarn, den Balken im eigenen Auge aber sieht er nicht, das wusste schon vor bald zweitausend Jahren einer. Warum tut sich die Menschheit bloß so schwer beim Lernen?"

Es war nur so aus ihm herausgesprudelt. Wenn jemand solch schwierige Dinge so auf Abruf hervorbringen kann, dann muss er sich intensiv mit der Materie oder besser der Nichtmaterie beschäftigt haben. Bei aller Bewunderung für die Präsenz seines Meisters spürte Bert nun doch einen Widerstand in sich hochsteigen: „Bist du nicht zu sehr auf die Beobachtung des Negativen fixiert?" fragte er vorsichtig und merkte nicht, dass sich bei ihm ein Rest derselben Automatik gezeigt hatte.

„Willst du wegschauen, die Realität verneinen und dann vom so genannten Schicksal hinterrücks überfallen werden? Ist das besser, glaubst du? Ich ahne eine Zeit kommen, in der Legionen von Hohlköpfen auftreten und verkünden werden, dass dem modernen, aufgeklärten Menschen kein Ding unmöglich ist. Und ganze Heerscharen von Idioten werden für diese Weisheit ihr hart verdientes Geld hergeben, um am Ende drauf zu kommen, dass sie bestenfalls Teilerfolge erzielt haben, in Wahrheit jedoch so klug sind als wie zuvor. Sagt zumindest Goethe! Ich sage dir, ein Schamane sieht die Probleme und je besser er sie sieht, umso eher kann er helfen!"

Erstmals war ein Wort gefallen, das für ihrer beider Beziehung entscheidend war. Doch der Junge konnte es nicht einordnen. „Du bist ein Schamane? Das Wort habe ich wohl schon gehört, ich weiß aber nicht, was ich dazu denken soll. Was ist denn ein Schamane?" Unversehens war die Diskussion wieder bei positiven Dingen.

Der Alte schmunzelte: „Das ist ein Seelen- und Schicksalstischler, nur die Lehrzeit ist etwas länger." Wieder ernst werdend setzte er fort: „Du hast den Beginn deines schamanischen Wesens ja erlebt. Am Anfang ist es ziemlich leicht. Wie wenn ein Damm bricht, kommt eine Flut von Erkenntnissen. Du hast eine neue Perspektive gefunden für die Beobachtung des Lebens und die geht deutlich über jene Wahrnehmungen hinaus, die dem Alltagsbewusstsein zugänglich sind. Später wird es dann schwieriger. Du musst lernen, aus den kleinsten Anzeichen deine Schlüsse zu ziehen und gleichzeitig darfst du nicht bei Kleinigkeiten schon ein großes Mysterium vermuten. Diese Unterscheidung gehört zum Schwierigsten, das von einem Schamanen verlangt wird. Und noch darüber hinaus, muss ein Schamane offen sein für Schwingungen, die jenseits der sichtbaren Welt angesiedelt sind."

Bert saß atemlos da. Er hatte ganz sicher schon eine Ahnung von den Erkenntnissen, die der Franz angesprochen hatte. Gleichzeitig merkte er aber auch, dass die kryptischen Äußerungen des Alten in ihm Verunsicherung hervorriefen. Auf einmal wurde für ihn ganz deutlich, dass die meisten Menschen nur nach vorgefertigten Schablonen zu leben schienen. Darum waren sie vielleicht oft auch so unlebendig, jedenfalls ganz anders als alles, was er bei seinem Meister kennen gelernt hatte. Fast fiebrig stieß er heraus: „Wie bist du dazu gekommen?"

„Du stehst hier auf heiligem Boden. Dieser Ort ist seit hunderten von Jahren mit einer außergewöhnlich hohen Schwingung ausgestattet. Vor mir war hier schon ein Weiser tätig, von dem ich fast mein ganzes Wissen habe. Aus Gründen, die ich nicht näher kenne, war er in jüngeren Jahren auf einer Weltreise. Er war zu Fuß auf einer Weltreise und ist dabei tief in den Osten gekommen. So weit er das erwähnt hat, war er durch innere Führung bis ins Altaigebirge gewandert. Und dort hat er den Schamanismus kennen gelernt. Er war ein ganz Großer seines Faches und ich habe ihn vielleicht noch mehr bewundert als du mich. Und ich habe ihn verehrt und geliebt, ... den Albert!"

Verblüfft richtete der Junge sich auf: „Ich heiße auch Albert mit vollem Namen!" Da war er wieder einmal, der Nebel in seinem Gehirn. Konnte es so viel Zufall auf einmal geben? Ein heiliger Ort? Er erinnerte sich an seine erste Beobachtung, vielleicht war es auch mehr eine Einbildung, als er diese Energiekuppel über dem alten Haus wahrzunehmen glaubte. Und jedes Mal wenn er in diesem Haus war, stieß er auf Wissen, das ihn nicht nur stabilisierte, das ihn auch in seiner Lebensführung nachhaltig beeinflusste und beruhigte. Blitze fuhren ihm durch den Kopf, mitten durch seinen Nebel, und er hatte das Gefühl, als säße sein Herz ganz oben unter dem Schädeldach. „Bitte sag mir mehr!"

„Lerne sorgsam zu unterscheiden zwischen den Dingen, die sich oft in den Vordergrund drängen und jenen, die du in deinem Innern als wirklich und wahr erkennst. Du hast die Heilkraft dieses Ortes erspürt und du wirst noch mehr davon erfahren. Doch jetzt musst du dich erst einmal mit irdischen Dingen beschäftigen. Eine Unterscheidung betrifft den Gang eines Menschen, wir haben schon einmal davon geredet. Schau deine Frau noch einmal genau an, wenn sie vor dir geht. Schau auch andere Menschen an und du wirst den Unterschied erkennen. Manche Leute drehen beim Gehen ihr Becken mit dem Fuß mit, der gerade ausschreitet. Bei anderen wiederum bewegt sich das Becken wie ein Waagebalken auf und nieder. Bei Frauen sieht man das deutlicher, weil ihr Oberschenkelknochen etwas anders gestaltet ist. Dieses Drehen ist bei schwangeren Frauen gut sichtbar und dort ist es auch ganz normal. Bei anderen Menschen ist es deshalb nicht normal, weil in diesem Fall die Gelenke zwischen dem Kreuzbein und dem Beckenring blockiert sind."

Bert war fasziniert von des Alten Beobachtungsgabe, doch er wusste noch nicht, was die Bedeutung dieser Blockade sein sollte. Er hatte es auch bei der ersten Erwähnung noch nicht ausreichend erfasst.

„Schau, Sexualität ist eine der stärksten Kräfte im menschlichen Wesen, und natürlich nicht nur im menschlichen. Wenn die Sexualität im Becken eingesperrt ist, dann wird gleichzeitig auch eine ganze Menge an Vitalenergie gebunden. Ein solcher Mensch kann nicht ganz er selber werden, er ist innerlich nicht frei. Solche Blockaden entstehen dann, wenn ein Mensch als Kind keinen unbefangenen Zugang zu seiner eigenen Sexualität finden konnte, weil sich jemand eingemischt hat. Die Verbote aus deiner Kindheit kennst du vermutlich auch, sie sind Teil unserer Gesellschaftsordnung. Eingemischt heißt aber auch, wenn Erwachsene das Kind für ihre eigenen Bedürfnisse brauchen, soll heißen: gebrauchen! Du siehst, worauf ich hinaus will?"

Ja, er wusste es schon. Er fühlte wie ihm wieder der Groll hochstieg, weil dieses schmerzhafte Thema wieder zur Sprache kam. Und es war in seinem Inneren noch lange nicht erledigt, das wusste er auch. Halb unbewusst nahm er wahr, wie sein Lehrer in sanfter Bewegung die Handfläche mehrfach nach unten bewegte, gleichsam als wollte der die scharfe Emotion dämpfen.

„Das wichtigste für einen Schamanen ist Sehen und Verstehen, aber auf keinen Fall urteilen! Wenn du dich von deinen Gefühlen mitreißen lässt, oder von den Gefühlen der Menschen, die dir anvertraut sind, dann kannst du nicht helfen, dann wirst du selber zum Teil eines gestörten Systems. Richte immer deine Aufmerksamkeit auf die Tatsachen, die leider sehr oft nicht auf den ersten Blick sichtbar sind. Deine Wut auf den Mühlbauer ist nur für Menschen mit einer niederen Eigenschwingung verständlich, sie ist aber sinnlos und absolut nicht hilfreich. Erinnere dich: der Zorn verfehlt den Punkt! Wenn du deine Wut bei Anna zum Ausdruck bringst, wirst du ihre unbewusste Wut noch weiter anfachen und sie wird sie auf den Menschen richten, der am besten greifbar ist, nämlich auf dich!"

„Ja, was ist aber dann mit meinen Gefühlen? Darf ich die nicht leben, haben die bei allen Leuten eine Berechtigung, nur bei mir nicht?"

„Du bist kein Anfänger mehr, du hast bereits mehr Verantwortung und kannst nicht mehr blind drauf los fahren wie ein unerfahrener Jungspund. Gefühle gehen so schnell wieder wie sie gekommen sind. Du darfst niemals der Gefangene deiner Gefühle sein! Wenn du deiner Wut die Energie entziehst und dich darauf konzentrierst, wie du deiner Frau helfen könntest, dann siehst du sehr rasch, dass du nur noch die Wahl hast in der Beobachtung: ist sie Opfer, oder ist sie Täter. Und du wirst sehen: sie ist beides. Willst du nun den Täter verstärken oder willst du dem Opfer beistehen? Du siehst, im Grunde ist es immer deine Entscheidung, was weiter geschieht. Das ist aber nicht bei allen Leuten so. Deine Frau zum Beispiel hat keine Entscheidungsmacht, weil sie sich dessen nicht bewusst ist. Sie sitzt gewissermaßen auf einem Pferd, dessen Wege sie nicht steuern kann. Das Pferd, das sind ihre unbewussten Triebe und Gefühle."

Es war ein riesiger Widerstreit in seinem Inneren. Er wusste, dass der Alte Recht hatte, aber sein Zorn wollte sich nicht so ohne weiteres an die Kandare nehmen lassen. Momentan war nur das Bild in ihm, dass er wie ein Lamm zur Schlachtbank geführt werden würde, wenn Anna wieder ihre Bösartigkeiten auspackte. Der Alte lachte.

„Ich weiß, ich weiß! Was immer du in einer solchen Situation entscheidest, es wird deine Entscheidung sein und aus deinen Entscheidungen wird dein Leben entstehen. Wenn du dich aber vom Zorn motivieren lässt, dann werden deine Entscheidungen keine klugen sein! Dann weiß auch bei dir der Reiter weniger als der Gaul! Doch merke, ein Pferd ist niemals dumm, so wenig wie eine Kuh, ein Huhn oder ein Schaf. Aber du erhebst den Anspruch mehr zu sein, nämlich Mensch zu sein. Ein Schamane muss voll Mensch sein, also sei einer!"

Es klang fast so, als wären Menschen ohne volle Handlungsfreiheit keine Menschen. Oder bestenfalls halbe Menschen. Halb Affen und halb höher entwickelt. Wenn Menschen andere Menschen mit Tiernamen belegten, dann beschimpften sie eigentlich die Tiere! kam ihm so beiläufig in den Sinn.

„Ein ganzer Mensch zu sein, darf sich nicht in Schlagwörtern erschöpfen!" setzte der alte Weise fort. „Es hat eine Bedeutung für dein Menschsein und noch mehr für dein Wesen als Schamane. Du hast einen Körper und den haben auch schon die Pflanzen. Du hast Triebe und Gefühle wie jedes Tier auch, nur ein bisschen feiner differenziert. Du hast einen Verstand und den haben die Tiere nur in einem sehr kleinen Ausmaß, wenn sie ihre Beute aus dem Versteck locken oder ein Nest bauen, wie sie es von ihren Vorfahren gelernt haben. Und du hast Geist, womit du die Richtung deines Lebens bestimmst. Und der ist ganz spezifisch menschlich!

Diese vier Anteile des Menschen müssen untereinander im Fluss sein, sie müssen offen miteinander kooperieren, wenn das Menschsein funktionieren soll. Wenn der Geist willig ist und das

Fleisch schwach, dann steuert nicht der Geist das Leben, dann regieren die Triebe und Gefühle. Darüber haben wir jetzt schon einige Male gesprochen. Da kämpft das Herz gegen den Kopf und der Kopf gegen das Herz und alle Energien werden im inneren Zwiespalt vergeudet. Das führt zur Unfähigkeit, nach Verstand und Einsicht zu handeln, weil Gefühle sehr oft gegen den Verstand zu wirken scheinen. Im Konflikt zwischen Verstand und Gefühl siegt fast immer das Gefühl. Solche Menschen entfalten daher nach außen meist nur eine sehr geringe Wirkung, so lange sie nicht gelernt haben, Verstand und Gefühl in Einklang zu bringen. Erst dann kann der Geist wirken. Lenken sollte immer nur der Geist dürfen!

Das hat nichts mit Intelligenz zu tun. Denn der Verstand ist nur ein Instrument des Geistes. Wir haben die ganze Zeit von Lebenssituationen geredet, wo gestörte Gefühle zum Nachteil ihres Besitzers das Kommando über den Geist übernommen haben. Und du hast gesehen: bei bestem Verstand können die dümmsten Entscheidungen entstehen. Wenn aber umgekehrt guter Verstand und machtgierige Gefühle einen Pakt schließen, dann hast du so etwas wie deinen Schwiegervater! Die hohe Eigenschwingung hat ihren Platz im Geist eines Menschen und nicht in den Gefühlen! Das alles wird für dich nicht auf Anhieb zu verstehen sein, du wirst damit arbeiten müssen!"

Nein, es war nicht leichter geworden seit der explosionsartigen Erweiterung seines Wissens. Der Alte hatte ihm beim Abschied noch eine Hausaufgabe mitgegeben mit der Frage, ob er glaube, dass wir Menschen nur ein einziges Leben hätten. Das schob er jetzt einmal beiseite, weil ihn die im Becken eingesperrte Sexualenergie viel mehr beschäftigte. Er versuchte sich an die Tatsachen zu halten, wie sein Lehrer das von ihm verlangt hatte. Und da war eben einmal Tatsache, dass es ohne Sexualität keine Kinder gab. So weit, so gut. Da konnte auch die Kirche noch mit. Von da an aber wurde es blöd. Sexualität machte auch Spaß und da konnte die Kirche nicht mehr mit! Männergespräche kamen ihm in den Sinn und die drehten sich naturgemäß mehr um den Spaß als um die Zeugung von Kindern. Na, das gerade am aller wenigsten! Wenn Mädchen den Spaß mitmachten, dann war er gleich noch um eins besser. Wenn Mädchen den Spaß aber auch mit anderen Burschen hatten, dauerte es nicht lange und sie waren erst Flittchen und dann Huren. Also nichts, das man heiraten konnte. Und wenn sie sich gar ein Kind anhängen ließen, dann waren sie in der Gemeinde unten durch. Da konnten sie bald noch eher vom Pfarrer Hilfe erwarten, obwohl der sonst auch nicht genug wettern konnte über die Sittenlosigkeit der jungen Leute.

Und die Herta? War wieder etwas ganz anderes! Sie lebte sich einfach aus und Bert vermeinte sich zu erinnern, dass ihr Becken beim Gehen nicht drehte. Ist der Ruf erst mal ruiniert, lebt sich's froh und ungeniert! War die jetzt vielleicht normal und seine arme Frau die Kranke? Es war nicht möglich, die ganze Materie Sexualität zu durchschauen. Es war ein Chaos! Er konnte seine Gedanken kaum noch im Zaum halten. Also noch einmal von vorne.

Kinder kriegen ist in Ordnung. Aber was ist dann mit den außerehelichen? Sie waren minder geachtet und nicht wenige von ihnen gerieten auf die schiefe Bahn. War wohl das Gleiche wie mit dem dummen Sager: hinter einem roten Bart ist kein gutes Wort. Vorurteile erzeugten Außenseiter und die wiederum rächten sich dafür, dass sie nicht akzeptiert wurden. Eindeutig hatten hier die Pferde das Kommando und nicht die Reiter, nein doch mehr die Affen! Wie konnte man Kinder dafür beschuldigen, dass ihre Eltern Sünder waren? Schon das letzte Mal, als er den Pfarrer wieder einmal die Liebe predigen hörte, so dick, dass sie schon fast von der Kanzel troff, war ihm die Galle hoch gekommen. Denn die Kirche selber ließ etwa außerehelich Geborene nicht zur Priesterweihe zu. War das aus lauter Liebe?

Jetzt kam ihm dafür ein überraschender Gedanke. Wenn ein außereheliches Kind geboren wurde, dann ging dem sicher eine Menge an Geilheit voraus. Sonst wäre es ja nicht passiert. Und seine Anna als drittes Kind? War die vielleicht das Produkt einer mühsamen ehelichen Pflicht? Dann lag das Problem eindeutig bei der Lust, die in Gestalt von Geilheit einfach nicht sein durfte. Aber wer sagte das? Wo stand das geschrieben? „Was geht denn den Papst mein Schwanz an?" dachte er empört. Wenn der Pfarrer am Sonntag Sodoma und

Gomorrha beschwor, zwinkerten sich die jungen Leute zu. Der Franz hatte Recht, die Geistlichen lebten in ihrer eigenen Welt und kein Schwein schien das zu kümmern. Aber das sah er auch: wenn eine solche Geschichte offen wurde, wenn die Gemeinde davon Kenntnis erlangte, dann stand sie eindeutig auf Seiten der Kirche. Dann galoppierte die moralische Entrüstung! Sie galoppierte, es musste also doch etwas mit Pferden zu tun haben! Oder hatte es damit zu tun, dass man selber aus der Schusslinie war, wenn man andere an den Pranger stellen konnte?

Er spann seine Gedanken zur Sexualität weiter. Woher kam diese maßlose Geilheit, die für so viele außereheliche Kinder verantwortlich war? Er erinnerte sich an eine Begegnung mit einem Mädchen, als er noch nicht erwachsen war. Das war nicht mehr Geilheit, das war seelisch flächendeckende Raserei. Er hatte an nichts anderes mehr denken können als an dieses Gesicht mit den frechen Augen, diese Brüste, diese Figur! Er hatte das Gefühl gehabt, kopfüber in dieses Weib springen zu müssen, wenn er es nur sah. Das ging weit über seine pubertären Phantasien hinaus, die ihm der Trieb eingab. Denn die funktionierten auch ohne reale Partnerin und die Wunschwesen konnten viele Gesichter haben. Hier aber war es ausschließlich diese eine, die ihn so verrückt machte. Das musste dieser Eros sein, von dem der Alte gesprochen hatte. Dann war es also der Eros, der blind machte, und nicht die Liebe. Der Eros sorgte für diese wahnsinnige Anziehung!

Und das schönste war gewesen, dass sie den Anstoß dazu gegeben hatte. Ihr ging es genauso wie ihm, sie war ebenso verrückt! Sie trafen sich heimlich, im Wald. He, das war doch im Angerwald! Sonderbar, aber egal! Sie trafen sich in der Nacht und sie genoss es mit Lustschauern, von oben nach unten und von unten nach oben begrapscht zu werden, wenn er sie von hinten umfasste. Und ebenso genoss sie es wohl, seine Erregung mit beiden Händen zu fühlen, knochenhart und seidenweich zugleich. Diese Seligkeit, mit ihr im vollen Einklang, das musste Liebe sein, hatte er damals gedacht. Das war es, wovon alle redeten. Das musste ewig so sein! Sie sagten alle, das musst du im Herzen spüren! Ja Schnecken! Das spürst du in den

Eingeweiden, im Hals und im Arsch zugleich! Ganz zu schweigen von anderen Organen! Nur der Kopf schien nicht allzu viel davon abzubekommen. Noch jetzt, wenn er über diese Wahnsinnserfahrung nachsann, bekam er – Herzklopfen.

Mit dem Kopf musste es allerdings etwas zu tun haben, dass sie sich kaum drei Monate später so gründlich zerkriegten, dass er heute nicht einmal mehr ihren Namen wissen wollte. Wie war so etwas möglich? Die Liebe war doch ewig, hatte er in der Kirche einmal gehört. Wie konnten zwei Menschen, die sich so nahe standen und so intensiv füreinander empfanden, mit einem Schlag so feinselig sein, so voller Wut und Verbissenheit? Konnten das die gleichen Leute sein, die vier Wochen vorher noch mit rasenden Sinnen und ebensolchen Fingern ein Herz und eine Seele waren? Unbegreiflich!

Es war das wohl doch keine Liebe. Was aber war es dann? Hatten sich da womöglich wieder zwei Energiepotenziale ausgeglichen? Energien mit Sitz im Kopf und einer speziellen Reizleitung zwischen die Beine? War es einfach Gier? Nein, das konnte nicht stimmen, denn dann wären die Gefühle nicht so persönlich gewesen und niemals wäre dann die Ablehnung so heftig geworden! Liebe konnte es aber auch nicht sein, wenn sich Himmel und Hölle gleichsam umarmten. Von Amors Pfeil getroffen, hatte er irgendwann einmal gelesen. Das konnte stimmen, das war Himmel und Hölle zugleich, zuerst aber einmal Himmel! Auf diese Art von Himmel konnte man schon süchtig werden, man musste diesen Zustand dann nur rechtzeitig beenden, noch ehe man in die Hölle kam. Wenn er diesem Buch Glauben schenken durfte, das er seinerzeit einmal gelesen hatte, dann gab es gar nicht so wenige Leute, die alle drei Monate frisch verliebt waren. Das waren die Glücklichen, die nie irgendwo Probleme hatten.

Er konnte sich allerdings nicht vorstellen so zu leben, grübelte er weiter. Es würde heißen, einen Menschen wegzuschmeißen, sobald er sich abgenutzt hatte und der Reiz der Neuheit vorbei war. Genau! Es hatte mit dem Reiz der Neuheit zu tun. Das ging ihm gehörig gegen den Strich! Aber aus dieser Perspektive war er wirklich blöd, dass er seiner Frau noch immer eine Chance gab, obwohl eigentlich alles dagegen sprach! Er merkte wie ihn die Wut zu packen begann. War es nicht gescheiter, die ganzen Probleme samt ihrer Besitzerin in die Wüste zu schicken? Bis sich etwas Dauerhaftes ergab, konnte man die Zeit ja mit Herta überbrücken.

„Mann, was hast du heute für Mist im Schädel!" sagte er zu sich selber. Er ekelte sich bei seinen eigenen Gedanken. Normal hatte er andere Gedanken zur Liebe. Wenn auch die Forderung nach der Ewigkeit der Liebe für ihn ein bisschen überzogen war, so kam er ohne eine gewisse Beständigkeit sicher nicht aus. Beim ersten leichten Wind gleich wegzulaufen, das kam für ihn nicht in Frage. Ja, sie hatten zu wenig miteinander geredet und ja, er hatte sich nicht genug auf seine Frau eingelassen. Aus Mangel an Erfahrung. Nun hatte er vom Leben einen Tritt ins Kreuz bekommen, nun wusste er ein Stück mehr, wie man es nicht machen sollte. Liebe musste auch bei Regen Bestand haben, nicht nur bei Sonnenschein! Das aber kam nun einmal nicht von selber. Der blanke Wahnwitz mit Regina, jetzt fiel sie ihm wieder ein, war eine Laune oder ein Geschenk der Natur oder weiß Gott was, aber Liebe war es sicher nicht! Verzichten hätte er anderseits auch nicht darauf wollen, zumindest nicht auf den Anfang, dem ein so herrlicher Zauber inne wohnte.

Konnte es sein, dass viele Menschen diesen Unterschied nicht begriffen hatten? Dann warteten sie sehnsüchtig darauf, wieder und wieder von diesem Gefühlssturm hinweg gefegt zu werden. Und wenn sie nicht gestorben sind, dann leben sie noch heute! Wenn jedoch der Sturm zum Lüftchen verkümmerte, dann glaubten sie, es sei keine Liebe. Womit sie Recht hatten! Es war keine Liebe, es war nie eine gewesen, solange nicht der bewusste Willensentscheid mit dabei war. Solange nur die Gefühle das Leben bestimmten, war der Partner eben lediglich das Objekt der eigenen, lustvollen Gefühle. Diese Gefühle aber konnten urplötzlich ins Gegenteil umschlagen und dann war man wieder allein! Welche Binsenweisheit, zu der man am Ende schon wieder gelangte: zu einer Beziehung gehörten zwei! Allerdings nur, wenn die Gefühle des anderen auch Platz fanden! Die musste man aber zuerst einmal erfahren haben. Sich nicht einlassen zu können auf die Seele des anderen, ihm nicht zuhören zu können, war folglich das Gefängnis der Seele und der Anfang vom Untergang der Beziehung.

Dieser Zustand der blinden Euphorie, wenn man vom Eros ergriffen, von Amors Pfeil getroffen wurde, war dann wahrscheinlich gar keine Verirrung der Seele. Da kam ihm der lösende Gedanke: es war eine Vision, wie das Leben sein konnte, wenn man den Gefühlen die eigene willentliche Entscheidung beisteuerte. Darum funktionierte es so oft nicht! Zwei Menschen brauchte es für die Beziehung, beide mussten diese Bewusstheit gefunden haben, dass der Rausch vergeht und die Liebe nur bleibt, wenn man sich für sie entschieden hat. Einer allein macht noch keine Beziehung. Dann hat der andere in diesem Bild allzu rasch nur noch die Funktion des Zerstörers.

Wenn der Rausch verging, dann hieß das nämlich nicht, dass er für ewig vergangen war. Wenn zwei Menschen sich einig waren in ihrem Vertrauen und ihrer Entscheidung zueinander, dann konnten sie jederzeit spielerisch den Rausch mit voller Absicht wieder beleben. Wenn er bereit war zu hören, wie sie sich den Mann vorstellte, der sie beseligen würde, ohne dass er sich deshalb unfähig vorkam, dann stand ein herrlicher Abend bevor. Wenn sie umgekehrt neugierig war auf die Bilder des Mannes, wie er von ihrer Sinnlichkeit verführt werden wollte, dann stach sie die erfahrenste Nutte aus und konnte sich seiner immerwährenden Liebe und Verehrung gewiss sein. Von da an mussten sie nur noch ihren Alltag auf gerechter Basis strukturieren und die Liebe war reale Seligkeit geworden, so wie es die Vision verheißen hatte. Dass es einer allein nicht konnte, war jetzt nur noch eine simple Wahrheit. Es brauchte absolut zwingend die Bewusstheit beider Partner!

Aufatmend richtete sich Bert in seiner Wirbelsäule auf. Ob er Anna diese Erkenntnisse vorstellen durfte? Er würde wiederholen: wir müssen uns nur lieb haben! Und sie? Würde sie diesmal zuhören? Würde sie ihr Herz öffnen, um ihn zu hören? Würde sie seinen Glauben verstehen, dass Gott alle Menschen zu Liebe führen wollte, weil damit die Vision erfüllt würde? Er merkte wie er unbewusst den Kopf geschüttelt hatte. Er glaubte nicht mehr an die Entwicklung seiner Frau, nicht mehr wirklich. Sie war zu unfrei, allein schon durch ihre Verankerung in der Gemeinde.

Die Kirche aber auch die Gemeinde, sie benutzten Gott wie sie ihn am besten brauchen konnten. Für ihre eigenen Zwecke, wohlgemerkt! Das waren seine abschließenden Gedanken, bevor er nach Hause kam. Seine Hochstimmung war wieder verflogen. Der Hauswirt stand in seiner Tür und anders als sonst nickte er heute nicht. Er schüttelte den Kopf und Bert wunderte sich über dieses ungewöhnliche Verhalten. Anna war aufgekratzt und sprunghaft, noch mehr als sonst. Seine Überlegungen auf dem Weg hatten ihn nachsichtig gemacht auch für ihre Fehler. Er war ja der mit mehr Wissen und daher mehr Verantwortung und er wollte nicht ihre unbewusste Wut schüren, indem er seine eigene nicht unter Kontrolle hatte. Sie war auch offener als sonst und erkundigte sich mitfühlend nach dem Zustand seiner Firma. Das war jetzt bald ein bisschen zu dick aufgetragen und er brummte daher nur: „Wird nicht mehr so lange dauern!" Und nachdem sie ihn lange genug umgarnt hatte, dachte er, es sei seine eheliche Pflicht.

Es war fast prophetisch gewesen, als er seine Ansicht ausgedrückt hatte, es würde nicht mehr so lange dauern. Am nächsten Morgen wurden sie alle in der Werkstätte vom Meister mit einem gedrückten Satz begrüßt: „Weiß Gott, ich habe mich um die Welt nie sehr gekümmert. Aber jetzt ist eine Weltwirtschaftskrise, und die hat mich auch erwischt! Es ist zu Ende. Ihr habt ja alle gesehen wie es in den letzten Monaten gegangen ist. Ich habe keine Arbeit mehr für euch und heute muss ich zusperren!"

Ein jeder erhielt noch ein paar Münzen aus der Hand des Meisters, mehr war nicht mehr da. Bert spürte das Würgen im Hals, als er sich von seinem Tischlermeister verabschiedete. Beim Blick in seine Augen sah er einen dunklen See von Verzweiflung. Da begriff er erst, dass ihn sein eigenes Schicksal bei weitem nicht so betraf wie das seines alten Lehrherrn.

Erst viel später erfuhr Bert, dass er bei der Sparkasse Geld aufgenommen hatte in der Hoffnung, dass seine Tischlerei bald wieder in Schwung kommen würde. Sofort nach dem Bekanntwerden der Schließung meldete das Geldinstitut den Konkurs gegen den Meister an und darauf folgte das Strafverfahren. Es war nicht gerecht, aber es war der Geist dieser Zeit. Es war die Rachsucht der Geldgeber, die um ihren Kredit umgefallen waren. Diesen harten Geist atmete auch das Gesetz und der Meister musste für drei Monate in das Gefängnis. Er hat sich seelisch nie mehr davon erholt und was für ihn am schlimmsten war: seine Kinder mussten bis auf eines zu umliegenden Bauern in Pflege. Er wusste was das hieß, vor allem was es für die Mädchen hieß.

Der Alte stand vor dem Haus, als Bert schon am hellen Vormittag auf dem Rückweg war. „Meine Tür ist offen" sagte der nur, nachdem ihm Bert kurz berichtet hatte, dass er seit heute arbeitslos war. Beim Einbiegen auf seinen Heimweg sah er dann plötzlich seinen Rehbock vor sich stehen. Keine zehn Meter entfernt und reglos trotz Augenkontakt. Bald senkte das Tier jedoch seinen Kopf und trabte langsam davon. Als hätte es jetzt ihn vom Stacheldraht befreit. Bert war in einer eigentümlichen Stimmung auf dem ganzen Weg. Natürlich nicht glücklich aber auch nicht gedrückt oder traurig. Er war in einem völlig indifferenten, offenen Gefühlszustand ohne alle Angst und ohne alle Befürchtungen. Ein Heimweg in innerer Leere.

Den jungen Burschen, der sich jetzt in aller Hast das Hemd überzog, kannte er flüchtig, hatte ihn schon wiederholt gesehen, wenn auch noch nie mit ihm gesprochen. Anna stand die Panik in den Augen. Unsinnigerweise hielt sie die Decke vor ihren nackten Körper. Bert machte auf der Schwelle kehrt, knallte den Rucksack in eine Ecke des engen Vorzimmers und verließ die Wohnung. Der Hauswirt stand auch wieder da. Diesmal nickte er wieder, er musste es gewusst haben. Bert ging auf seinen Hügel, um Klarheit in sein Herz zu bringen und dem inneren Pferd die Zügel anzulegen.

„Das alles an einem Tag! Warum passiert mir das?" Er hätte gedacht, er würde wüten, schreien oder fluchen. Aber jetzt saß er nur auf dieser einfachen Holzbank und war leer in seinem Kopf. War das das Wirken des Alten, der ihn gegen Schmerz immunisiert hatte? Eine innere Stimme jammerte, dass das jetzt das Ende seines Lebens sei. Er nahm sie von Ferne wahr und schob sie beiseite. So viel hatte er schon begriffen, dass von Leuten seines Schlages etwas mehr an Widerstandskraft erwartet wurde.

War das das Ende der Liebe? Ihre Liebe hatte er ja kaum noch verspürt in den letzten Wochen. Und seiner Liebe? Doch, da war jetzt ein Schmerz. Ja, er liebte sie noch, diese Schlampe. „Du bist ungerecht!" schalt er sich selber, als er das Gefühl erkannte: Eifersucht. Kein Mann konnte eine Frau besitzen. Früher einmal, in den sehr unentwickelten Gesellschaften konnte ein Mann seine Frau besitzen. Er hatte sich ihre Liebe gewünscht, aber das ließ sich nicht erzwingen. So weit war sie noch nicht. Liebe war wohl auch etwas, das nur mit einer höheren Eigenschwingung zu verwirklichen war. Er würde aber auch nicht mehr mit ihr schlafen können, er fühlte kein Begehren. Tot war seine Liebe jedoch noch nicht. Wieder unterdrückte er ein aufkeimendes Gefühl von Selbstmitleid, als hätte es ihm das Herz nach unten gezogen. Er musste lernen, seinen Weg allein zu gehen. Er ahnte allerdings, dass dieser Weg noch ziemlich lang werden würde.

Alles zerbrochen, er war allein wie ein Einsiedler in der Wüste. Wie lange konnte er von seinen Rücklagen leben? Und für Anna hatte er auch noch die Verantwortung. Er konnte sie nicht einfach wegjagen. Diese Verantwortung war jetzt seine Form der Liebe. Seine Seele war Trauer, nichts als Trauer. Ja, so war sein Leben jetzt. Trauer und sonst nichts. Das Selbstmitleid hatte sich verabschiedet. Es blieb reine Trauer. Einen ganzen Tag ohne Hunger.

„Du kannst bei mir übernachten oder auch länger bleiben" sagte der Franz, als er seiner ansichtig wurde. Bert berichtete von seiner Entdeckung nach dem Heimkommen. Wie immer enthielt sich der Alte jeglichen Kommentars, er sagte nur: „Jetzt beginnt dein wahrer Aufstieg!" Bert legte sich auf das einfache Bett und weinte sich in den Schlaf. Wenn der Teufel Junge hat, hat er gleich ein ganzes Nest!

Bei einem einfachen Frühstück sagte er versonnen zum Alten, der ihn beobachtete: „Gestern ist meine kleine Welt doppelt zerbrochen. In der Mathematik habe ich gelernt, dass bei einem Doppelbruch das unterste zu oberst kommt, wird das bei mir wohl auch so sein?"

„Du kennst meine Antwort, das wird von dir abhängen! Es ist deine Antwort und du hast sie mir schon einmal gegeben. Damals, als es mir so ging." Zum zweiten Mal, seit sie sich kannten, umarmte ihn der Alte zum Abschied voller Herzlichkeit.

„Du hast Recht, alles kann so sein, nichts muss so sein!" Auch diese Aussage kannte der Alte offenbar schon, das sah er in seinen Augen. Wir wissen einfach nicht genug!

Als er am frühen Vormittag zu Hause anlangte, war Anna aus dem Häuschen. „Wo warst du?" fauchte sie ihn an.

„Weg!" sagte er mürrisch und begann sich in der einfachen Waschschüssel zu säubern. Sie ließ aber nicht locker, schien davon eher noch angestachelt.

„Warst du bei der Herta? Ich traue es dir zu! Musst ja hinter jedem Kittel her rennen und verlassen kann man sich auch nicht auf dich. Kommt einfach eine Nacht nicht nach Hause, ohne vorher etwas zu sagen!"

„Ich wollte mich nicht in ein warmes Bett legen." sagte er gallig und zeigte mit seiner ganzen Haltung, dass er nicht mehr angeredet werden wollte. Ganz anders Anna.

„Was fällt dir ein, mich einfach so im Unklaren zu lassen! Es hätte ja auch etwas passiert sein können und ich weiß dann gar nichts davon. Was sollen denn die Leute von mir denken?"

Sein inneres Pferd stellte sich auf die Hinterhand, so hart riss er es am Zügel zurück. Umso ruhiger fiel nun seine Antwort aus, umso vernichtender wirkte sie.

„Du scheinst zu glauben, dass deine Fehler harmlose Kleinigkeiten sind und meine sind wohl echte Verbrechen! Du glaubst, weil du mit einem anderen im Bett warst, muss ich es unbedingt auch gewesen sein. Wäre leichter für dein Gewissen, oder? Kennst du solche Paare, wo sie sagt: immer wenn man dich braucht bist du nicht da! Und er lügt zurück: ich bin immer für dich da! Und noch einmal das Gleiche: nie bist du da, wenn man dich braucht! Darauf er: ich war immer da, wenn es vereinbart war! Und diesmal ist es die Wahrheit! Weil du selber nicht einmal merkst, wann du lügst, glaubst du, ich wäre auch so. Ich bin aber nicht so! Und ich war bei keiner Herta und bei keiner anderen, ich habe mich nicht strafbar gemacht so wie du. Ich ertrage bloß einfach deine Aura nicht mehr!" Seine Worte waren kalt und trafen wie eine Serie Ohrfeigen. Zu dieser Zeit konnte man für Ehebruch noch eingesperrt werden, der Gehörnte aber musste die Anzeige erstatten.

Anna begann zu winseln. „Ja aber –"

„Nichts aber! Nicht ich bin fremdgegangen, du warst es!"

Ihr Bedürfnis, sich vor seinen Augen reinzuwaschen, ließ sie einen neuen Versuch starten, den er jedoch rücksichtslos abwies. „Du warst es!" In aller Härte.

Noch einmal: der Drang, andere schlecht ausschauen zu lassen, um selber gut dazustehen oder zumindest von eigenen Fehlern abzulenken, ist ein starker Hinweis darauf, dass jemand nicht erwachsen geworden ist. Es ist unter den Menschen eines der häufigsten niederen Motive und zugleich ein starkes Indiz für die Härte der Erziehung durch Schuldvorwürfe. Zugleich war sich Anna aber auch wirklich nicht bewusst, warum sie Bert Vorwürfe machte, anstatt ihre eigenen Fehler zerknirscht einzugestehen. Sie fühlte sich abwertend behandelt und das Beharren ihres Mannes auf ihrer Schuld empfand sie als ungerecht und lieblos. Menschen mit einer niedrigen Eigenschwingung reagieren fast immer so. Doch ist ihnen diese Haltung niemals bewusst. Sie halten sich im Gegenteil oft für besonders hoch schwingend. Und in der Tat kann das als natürlicher Schutzmechanismus auch sehr nützlich sein! Es kann verhindern, dass in einem solchen Menschen unter extremer Belastung eine Geisteskrankheit durchbricht, wenn die Anlage dafür vorhanden ist.

Sein Ärger, dass sie ihn als den wahren Schuldigen hinzustellen versuchte, war noch nicht verflogen. „Du bist wie in dem alten Witz: mein Vater lithpelt, meine Mutter lithpelt und auch meine Schwethter lithpelt, nur bei mir merkt man nichtth! Du drehst die Wahrheit wie du sie brauchst! Man wundert sich, dass du dir nicht selber blöd vorkommst."

Er verhielt kurz, weil ihm eine Idee kam. Die Arbeit mit dem Alten trug bereits Früchte. Etwas milder gesinnt sagte er zu ihr: „Du hast die Neigung, Menschen nach ihrer Sympathie zu beurteilen. Ich habe dir das schon einmal so ähnlich gesagt. Diesen Fehler machen viele Menschen. Wenn du jemanden beobachtest, der sich ganz geschickt durch das Leben manövriert und er ist dir sympathisch, dann nennst du ihn flexibel oder geschmeidig, ist er dir nicht sympathisch, dann sagst du, er hat kein Rückgrat. Und umgekehrt: geht jemand unbeirrt und gerade durch das Leben, dann sagst du, der hat Linie, der ist aufrecht, außer er wäre dir unsympathisch, dann nennst du ihn einen sturen Hund!

Wenn du Menschen nach ihrer Sympathie beurteilst, dann sitzt du leicht jedem Schwindler auf, weil du nicht merkst, dass du von deiner eigenen Sympathie ausgehst und nicht vom Charakter des anderen. Es ist gefährlich, Menschen nur danach zu beurteilen, ob sie eine sympathische Ausstrahlung haben. Du machst den Fehler aber selber und schuld sind nicht die anderen, schuld ist deine eigene Naivität und dein Mangel an Menschenkenntnis! Ist dir das noch nie aufgefallen? Viele Menschen tun sich gegenseitig schön und glauben dann, sie hätten Gemeinschaft. Denk an die Herta!"

Er zog sich fertig an und machte sich auf den Weg in das Gemeindeamt. Zufällig war der Herr Bürgermeister anwesend, an den er sich sogleich vertrauensvoll wandte. „Ich habe meine Arbeit verloren und bin auf der Suche nach etwas Neuem. Haben sie eine Ahnung, wer einen guten Arbeiter wie mich brauchen könnte?"

Der gute Mann zog sorgenvoll seine Stirne in Falten, äußerte größtes Verständnis für die Schwierigkeit seiner Lage und dachte laut über diese und jene Lösungsmöglichkeit nach, um sie sogleich mit einem Einwand selber wieder zu vernichten. Zuletzt blieb bei größtem Bemühen nichts übrig, was er Bert empfehlen hätte können. Aber selbstverständlich würde er die Sache im Auge behalten und ihn sofort verständigen, wenn sich die Möglichkeit einer Beschäftigung auftäte.

Man kennt diese Art von Gesprächen. Obwohl äußerlich alles im höflichen Rahmen bleibt, obwohl der Ton des Gespräches freundlich ist und größte Hilfsbereitschaft demonstriert wird, zieht sich innerlich alles zusammen, weil man vorweg schon weiß, dass dieser so genannte goldene Mittelweg im Sand verlaufen wird. „Er ist ein Politiker." dachte Bert auf seinem Heimweg und konnte die Bitterkeit nicht ganz unterdrücken.

Was blieb jetzt noch zu tun? Im Moment wohl nichts. Am meisten bedrückte ihn sein Verhältnis zu Anna. So klar für ihn selber ihr Zustand war, so wenig war sie offenbar in der Lage, ihren eigenen Standort zu begreifen. Er spürte wie sie sich quälte und seine Seele zog sich zusammen. Und er merkte, welch abenteuerliche Konstrukte sie in ihrem kleinen Gehirn zusammen spann und sein Groll stieg wieder hoch. „Jetzt bin ich in meinen Gefühlen bald ebenso widersprüchlich wie sie selber. Als hätte ich ihre Gefühlslage übernommen." dachte er und wusste mit dieser Erkenntnis wenig anzufangen. Was war die Konsequenz daraus? Sollte er wieder einmal verzeihen oder sollte er Härte zeigen? Ja, das hatte er auch schon einmal. Er hatte wieder die Wahl zwischen dem dummen Hund und dem gemeinen Schwein. Beides würde zu einem ähnlichen Ergebnis führen wie das Gespräch beim Bürgermeister. Zur Zeit war er der Auswurf der Gemeinde. Er konnte nichts dagegen tun. Es war die Zeit Steine wegzuwerfen. „So lernt man ja zu sagen!" war zuletzt die Lehre aus seinen Überlegungen. Ja zum eigenen Schicksal.

Anna war in einem grauenhaften Zustand. Geistesabwesend, das hatte er öfter erlebt, aber so konfus wie jetzt, das war neu. Immer wieder versuchte sie ihm zu suggerieren, dass er sie eigentlich verstoßen müsste. Nach anfänglicher Ratlosigkeit begann er zu begreifen, dass es sich dabei um eine Art Selbstbestrafung handelte. Sie fühlte sich auch hinter dem offensichtlichen Ehebruch schuldig für etwas, woran sie sich sehr wahrscheinlich nicht einmal mehr erinnerte. Bert geriet dadurch in einen immer stärker werdenden Zwiespalt. Er spürte Aggression in sich wegen ihrer selbstschädigenden Manöver und zugleich empfand er auch Mitleid, weil sie ganz offenbar nicht wusste, was sie tat. Wurden seine Gefühle, die ihre Verwirrtheit entschuldigten, zu stark, dann setzte sie gewiss wieder eine Aktion, die ihn als Verursacher ihrer ganzen Nöte zu brandmarken versuchte. Dann verwandelte sich seine Nachsicht ganz schnell in Ärger und er hätte sie am liebsten noch am selben Tag an ihr Elternhaus zurück geliefert.

Hatte er sich aber dazu einmal entschlossen, dann verkümmerte sie in wenigen Augenblicken wie die Primel beim letzten Schnee, noch bevor ein Wort darüber gefallen war. Es war ein Zustand, der eine klare Entscheidung durch seine innere Dynamik ausschloss. Durch ihre Widersprüchlichkeit vereitelte Anna sowohl das Gelingen der Beziehung wie auch ihre Beendigung. Am liebsten hätte sie es wohl gehabt, blind akzeptiert zu werden wie ein Baby. Der Partner, mit dem sie lebte, war dann nur noch Lieferant positiver Emotionen. So etwas wie seine Bedeutung als eigenständige Persönlichkeit mit Charakter und Bedürfnissen war für das Denken der gestörten jungen Frau nicht in vorstellbarer Reichweite. Und ganz nebenbei ertappte er sich bei dem Gedanken, dass er alle diese Überlegungen ja doch nur anstellte, um ihrer permanenten Kritisiererei zu entgehen. „Ja, zum Teufel!" sagte er zu dem inneren Teufelchen, das ihn unsicher zu machen versuchte: „Habe ich denn nicht das Recht, einmal ungestört meine alten Tage zu verbringen?"

Der Humor war leider flüchtig und Bert zermarterte sich wieder den Schädel auf der Suche nach einem Ausweg aus der Krise. Wenn eine Beziehung nicht funktioniert, haben immer beide Teile Schuld. Das war die Weisheit des Volksmundes zu diesem Thema. Er hatte sie offenen Herzens auf Händen tragen wollen. Wo also war seine Schuld? Er hatte keine Schuldgefühle. Er fand nichts außer, dass er sich dem Alten vom Anger angenähert hatte. Dadurch war er selbst in eine Entwicklung geraten, die seine Frau nicht teilen konnte. War das etwa seine Schuld? Wie hatte der Franz gesagt: die Frage nach der Schuld ist nur etwas für grünes Gemüse! Die Weisheit des

Volksmundes war aber auch eine traumhafte Lösung, damit man sich selber keine große Mühe mit Denken machen musste. Es kann der Beste nicht in Frieden leben, wenn es seinem bösen Nachbarn nicht gefällt, hatte er bei irgendeinem Dichter gelesen. War es nicht Schiller? Das stimmte wohl. Zum Frieden braucht es zwei, um den Frieden zu brechen, genügt einer mit der bösen Absicht. Schon wieder die zwei!

Böse? Nein böse war sie nicht, sie war eben ein Opfer ihrer Erfahrungen. Entgegen aller landläufigen Meinung kam er endlich zum Schluss, dass die Ursachen für ihr gemeinsames Scheitern bei Anna lagen. Und er begriff, dass er sich auf den Kopf stellen konnte, es würde nichts nützen, solange sie nicht zur Einsicht kam. Sie lebte eben nach den Richtlinien, die sie am elterlichen Hof erlernt hatte. Und das würde sich wohl auch nicht so schnell ändern. Er wusste, dass ihm der Wind ins Gesicht stand, und er wusste, dass er derzeit nichts dagegen unternehmen konnte. Er hatte die Familie seiner Frau mitgeheiratet samt ihren ganzen Einstellungen und Haltungen. Damit war das Unheil in sein Leben gekommen. Das Wort Dämon fiel im wieder ein. War Anna ein Dämon? Ganz sicher nicht, dazu kannte er sie zu gut. Aber das Ganze konnte mit ihr zu tun haben. Er musste mit Franz reden wie immer, wenn er vor einer Wand stand.

So war er schon am Abend wieder vor der Tür, die er erst morgens verlassen hatte. Und jetzt geschah etwas, das es noch nie gegeben hatte. Die Tür blieb zu.

Ratlos und unentschlossen ging er auf den Weg zurück, den er so oft gegangen war, als er noch arbeitete. Seine Füße gingen mit ihm und beinahe willenlos folgte er dem unbewussten Schritt. Wohin ihn die Füße trugen, dachte er und wählte dann die Weggabel hinter dem Anger, die er bis jetzt nie beachtet hatte. Es war ein schöner Weg, der da in sanften Wellen durch die Felder führte. Sein Ziel verlor sich in der Dämmerung. Auch er hatte sein Ziel verloren, weil der Alte nicht zu Hause war. Aller Druck fiel von ihm ab, es gab nichts zu tun außer gehen. Und heute ging er wieder wie damals.

Die innere Leere, die er empfand, hatte nichts Bedrohliches. Von Zeit zu Zeit blieb er stehen und lebte das Gefühl eines einsamen

Baumes, der auf der Ebene stand. Verlasse deine eigenen Bedürfnisse, hatte der Alte einmal gesagt, sei nur ein Teil des Ganzen. Hier war unendlicher Friede und die Stille eines Frühlings, der noch nicht ganz angebrochen war. Er war ganz in seiner Gegenwart, nichts war weggewischt, nicht die Arbeitslosigkeit und nicht seine zerstörte Ehe. Es war alles ganz real. Sein Leben war glasklare Realität, jedoch schmerzfrei. Und dann sagte eine Stimme in ihm: „*Ich bin!*" Es war keine fremde Stimme, sie gehörte zu ihm. Er fühlte, das war er selber, als wäre es seine tiefste Instanz in ihm. Mit diesem *Ich bin* begann sich seine Seele nach einem kurzen Moment auszuweiten bis an den Rand des Universums. Und blieb doch in ihm wie er da stand. Die Welle, die jetzt aus seiner Mitte folgte, reichte wieder bis an die Grenzen des Universums und brandete von dort zum ihm zurück. *Ich bin!* Ich existiere, ich bin alles, was existiert. *Ich bin!*

Minutenlang stand er so da und ein Grenzstein am Feldrain schaute ihn an und sagte: „*Ich bin!*" Wohl eine halbe Stunde lang stand er da und sah den Baum vor sich, den er in der Dunkelheit gar nicht mehr sehen konnte. Er stand als Teil der Ebene wie er selber – *Ich bin*. Die zahllosen Sterne schauten herunter und umarmten ihn mit ihrer Seligkeit, die da ebenfalls lautete – *Ich bin!* Niemals hatte er solche Gefühle erlebt. Er faltete die Hände und sagte mit höchster Inbrunst: „Danke, Vater!" Die Welle aus dem Universum kam zurück und in seinem Inneren hörte er seine eigene Stimme: „*Ich bin!*" Lautlose Euphorie, Freude ohne allen äußeren Ausdruck. Wie der furchtlose Baum auf der bewegungslosen Ebene.

Irgendeinmal wandte er sich um und trat den Rückweg an. Es bedurfte keines Beweises, es war wieder der Rehbock wenige Meter vor ihm reglos am Waldesrand. Der Mensch und ein Wildtier, das nicht wegrannte. Auge in Auge! Er hatte ihn begleitet. Niemals würde er diesen Abend vergessen und niemand konnte ihm diese Erfahrung wegnehmen. Er sah das Licht in den Fenstern des Alten und er glaubte zu spüren, dass der ihn ansah. Er ging weiter, denn dieses Erlebnis konnte man nicht erzählen, vor allem nicht jetzt. Weshalb war er vorher wohl nicht zu Hause? Wo konnte er gewesen sein? Hatte er sich im Wald etwas besorgt? Vielleicht war er gar nicht weg, vielleicht hatte er ihn nur mit seiner mächtigen Schamanenenergie geleitet. Wie immer, jetzt war alles gut wie es war.

Als er zu Hause im Bett lag, hörte er Anna neben sich schluchzen. Er spürte wieder sein *Ich bin* und Trauer, Mitleid und Helfenwollen waren weit weg. Sie stand, wo sie stand und alles war genau richtig so wie es war.

Tags darauf suchte er den Alten wieder auf und wusste, er würde da sein. „Das war ein besonderer Abend gestern." stellte jener zur Begrüßung fest. „Würdest du das mit etwas aus deinem früheren Leben vergleichen? Solche Dinge geschehen dir nur in der höchsten Not!"

Er wusste alles, auch diesmal. Das verhaltene Lächeln des Jungen war von derselben Intensität wie der letzte Abend. Sie saßen wieder minutenlang Auge in Auge und Bert war überwältigt von der Emotion, die der Alte verschenken konnte. Nichts war damit vergleichbar, ausgenommen die Erfahrung des Vorabends.

„Du hast noch etwas auf dem Herzen?"

"Dämonen, was hat es damit auf sich?" Er wollte kein Instrument, schon gar nicht eine Waffe, die er gegen seine Anna einsetzen könnte. Er wollte nur wissen und verstehen. Das Thema hatte für ihn eine besondere Bedeutung, so viel war ihm längst klar.

„Weil du einen Familiendämon geheiratet hast?" Das war wohl der Punkt, an dem er letzthin gescheitert war. Im Augenblick fiel es ihm schwer, dazu ja zu sagen. Ja, er hatte wohl einen solchen Dämon geheiratet mit dieser Familie, in der so vieles nicht harmonisch laufen konnte. Aber es war ihm nicht möglich zu glauben, dass seine Anna tatsächlich einen Teufel im Leib haben sollte. Es musste etwas anderes sein.

„Einiges müsste dir vertraut sein. In deinem früheren Leben warst du im Altaigebirge und alles was ich darüber weiß, habe ich von dir. Wir Menschen haben nicht nur ein Leben, wir kommen immer wieder, weil wir einen Auftrag zur Gänze erledigen müssen. In jedem Leben legen wir ein Stück dazu. Für dich ist der Gedanke vielleicht nicht so leicht zu fassen, man hört ja auch kaum etwas in dieser

Richtung. Bis zum Konzil von Konstantinopel war die Lehre von der Wiedergeburt aber fixer Bestandteil im Denken der Kirche. Erst auf Betreiben der Gattin des Kaisers von Konstantinopel wurde die Reinkarnation aus ihren Lehren eliminiert. Sie war vorher Tänzerin!"

Seine Worte kamen mit derselben Ironie, die der Junge schon kannte. Ja, wie hatte er beim Thema Lüge schon einmal argumentiert: ein Vorteil in *diesem* Leben! Da hatte wohl wieder die oberste Hauptsünde Pate gestanden!

„Aber zurück zum Thema. Dämonen sind keine Teufel, es sind Energiekonzentrationen, die sich von negativen Gefühlen ernähren. Sie brauchen Konflikte wie wir das tägliche Brot. Sie brauchen Familienstreit und Ehekrach, dann sind sie in ihrem Element. Sie sind aber auch fähig, an sich normale Menschen in den Wahnsinn zu treiben. Sie besetzen eine für gewöhnlich starke Seele, mit deren Hilfe sie dann ihr Unwesen treiben können. Viele Grausamkeiten in der Geschichte der Menschheit wurden nur deshalb verübt, weil ein Mächtiger von einem Dämon besetzt war.

Was dir an der Familie des Mühlbauern so aufstößt, ist tatsächlich ein Dämon, der die ganze Familie besetzt hat: Überheblichkeit, Rechthaberei und Intoleranz gegenüber Schwächeren. Dieser Dämon sitzt wahrscheinlich schon seit Generationen auf diesem Hof und ernährt sich vom Unglück der Bewohner. Und jetzt denk einfach logisch! Wenn du dem Mühlbauern deine volle Ablehnung entgegen schleuderst, wer lacht sich dann ins Fäustchen?"

Verblüfft schaute ihn der Junge an. „Wenn sich der Dämon vom Unglück ernährt, dann wird er davon ja noch fetter!"

„So ist es! Daher hat Jesus gesagt: widerstehet nicht dem Bösen!"

„Das ist doch das genaue Gegenteil dessen, was uns die Kirche immer predigt!" stellte Bert verblüfft fest.

„Wiederum richtig! Du kannst im Matthäusevangelium nachlesen, was Jesus wirklich gesagt hat. Wie üblich machen die Nachfolger die Lehre kaputt, nicht nur in der Kirche. Alle Großen haben wohl darunter zu leiden. Die Schamanen hingegen haben schon lange begriffen, dass man die Dämonen ans Herz nehmen muss, um sie auszuhungern. Wenn sie mit positiven Energien gespeist werden, dann verschwinden sie früher oder später. Liebet eure Feinde! Daran kannst du ablesen, dass Jesus mehr begriffen hat als jemand vor ihm oder nach ihm.

Erinnere dich, dass wir schon einmal vom Potenzialausgleich gesprochen haben. Ein hohes Negativpotenzial wird davon nicht kleiner, dass man mit Negativenergie dagegen hält, im Gegenteil! Sie wird dadurch kleiner, dass du ihr Positivenergie zuführst. Das ist theoretisch am Bild des Potenzialausgleichs ganz leicht darzustellen, im Leben allerdings nicht ganz so einfach zu bewerkstelligen. Als ich vor gut sechzig Jahren in deiner Lage war, rutschte ich in eine tiefe Depression, die natürlich nicht angenehm war und dementsprechend habe ich mich gegen sie gewehrt. Du hast mir geraten, dagegen so wenig anzukämpfen wie gegen einen Muskelkrampf. Eine Zeit lang habe ich das absolut nicht annehmen können und deshalb kamen meine Depressionen immer wieder. Doch dann hat mich mein Selbstmitleid den richtigen Weg zu gehen gelehrt und ich begann mich auf die nächste Depression zu freuen. Umsonst! Ich begann meine depressiven Zustände zu lieben. Sie kamen nicht wieder. Das wäre also der Umgang mit inneren Widerständen und Hindernissen, die du am besten einfach akzeptierst.

Was aber nicht bedeutet, dass du dich deshalb totschlagen lassen musst. Das hängt dann jeweils von deiner Bestimmung ab, wir werden sicher noch darüber reden. Unser Volk hat vor nicht all zu langer Zeit versucht, ein anderes Volk totzuschlagen. Doch dieses hat sich zu Wehr gesetzt und daraus ist der Große Krieg entstanden. Ein wahres Festmahl für die vielen Dämonen. Und ich sage dir, diese Dämonen sind nach wie vor aktiv, sie werden sich ihr Festmahl wieder bereiten. Sogar einer von uns ist ihr Werkzeug, er wird mit Hilfe zahlreicher Menschen mit niederer Eigenschwingung gegen den erzwungen Frieden auftreten und sehr viele werden ihm folgen in ihrem Wahn, dass aus Bösem Gutes entstehen könnte. Als könnte man Blut mit Blut abwaschen wie eine kluge Frau vor gar nicht so langer Zeit gesagt hat."

Er hielt schwer atmend ein. Seine eigene Prophezeiung belastete ihn ganz sichtbar sehr. Bert verstand plötzlich, was er schon so oft beobachtet hatte: unreife Menschen werden durch Leid ebenso hochgradig angezogen wie durch Mysteriöses. Herr, vergib ihnen, denn sie wissen nicht, was sie tun! Hier bei diesem Waldläufer erfuhr er mehr über Jesus als die ganzen Jahre in der Kirche beim Sonntagsgottesdienst. Blieb nur noch die Frage, warum das so war bei den Menschen. Warum waren sie so fasziniert vom Leid, von der Gewalt und vom scheinbar Unerklärlichen?

„Irgendjemand muss doch mit diesem Wahnsinn angefangen haben! In der Bibel kann man erfahren, dass Kain den Abel erschlug und von Gott dafür geächtet wurde. Er und seine Nachfahren mussten für den Mord sühnen. Aber diese Erklärung ist mir einfach zu dünn! Da gibt es die Bilder in der Kirche: der Rauch vom Opfer des Kain ist schwarz und der des Abel ist weiß. Ist das ein ausreichender Grund, seinen Bruder zu töten?"

„Natürlich nicht. Das sind die Bilder, die sich unsere Vorfahren gemacht haben, um das zu erklären, was die Menschheit seit ewig beschäftigt: woher kommt das Böse?"

Der Blick des Alten wurde eindringlich und Bert spürte das geballte Wissen hinter dem unscheinbaren Antlitz seines Mentors. Versteht man alle Ereignisse in unserer Welt als Folge von Energieflüssen, dann kann man zu ganz erstaunlichen Ergebnissen finden. Der alte Meister wusste das und er wusste auch damit umzugehen. Mehr und mehr wurden die Gespräche der beiden Männer nun zu einem Austausch von Wissen und die einseitig lehrende Position des Alten verwandelte sich zum gegenseitigen Anstoß für neue Gedanken.

„Dieser Tage ist mir beim Spazierengehen eine Idee gekommen: unser Planet ist wie eine einklassige Volksschule mit angeschlossenem Kindergarten und Universitätsabschluss auf der anderen Seite. Alle Entwicklungsstufen müssen hier Platz haben. Weil aber manche glauben, dass sie schon weiter wären als sie sind, sprechen die Kindergartenkinder vorzugsweise die Sprache der Universitätsabgänger. Ich habe über dein Modell der niederen und höheren Schwingungen nachgedacht und da ist in mir dieses Bild entstanden. Und da sehe ich auch den Grund, warum wir manchmal glauben, ein schöner Mensch müsste nicht nur ein guter sondern auch ein kluger Mensch sein. Und diese schönen Leute haben naturgemäß nicht das geringste Interesse, den Irrtum aufzuklären. Wer sie wirklich sind, erkennen wir meist erst dann, wenn sie wieder einen großen Bock geschossen haben."

Das Schmunzeln des Alten ob der Treffsicherheit dieser Gedanken verwandelte sich langsam in ein breites Grinsen und bald stimmte der Junge in das Gelächter ein. Die Männer standen jetzt beide an der Schwelle des Universums, das dachten sie unabhängig, ohne dass ein Wort gefallen war.

„Schönheit ist ein Geschenk der Natur." sagte der Alte. „Noch besser, Schönheit ist ein Geschenk Gottes als eine Stufe der Höherentwicklung. Die vielen bewundernden Blicke sind positive Energien für eine Persönlichkeit, die dafür eventuell den mühsamen Aufstieg in die höheren Schwingungsebenen auf sich nimmt. So abwertend man Eitelkeit auch sehen kann, sie ist für manchen ein Geländer zum Schutz vor dem Absturz ins Bodenlose."

Wieder einmal flossen Gut und Böse ineinander und Bert dachte, dass es eine Einheit geben musste hinter den beiden Polen, die von unserem menschlichen Gehirn jedoch nicht so einfach zu erfassen war. Wahrscheinlich musste man wirklich einfach Ja dazu sagen. Zum Ja sagen brauchte man den ersten Halswirbel, der war viel stärker als der zweite, der Neinsager, den der Henker brach, wenn er einen Menschen vom Leben zum Tode beförderte. Warum war bei den Menschen der Drang zum Nein trotzdem so ausgeprägt? Aber gut, damit hatten sie sich ja jetzt wirklich schon ausgiebig genug beschäftigt.

„Mir kommen da ein paar Gedanken. Wenn durch äußere Schönheit ein Anstoß gegeben wird zur Entwicklung innerer Schönheit, dann gibt es doch wohl für beide Bereiche Leute mit der Begabung zur Kosmetik. Für das Äußere heißen sie auch so und für das Innere nennt man sie wohl Prahler. Aber ich denke mir, jeder von uns sollte genau so sein, wie ihn Gottvater erschaffen hat. Seine Stärken sind Hilfe und Liebe für die Mitmenschen und seine Fehler und Schwächen werden gebraucht als Entwicklungsanstoß für andere. Wer sich schöner macht als er ist, der pfuscht dem Herrgott ins Handwerk!"

„Komm!" sagte der Alte und lud Bert ein, ihm behilflich zu sein. Er stellte zwei Kerzen auf die Bank an der Wand, holte zwei Decken, die er davor ausbreitete und auch einen zweiten Schemel fand er noch. Er, der sich schon als welkendes Laub empfand, als Dünger für die sprossende Entwicklung des Jungen, er kniete sich auf die rechte, die männliche Seite Berts und fokussierte seine Aufmerksamkeit auf seine Kerze. Bert tat es ihm gleich. Seine Rumpf war wie eine Säule und er spürte wieder den Baum in sich wie draußen auf der Ebene. Seine Hände ruhten leicht auf den Oberschenkeln und kurz darauf war er in der inneren Leere.

Er sah den Rauch vom Opfer Abels aufsteigen und den vom Opfer Kains und beide hatten dieselbe Farbe. Aus dem Gesicht von Kain aber stachen Ausdruck und Sprache des Dämons, der ihn regierte. Abel versuchte sich zu wehren, als Kain zuschlug, doch er war zu schwach für seinen Bruder. Er musste sterben, damit das große Werk für die Entwicklung der Menschheit getan werden konnte. Er sah Abel tot und er sah, dass alles gut war. Abel hatte sich genau so für die Menschheit geopfert wie später Jesus am Kreuz.

6. Das Vermächtnis des Schamanen

„Denken! Du musst denken!"

Dieser ungewöhnliche Satz eines alten Bauern hatte vor wenigen Jahren die Heiterkeit der ganzen Gemeinde erregt. Das taten sie doch alle wie sie meinten und keiner verstand, was der Mann wirklich sagen wollte. Er hatte das Denken als seinen tragenden Lebenssinn erkannt, es war die größte Erkenntnis in seinem Leben. Er hatte begriffen, dass man mit Denken Bewusstheit schaffen konnte, es ging also um bewusstes, absichtsvolles Denken. Es ging um die Reflexion seiner selbst. Und alle, die ihn nicht verstanden und sich selber schon gar nicht, lachten ihn aus und fühlten sich überlegen.

Bert verstand nun nach den letzten Erfahrungen, was dieser unscheinbar Erleuchtete mit seinem Satz gemeint haben musste. Beim nächsten Treffen mit dem Angerfranz brachte er das zur Sprache. Die Formulierung dieses Mannes entbehrte natürlich nicht einer gewissen Komik. Aber ihre gemeinsame Heiterkeit drückte die Hoffnung aus, dass es vielleicht noch mehrere geben könnte in der Gemeinde, die sich zum selbstständigen Denken entschlossen hatten, zur Reflexion der eigenen Werthaltungen abseits aller Lemmingszüge. Ausgelacht wurden dabei nur die Kindergartenkinder, die schon alles zu wissen glaubten und die daher nichts mehr lernen mussten.

„Ich sehe da einen guten Aufhänger zu einem Thema, das wir schon einmal anklingen haben lassen. Es ist der gleiche Unterschied zwischen gewöhnlichem Denken und bewusstem Denken wie zwischen der Landkarte und dem Land, das sie abbildet. Oder dem Foto und dem Menschen, den es zeigt. Das Bild ist nicht die Realität, es ist nur ein Begriff in unserem Gehirn. Und in unterschiedlichen Gehirnen gibt es auch unterschiedliche Begriffe. Wahres Denken berücksichtigt das. Pass auf!

Wenn der eine sagt Land, dann hört der andere darauf:
Das Gegenteil von Stadt - oder
Das Gegenteil von Meer - oder
Das Landleben - oder
Den politischen Begriff.

Jede Menge Anlass zu Missverständnissen! Doch das *alles* sind nur Begriffe! Der Begriff ist nicht der Inhalt, ist nicht Erde oder Luft, ist nicht Grenze und nicht Substanz, sowenig wie die Landkarte das Land ist, das sie zeigt. *Sein* hingegen ist das Land, ist das Meer, ist die Existenz!"

„Du hast Recht! Ich will Teil vom *Sein* sein, nicht Teil von Begriffen. Das habe ich erfahren mit dem Wissen – *Ich bin*. Ich will nicht der Sklave meines Denkapparates sein und der Bilder, die er sich vom Leben macht oder die ihm andere erzählt haben. Ich habe das noch ein zweites Mal erfahren, als wir beide vor unseren Kerzen gekniet sind, fast so intensiv wie an jenem ersten Abend."

„Dieses *Ich bin* ist der wahre Weg zu Gott, die Rückverbindung zu ihm. Nicht Bilder, nicht Worte und nicht geplapperte Gebete führen zu Gott, sondern nur die Wahrnehmung deines göttlichen Selbst in deiner persönlichen Mitte. Das hast du erfahren und jeder der das nicht erfahren hat, wird dich nicht verstehen. Und wird dir vor allem nicht glauben! Die meisten Menschen handeln nicht aus diesem Selbst sondern mit dem Verstand und meistens leider nur für die Augen der anderen. Mit diesem Maß gemessen wissen sie daher nicht, was du tust und vor allem nicht, warum du es tust."

„Ohne angeben zu wollen, verstehe ich jetzt noch besser, warum man sagt: Weisheit ist in den Augen des Toren immer Torheit!"

„Wenn jemand nicht begreifen kann, was du sagst, weil er noch nicht so weit ist, dann sagt er in den seltensten Fällen: ich versteh das nicht! Bitte hilf mir! Das wäre gewissermaßen der Anfang des Geistes. Weit öfter sagt er dann: du redest Blödsinn! Auf diese Weise würgt er den beginnenden Geist in sich ab und erklärt den anderen zum Schuldigen an der eigenen Dummheit. Es scheint das wichtigste Bedürfnis unter den Menschen zu sein, nur ja nicht als dumm angesehen zu werden. Daraus kannst du ablesen, dass die Intelligenz als einziges Gut auf der Welt gerecht verteilt ist: jeder bildet sich ein, dass er genug davon hat!" Das freche Funkeln in seinen Augen sprach Bände, so wie er seine Vorstellungen zur

Gerechtigkeit auf Erden zum Ausdruck brachte. Sein Gesicht wurde immer ansprechender für Bert.

Sie schwiegen wieder viele Minuten. Dann hob der Alte von neuem an: „Direkt oder indirekt haben wir schon oft davon gesprochen, dass die meisten Menschen nur Passagiere sind auf ihrem Lebensschiff. Sie treffen keine wirklichen Entscheidungen, alles passiert eher beiläufig. Um sein Leben wie ein Kapitän zu steuern, braucht es aber eine Bewusstheit für die eigenen Handlungen. Hier gibt es viel Heiteres zu beobachten im Leben, wenn du die Augen offen hast. Es gibt tatsächlich Menschen, die sich für treu halten, indem sie von anderen verlangen, dem Partner treu zu sein. Und wenn sie das oft genug getan haben, glauben sie allen Ernstes, sie selber könnten gar nicht untreu sein, obwohl sie alle Augenblicke in einem fremden Bett liegen.

Und es gibt Leute, die empfehlen dir nachdrücklich, den Blick nur nach vorne gerichtet zu halten, nicht in der Vergangenheit hängen zu bleiben. Und dann jammern sie eine Stunde über ihre bittern Erfahrungen. Oder: als jemand feststellen musste, dass sein Ofen kaputt ist, war er in großer Verlegenheit, weil er kein Geld für einen neuen hatte. Das wiederum durfte jedoch niemand wissen und daher kaufte er eine neue Jalousie.

Viele Menschen basteln sich ein Bild von sich selber, das mit ihrem Alltag für gewöhnlich sehr wenig zu tun hat. Wenn sie diese hohe Meinung von sich selbst dann in der Öffentlichkeit preisgeben, folgt allseits große Heiterkeit, die alle verstehen außer jenem, der die Heiterkeit ausgelöst hat. Das hängt ganz einfach damit zusammen, dass viele Menschen den Drang haben, ihre Fehler zu verbergen. Und das gelingt ihnen so auffallend vollkommen, dass jeder mit der Nase auf das gestoßen wird, was eigentlich verborgen bleiben sollte. Wir sind schließlich alle Menschen und wissen daher, welche Leichen wir selber und andere Menschen für gewöhnlich im Keller haben. Damit ist der Flunkerer zu guter Letzt oft der einzige, der seine Lügen noch glaubt!"

„Ich hatte beim Militär einen Kameraden, der öfter als täglich betonte, dass er nicht blöd ist. Pfhhhh – er war echt der Dümmste in der ganzen Kompanie!"

„Vergiss aber bitte nicht, Bewusstheit ist nicht das gleiche wie Bewusstsein!"

„Ich glaube, mein Erlebnis *Ich bin* ist Bewusstsein, mein Handeln gewissermaßen von außen her anzuschauen, wäre demnach Bewusstheit? Da müsste ich also einen gewissen Abstand von meiner eigenen Wichtigkeit nehmen? Aber warum haben so wenig Menschen diese Bewusstheit?"

„Selbstreflexion ist ein Teil davon. Dazu gehört dann noch die Fähigkeit, die Folgen seiner Handlungen zu erkennen. Und zwar schon vorher, nachher ist ohnehin jeder klüger! Bewusstheit ist eines der höchsten Güter des Menschen und ein eindeutiges Kennzeichen einer hohen Eigenschwingung. Sie drückt sich aus in der Frage an sich selber: was tue ich da eigentlich? Ist meine Entscheidung jetzt das, was ich wirklich will? An welchen Werten messe ich meine Entscheidung? Solche Menschen setzten ihre Handlungen hellwach und daraus entsteht Umsicht als echt menschlicher Charakterzug.

Es gibt Menschen, die wollen im Prinzip nichts wissen. Wenn sie etwas wissen wollen, dann nur das absolut Aufregende und Unwahrscheinliche, das Sensationelle. Sie sind die Mehrheit. Dann gibt es Menschen, die durchaus etwas verstehen wollen, solange es sie selber nicht all zu sehr betrifft. Und zuletzt gibt es Menschen, die wollen sogar bei Gefahr für sich selbst allen Dingen auf den Grund gehen. Warum diese Eigenschaft anscheinend nur sehr wenige haben, wirst du bald verstehen.

Beachtlich wie treffend der Alte das beschrieb, was man so leicht an so vielen Menschen beobachten konnte. Bert begriff plötzlich, dass die Ichsucht wie ein Panzer ist, aus dem man vor lauter Selbstschutz nicht heraus kann. Und blind machte sie obendrein. Es fiel ihm auch sofort ein Beispiel dazu ein:

„Dem Partner nachzuplappern, Liebe und Macht hätten nicht Platz unter einem Dach, um dann die eigene Macht hemmungslos auszuleben, ist entlarvend für alle Welt, offenbar aber nicht für den, der es tut! Ersatzweise kann man in weiterer Folge aller Welt erzählen, dass Liebe und Macht nicht Platz haben unter einem Dach. Die Welt wird beeindruckt sein von dieser Weisheit. Mehr noch, die Plappertasche wird von sich selbst beeindruckt sein, wie gut sie Weisheit wiedergeben kann. Dass es fremde Weisheiten sind, fällt dabei geflissentlich unter den Tisch!"

Seine Worte waren nicht ganz frei von Bissigkeit, zu oft hatte er erfahren müssen, wie leicht sich seine Gedankengänge im Mund seines Hähnchens um des schönen Bildes nach außen willen gegen ihn selbst gewandt hatten. Es war ein altes Geheimnis, dass es auf dieser Welt Millionen von Spezialisten gab, die ganz genau wussten wie es nicht geht. Das Nein, der Einwand und die Opposition waren die Kreativität der Einfallslosen! Wie wohltuend unterschied sich davon sein alter Meister, der bei aller Kritikfähigkeit immer auf der Suche nach einer konstruktiven Lösung war. In dieser Hinsicht war er wenigstens Optimist, was die Erkenntnis über den Stand der Welt anging aber wohl eher nicht!

„Der Kreuzzug gegen das Böse dient normalerweise immer dem Bösen zur Tarnung der eigenen Bosheit! Um die niedrige Eigenschwingung nicht anschauen zu müssen, erklärt man andere für minderwertig. Du brauchst nur die seit Jahrzehnten laufende Hetze gegen die Juden zu beobachten und du wirst sehen, dass dieses Dauerfeuer bald Früchte trägt. Ich sage dir, ich fürchte mich vor der Zukunft! Menschen, die keine Bewusstheit haben, können solche Mechanismen nicht durchschauen und lassen sich dann dafür missbrauchen, Verfolgung für richtig zu halten. Du wirst noch erleben, wo das endet. Ich fürchte mich vor der Zukunft der Menschheit!"

Bert, so vor sich hin sinnend, erinnerte sich an Begebnisse aus seiner Schulzeit. Wenn da einer nicht mit dem Rudel mitheulte, konnte er ganz schnell zum Zielpunkt der allgemeinen Aggression werden. Bot sich aber niemand für diese unerfreuliche Rolle an, dann gab es immer welche, die so lange stänkerten, bis einer mit Ärger reagierte. Und flugs war der die neue Zielscheibe! Man brauchte wohl immer jemanden, an dem man seine eigene Unzufriedenheit abreagieren konnte. So etwas sollte also im großen Stil auf unser Volk zukommen? Warum gerade auf unser Volk? Als Täter oder als Opfer?

„Ich glaube, eine große Gefahr kommt aus Massenbewegungen. Wer sich seiner selbst nicht ausreichend bewusst ist, neigt dazu, in der Masse aufgehen zu wollen. Sprachlich kommt das dann wohl im Wörtchen *man* zum Ausdruck. Was *man* tut, ist die Richtschnur der Masse. Es scheint richtig zu sein, weil es alle tun. Was ich hingegen sorgsam geprüft und für richtig befunden habe, ist mein *Ich bin!* Und das geht selten mit der Masse übereins.

Mir ist aufgefallen, dass das Aufgehen in Massenbewegungen eine große Verlockung für viele Menschen darzustellen scheint. Vielleicht hat das etwas zu tun mit der Rudelbildung in der Urzeit der Menschen. Man hat die gleichen Meinungen und man singt die gleichen Lieder, nicht nur in der Kirche. Daraus entsteht meiner Meinung nach ein Gefühl von großer Geborgenheit, das aber sehr trügerisch sein kann, weil die Richtung dieser Gefühle meist nicht überprüft wird und plötzlich findet man sich in einem breiten Strom von Leuten wieder, dem man sich bei klarem Verstand niemals angeschlossen hätte."

Der Alte nickte zustimmend. „Mit solchen Leuten wie mit dir, kann man aber auch keinen Krieg anfangen! Die großen Verführer wenden sich immer an die Masse und nicht an Querköpfe wie dich." Er grinste schelmisch. „Aber du hast schon Recht: selbst in der Demokratie geht fast immer Mehrheit vor Wahrheit. Wenn man sich keine Meinung über die Wahrheit bilden kann, die nun einmal sehr schwer zu fassen ist, dann stimmt man ab. Du wirst bald begreifen, dass man immer öfter auch über Dinge abstimmt, die einer Abstimmung absolut nicht zugänglich sind. Die Abstimmung entsteht dann aus purer Verlegenheit, weil man selber nicht weiß, was man denken soll. Wenn man etwa darüber abstimmt, ob bestimmten Menschen das Lebensrecht verweigert werden soll, dann kommt mir das so vor, als wollte man demokratisch anordnen, dass der Mond in Zukunft viereckig zu sein hat. In einem *solchen* Gebilde namens Demokratie wirst gerade du niemals akzeptiert sein, wenn du deine Meinung offen sagst!"

Eigenartig! Noch vor einem Jahr hätte er das als Zurechtweisung auffassen können und schon vor einem halben Jahr wäre es ein Kompliment gewesen. Jetzt sah er sich selber und seine Rolle ganz deutlich als notwendig. Kaum einen weiteren Gedanken wert. Mit einem tiefen Durchatmen durchstieß er den Nebel der Alltäglichkeit und blickte ihr Gespräch aus der Vogelperspektive an. Nein, es ging nicht um seine immense Wichtigkeit, da war der Alte viel wichtiger als er selber; es ging um seine Suche nach dem Begreifen der Realität, dem Erfassen der Zusammenhänge. Wichtig war nur, dass er rechtzeitig lernte, was für die Bewältigung des Lebens in Zukunft erforderlich war. Daher hakte er beim vorherigen Thema ein.

„Was weißt du, Schamane? Wie kam das Böse in die Welt?"

„Natürlich durch die Eva! Die Schlange hat ja gesagt: wenn du von diesem Baum isst, wirst du zwischen Gut und Böse unterscheiden können. Und sie hat nicht nur gegessen, sie hat auch noch Adam dazu verführt. Und so kam das Böse in die Welt!"

„Unsinn!" Jetzt lachten sie beide.

„Weißt du übrigens, warum Gott die Eva zuletzt erschaffen hat? – Nein? – Weil sie ihm sonst überall dreingeredet hätte!"

Das Lächeln von Bert fiel diesmal etwas säuerlich aus. Er hatte mittlerweile genug Beispiele, was die überhebliche Behandlung der Frauen durch die Männer anrichten konnte. An erster Stelle natürlich die Besserwisserei bei ihm zu Hause, schließlich hatte er auch kein Seelchen geheiratet.

Der Alte wurde wieder ernst. „Kein Tier kann zwischen Gut und Böse unterscheiden. Ein Tier kennt auch keine Vergangenheit und keine Zukunft, es lebt ausschließlich im Jetzt. Das ist doch ein wunderbares Rezept zur Bewältigung des Lebens!"

„Und ein ordentliches Maß an Dummheit kann dabei nicht schaden!"

Natürlich wussten die beiden nicht, dass sie sich schon über Therapieansätze lustig machten, die erst siebzig Jahre später das Licht der Welt erblicken sollten. Wie man weiß gab es zu allen Zeiten Leute, die großen Eingebungen hatten. Das war wieder eine solche! Und wenn die Sterne günstig standen, dann konnten manche Leute mit Eingebungen auf dieser Welt ihr Glück machen und reich werden. Die größere Zahl der Besitzer von Eingebungen landete allerdings in der Klapsmühle. Das Risiko, für verrückt erklärt zu werden, war nicht so klein, wenn man eine Zeit lang alles Irrationale mit einer Eingebung rechtfertigte. War eine solche allerdings ganz einfach und logisch nachvollziehbar, dann konnte sie wiederum kein Erfolg werden, denn dann verstand es ja ohnehin ein jeder.

Erfolg zu haben war also nicht unbedingt dem Wirken und Werken der Götter zuzurechnen, sondern weit eher dem Glauben und der Verführbarkeit der Menschen mit ihrer Empfänglichkeit für Mysterien und Zauberei. So lange einer einigermaßen gut ausschaute und seine dünne Botschaft zugleich mit dem entsprechenden Charme verkaufte, hatte er durchaus gute Chancen, auch hohe Ämter zu bekleiden und in den Augen der Welt eine bedeutende Rolle zu spielen. Aber das war wohl zu allen Zeiten so! Der Alte grinste wieder:

„Ich habe auch eine Eingebung! *Goethe* kehrt nicht wieder! Er hat alle Aufgaben erledigt und wurde von Gott begnadigt! Du siehst, ich habe auch Eingebungen wie mancher andere Depp auch! Gut dass niemand etwas beweisen muss, wenn er eine Eingebung hat! Es lebe die Hellsichtigkeit der Blinden, es lebe die Spekulation!"

Nachdem sich das Gelächter gelegt hatte, kehrte Bert zum Thema zurück: „Irgendwann habe ich in der Schule einmal gehört, dass sich die Menschen zu allen Zeiten nach dem Goldenen Zeitalter gesehnt haben. Also nach Verhältnissen, in denen jeder alles hat, was er braucht, und keiner die Kreise eines anderen stört. Die Vorstellung davon gibt es also, warum wird sie dann nicht wahr gemacht? Ich kann es nur als Ignoranz verstehen, denn das meiste an Unglück erkenne ich aus der Reaktion auf das, was dem Unglücklichen vorher angetan worden ist. Wer hat also mit dem Unsinn begonnen? Was sagst du?"

Der Alte wiegte seinen Kopf und meinte nur kryptisch, das sei eben zu allen Zeiten so gewesen. Das nahm ihm der Junge aber nicht ab. Vor allem glaubte er nicht, dass sein weiser Mentor dazu nicht mehr zu sagen hatte, als dass es eben immer so gewesen sei. Es musste eine andere Erklärung geben und er war sich sicher, dass ein Schamane eine solche besaß. Und wenn er keine besaß, so musste er zumindest nachgedacht haben über Anfang und Ende der menschlichen Verirrungen. Als er nicht lockerließ, schien der Alte endlich überzeugt, dass es notwendig war auszupacken.

„Eigentlich wissen wir nur sehr, sehr wenig über diese Dinge und das meiste davon ist wieder unter der Bezeichnung Bilder einzuordnen. Aber nun, ehe wir Menschen Gottes Schöpfung ganz begreifen, lernt ein Frettchen Algebra! Ich möchte jedenfalls nicht zu dieser Sorte Menschen gerechnet werden, die du kennst: je weniger einer weiß, umso weiter hat er das Maul offen …" Er war sehr ernst bei dieser Aussage. „Da gibt es also jetzt Bilder, die sind ganz weit weg von jeder Realität, und wiederum andere, die gewisse Abläufe nahe legen. Erinnerst du dich an die Geschichte mit dem Engelsturz in der Geheimen Offenbarung?"

Der Junge überlegte kurz: „Da wollte doch der oberste Engel, Luzifer, selber Gott werden und hat dazu andere Engel um sich geschart, die ihm dabei helfen sollten. Doch er wurde vom Erzengel Michael mit dem Flammenschwert besiegt und samt seinen Anhängern in die Hölle verstoßen. Seither heißt er Satan und ist der oberste Teufel. Er ist der Inbegriff des Bösen. Mehr weiß ich allerdings nicht mehr."

„Bevor wir uns diesen grundlegenden Dingen widmen, müssen wir aber noch klären, was das Böse eigentlich ist. Im Zusammenhang mit Dämonen haben wir darüber ja schon gesprochen. Alles im Kosmos ist Energie, sichtbar oder unsichtbar. Auch du bist ein Energieball, ausgestattet mit einem Körper und mit Intelligenz, bei dir übrigens nicht gerade niedrig, das letztere." Er schmunzelte. „Es gibt aber auch Energien, die keinen Körper haben, nichts desto weniger aber Intelligenz. Das ist für uns nicht leicht zu verstehen, weil wir immer glauben, dass wir unser Körper sind und dass es keine Intelligenz ohne Körperlichkeit gibt. Das stimmt aber nicht, wir wohnen nur in diesem Körper, was wir aber in Wahrheit sind, unser innerstes Wesen ist Energie!

Energien, die zwar keinen Körper jedoch Intelligenz haben, sind viel beweglicher und können ohne Widerstand durch das ganze Universum reisen. Wenn sie unsere Kreise stören, nennen wir sie üblicherweise Dämonen, wenn sie uns helfen, nennen wir sie vielleicht Engel. Die Tatsache, dass eine solche Energie Intelligenz besitzt, heißt also noch nicht, dass sie auch eine hohe Eigenschwingung hat. Hast du einmal eine Vampirgeschichte gelesen? Vampire haben auch eine hohe Intelligenz, wenn es darum geht, jemandem das Blut aus dem Hals zu saugen. Nimm statt des Blutes die Lebensenergie und du hast einen Dämon, auch wenn du nicht weißt, aus welcher Ecke er angereist ist."

Das klang einsehbar und Bert begriff, dass da so mancher Energiewirbel aus einem fernen, finsteren Winkel unseres Universums herein kommen konnte, um sich jener Energien zu bemächtigen und sie auszusaugen, die in der Gestalt von Menschen hier lebten. Das würde heißen, dass Menschen energetisch unterversorgt waren, sobald sie das Opfer eines solchen Dämons geworden waren. Das hieße weiter, Armut und Schwäche waren gewiss kein Motor für höhere Schwingungen. Eine unerhörte Idee: Verbrecher waren demnach energetisch ausgeleerte Menschen, die ihren Widerstand gegen den Dämon dem Falschen entgegen brachten, nämlich dem Opfer! Jetzt war er nur noch gespannt, was ihm der Meister weiter erzählen würde.

„Bis jetzt haben wir den Dämon nur in Gestalt des Familiendämons kennen gelernt, der dir so viele Probleme macht. Dir macht er allerdings Schwierigkeiten, weil er zugleich auch ein Beziehungsdämon ist. Er braucht die negativen Gefühle und den Streit unter euch Eheleuten. Er ernährt sich davon, indem er versucht, die Beziehung zu stören oder von vornherein unmöglich zu machen. Er zerstört das Vertrauen und die Bindungsfähigkeit. Ist dir schon einmal aufgefallen, dass in den allermeisten Beziehungen immer einer mehr zu nehmen scheint als der andere?"

„Ja und es sind wohl meist die Frauen, die mehr lieben. Was sie alles tun und sich bieten lassen, nur damit sie von ihren Kerlen ein bisschen Liebe bekommen, ist oft wirklich grenzenlos. Und gewiss sind sie über die Kellerstiege gefallen, wenn sie wieder einmal ein Veilchen ums Auge haben. Mir kommt manchmal vor, als könnten sie es nicht ertragen, geliebt zu werden. Als könnten sie ihre volle Hingabe nur einbringen, wenn sie keine gleichwertige Antwort bekommen. Sie tun alles, nur um ihren Rabauken nicht verlassen zu müssen. Ich kann das nicht als Liebe verstehen, für mich ist das eher Dummheit!"

Der Alte wiegte bedächtig sein schön gewordenes Haupt: „In den meisten Partnerschaften kann offenbar immer nur ein Teil aktiv lieben. Und der andere hat einen Nutzen, den er ganz sichtbar nicht genießen kann. Aber schau das bitte einmal auch vor dem Hintergrund mehrerer Leben an. Vielleicht sollte ich nicht vorgreifen, aber kannst du dir vorstellen, dass es ein Lernprozess ist? Ein ganz wichtiger? Das Lernen von Bedingungslosigkeit in der Liebe? Vielleicht geht es im ganzen Leben um nichts anderes."

Bert kam sich ein wenig dumm vor in diesem Moment. Er hatte offenbar gegen ein schamanisches Grundprinzip verstoßen und ein Urteil abgegeben, ohne sich um die tatsächlichen Hintergründe gekümmert zu haben. Er fragte sich sofort, warum ihm das passiert war. Konnte es sein, dass der Dämon des Hochmutes, dem er täglich zu Hause ausgesetzt war, auch von ihm Besitz zu ergreifen versuchte? Ganz unmöglich war das wohl nicht. Die Verlockung, sich gegen Hochmut zur Wehr zu setzen, indem man selber noch hochmütiger wurde als der Gegner, war nicht gering. Er schämte sich ein bisschen.

Dem inneren Bedürfnis, möglichst schnell über seinen Fehler hinwegzugehen, kam er jedoch nicht nach. „Ich war unüberlegt, bitte entschuldige!"

„Mir hast du nichts getan, höchstens dir selber! Aber du siehst wie leicht man der Verlockung erliegt und unreflektierten Gefühlen die Zügel schießen lässt. Das Wichtigste ist es daher, wach zu bleiben und zwar nicht nur für die Lücken anderer. Doch kommen wir zu unserem Thema zurück. Es gibt eine ganze Reihe typischer Dämonen, die wir allesamt schon in den Hauptsünden kennen gelernt haben und darüber hinaus ganz allgemein im Sündenregister. Wenn man jedoch das Leben des Jesus in der Bibel nachliest, dann ist er hauptsächlich drei Tätigkeiten nachgegangen: er lehrte das Volk, er heilte Kranke und er trieb Dämonen aus. Erstaunlich wie wenig sich davon in der Tätigkeit der Kirche erhalten hat. Sie belehrt gern!

Wir Schamanen denken da anders. Du hilfst nicht durch Belehrung, du hilfst nur durch dein Sein und Anwesendsein. Und nur jenem, der diese Hilfe auch will, also reif genug dafür ist. Also übst du dich im wertfreien Zuhören und lässt den Hilfesuchenden sich an deiner Schwingung aufzurichten. Du kannst erklären, aber niemals belehren!"

Es war nicht zu überhören, dass der Alte mit der heiligen Kirche sehr unzufrieden war. Kam seine Enttäuschung daher, dass er sich einst mehr von ihr erwartet hatte? Es blieb ihm keine Zeit, sich dieser Überlegung länger zu widmen. So viel war ihm jedoch sofort klar, sein Mentor gab der Kirche keine gute Prognose, wenn sie so weiter machte wie bisher. Der aber ging gleich wieder auf die Sachebene zurück und führte weiter aus:

„Ein Dämon ist alles, was dich an deiner Freiheit hindert. Im Besonderen aber sind es seelische Energien, die nicht bewusst sind und dich trotzdem steuern. Darüber haben wir ja schon mehrfach gesprochen. Ich möchte nicht im Einzelnen auf die verschiedenen Dämonen eingehen, das würde viel zu weit führen. Angst-, Wut-, Depressions- und Schamdämonen und wie sie alle heißen, wurzeln samt und sonders im Dämon der Selbstbezogenheit. Aber wenn du jemandem seinen Egoismus vorwirfst, kannst du sicher sein, dass das passiert, was wir schon besprochen haben. Dann bist du ganz schnell selber der Egoist.

Für dich ganz besonders wichtig ist aber das Verständnis eines Dämons, den man soziale Phobie nennt. Als deine Frau und diese Herta begannen, ihre Unwahrheiten über dich zu verbreiten, hast du das gespürt, als würden sich alle Spieße gegen dich wenden. Ich glaube dann beobachtet zu haben, dass du dich von den meisten Leuten zurückgezogen hast, auch von jenen, die dir nichts getan haben. Du hast deine zweifellos lähmenden Gefühle, mit Geringschätzung verfolgt zu werden, nicht nur hingenommen, du hast sie beinahe schon gehätschelt. Auch wenn diese Zustände für dich weder angenehm noch aufbauend waren und du schon gar nicht an ihnen schuld warst, so ist darin doch auch ein positiver Anstoß zu erkennen: du solltest lernen, dich nicht von anderen beeindrucken beziehungsweise beeinflussen zu lassen. Der wahrhaft Starke geht seinen Weg allein unabhängig davon, ob das den anderen gefällt oder ob sie ihr Missfallen zum Ausdruck bringen. Bei deiner Frau hast du ja ganz genau erkannt, zu welch negativen Auswirkungen ihre totale Integration in der Gemeinde geführt hat. Die Kehrseite, die du gelebt hast, ist aber auch nicht um so viel besser!"

Das hatten sie doch auch schon einmal so ähnlich, dachte Bert betroffen. Er fühlte sich allzu leicht von Unlustgefühlen persönlich berührt und glaubte dann ein Recht zu haben auf seine Verletztheit. Was hatte sein Meister gesagt? Du hast schon mehr begriffen und du bist auch intelligenter, du kannst nicht reagieren wie ein grüner Anfänger. Wenn er das jetzt zugab, dann war er sicher, dass er von seinem weisen Vorbild keine übergebraten erhalten würde. Der konnte das schon leben, was er selber zwar begriffen aber noch nicht völlig verinnerlicht hatte. Nur ein geistiger Grünschnabel würde es ihm als Schwäche auslegen, wenn er diese Schwäche jetzt zugab. Daher sagte er ruhig und überlegt:

„Du hast Recht, und nicht das erste Mal, denn du hast mir das schon einmal gesagt. Ja, ich hatte Angst vor der Verachtung der Gemeinde und ich werde diese Angst in meiner nächsten Meditation ganz intensiv bearbeiten, damit ich meiner inneren Führung in Zukunft mehr vertrauen kann, als dem öffentlichen Getratsche. Jetzt aber würde ich dich bitten, mit deinen Ausführungen fortzufahren. Ich habe das Gefühl, wir sind mitten in der Phase des Verstehens, soll heißen meines Verstehens!"

Irgendwie hatte er das Gefühl, sein Problem sei schon zur Hälfte abgearbeitet, als er es erkannte und zum Ausdruck brachte.

Nicht zuletzt sah er das aber auch im Gesicht des alten Schamanen, der ihn eine Zeit intensiv und liebevoll anschaute. Dann griff er den vorherigen Faden wieder auf.

„Wenn zwei oder mehr Energien auf einander treffen, dann können sie sich verstärken und zu einem richtigen Turm aufbauen. Die Physik nennt das eine Interferenz, wir Rutengeher nennen es eine Störung. Im Universum existieren zahllose Energien, die aufeinander einwirken. Genauso gibt es natürlich zahllose Störzonen, die sich gegenseitig aufbauen. Ganze Gebirge von Schwingungen können für den Eingeweihten sichtbar werden. Und auch wenn sie weit voneinander entfernt zu sein scheinen, können sie doch aufeinander Wirkung erzeugen und damit den Anstoß zum Aufbau weiterer Energiefelder geben.

Stell dir das so vor: das Netz einer Spinne kann mehr als zehn Quadratmeter groß sein. Wenn sich das Tier an einer Ecke rührt, bewegt sich damit das ganze Netz. Die Vernetzung der Energiefelder im Universum ist aber noch um eins differenzierter und hat Auswirkungen auf allen Ebenen, auch auf der physischen.

Das heißt nicht nur, dass auf einem heißen Boden vermutlich auch heiße Menschen leben werden, das heißt auch, dass sich ihre vorherrschenden Gemützustände früher oder später auf die Materie auswirken werden. Also eine von Aggression beherrschte Bevölkerung darf davon ausgehen, dass sich diese Spannungen auch in der Materie abzeichnen. Im harmloseren Fall durch zerbrochenes Geschirr, im weniger harmlosen durch ein Erdbeben mit vielen Toten. Es ist alles miteinander verbunden! Weißt du übrigens, was zwei Inseln miteinander gemeinsam haben?"

Bert überlegte. Das Wasser trennte die Inseln, wenn man sich das Trennende wegdachte, war es klar: „Den Landsockel darunter!"

„Weißt du, dass diese einfache Frage nur ganz wenige Menschen spontan beantworten können? Es kommt kaum einer auf die Idee, dass es keine schwimmenden Inseln gibt und das Denken bleibt an der Wasseroberfläche, spirituell daher eben auch an der Oberfläche. Das ist ein einfaches Beispiel, wie das Äußere einen

Hinweis gibt auf innere Haltungen. Trotzdem ersiehst du daraus klar: es ist alles miteinander verbunden!

So ist es aber nicht nur mit den Energien im Universum, so ist es auch mit sozialen Netzen: sagt diese Herta etwas in der Gemeinde über dich, gut oder böse, dann kommt es auf Umwegen immer irgendwie zu dir zurück! Entweder als Tratsch oder als wortlose Ablehnung. Das ist keine Gemeinheit, das ist ein Naturgesetz! Wenn du dich darüber ärgerst, bist du selber der Narr! Unsere deutsche Sprache ist in diesem Punkt eine sehr kluge Sprache. Wir sagen *Ich ärgere mich!* (worüber ist belanglos!) Also - wer ärgert hier wen?

Einer der Hauptfehler der Menschen, nämlich sich über Dumme zu ärgern, ist daher selbstschädigend! Der versteht es nicht und weiß es nicht besser, aber du verstehst es! Urteilst du trotzdem? Merk dir: wer mehr weiß, hat mehr Verantwortung. Der Intelligentere hat mehr Verantwortung und weniger Recht auf Egoismus! Ein nur einigermaßen begabter Mensch kann leicht begreifen, dass sich sein Egoismus über kurz oder lang gegen ihn selber richtet. Und weniger Begabte erfahren das auf ihre Weise früher oder später auch! So lange werden wir halt warten müssen! Was weiß der Durchschnittsmensch über intelligente Energiefelder, die von irgendwo aus dem Universum zu uns hereinkommen, um sich von unserem Unglück zu ernähren? Dazu aber jetzt noch etwas!

Auch wenn ich mich über den Begriff der Schuld immer wieder ironisch geäußert habe, rate ich dir trotzdem, keine Schuld auf dich zu laden. Schuld erzeugt Schuldgefühle und diese, nicht die Schuld selber, machen dich krank! Eine ungesühnte Schuld kann in dieser Form eine Seele vergiften und wie ein Dämon auf den Nächstbesten in der Familie überspringen, der davon in der Regel gar nichts weiß. Er trägt dann unbewusst für seinen Vorfahren, der sich zwar darüber freuen mag, nicht entdeckt worden zu sein, der nichts desto trotz ein schweres Erbe hinterlässt. Schuldgefühle hindern dich, ganz zu dir selber zu kommen, sie haben eindeutig einen dämonischen Charakter. Das ist eine andere Form von Energieabfluss, der ein jeder aus sich heraus vorbeugen kann, indem er sich seinen Schuldgefühlen stellt. Der anderen Störzonen, von denen wir sprachen, jene die von außen kommen, kann nur der Bewusste Herr werden, indem er ganz in seiner Mitte zentriert bleibt und den weißen Mantel der Christus-Energie wie eine Schutzschicht um sich trägt. Damit musst du noch besser umgehen lernen."

Wenn ein Mensch weiß, wovon er redet, dann hat er keinen Grund, unruhig zu werden. Genauso saß der Weise da, dem man seine Qualität gewiss nicht auf den ersten Blick ansah. Er war sich seiner Sache sicher und hatte es daher nicht notwendig, sich in irgendeiner Form hervorzutun. Seine Ruhe motivierte den Jungen zum Weiterdenken.

„Dann verstehe ich die Vorstellung vom Goldenen Zeitalter als Teil unserer Zentrierung, als Dimension in uns selber? Moment mal, da fällt mir noch ein Satz aus der Bibel ein. Das Himmelreich ist inwendig in euch! Das heißt es wohl, wenn Jesus sagt, dass Gott in uns ist?"

„Ja, dein Energieball, der du bist, ist ein Teil der Großen Energie! Mit der Annäherung an diese Bewusstheit kommen wir in den Himmel und nicht durch eine Reise zu den Sternen! In der Materie wirst du keine Befriedigung finden, sie ist gewissermaßen nur gestockte Energie am Rande des Universums. Der Himmel kommt näher, je höher deine innere Schwingung steigt."

„So wie du das sagst, ist das wohl nicht nur eine Eingebung, sondern eher das Ergebnis von viel Denkarbeit. Eine eigene Form von Religion? Bist du ein Religionsstifter?"

„Nein, gewiss nicht! Oder doch, ja. Ich glaube, dass dieser Planet der ideale Ort für Menschen sein wird, wenn jeder sein eigener Religionsgründer ist. Wohlgemerkt, mit dem Wissen, dass seine Religion nur für ihn ihre Gültigkeit hat. Das zwingt dann alle zur Toleranz!"

„Da kann ich dich dann nur noch fragen: was glaubst du?"

„Ich fange am besten damit an, was ich nicht glaube. Erstens einmal glaube ich nicht, dass Gott ein orientalischer Despot ist, der das Opfer einer Palastrevolution werden sollte, wobei General Luzifer von General Michael besiegt wurde. Das ist eine Vorstellung aus dem

Orient, dort leben sicher sehr phantasievolle Leute. Dafür braucht es allerdings nicht viel Phantasie, denn das war damals fast Alltag. Denk an den viel geschmähten König Herodes, der sicher ein selbstherrlicher Despot war und gegen den sich sogar sein eigener Sohn empörte. Glaubst du vielleicht, dass ein wahrer Gott darauf angewiesen ist, dass ihm die Menschen Sonntag für Sonntag die Füße abschlecken? Welch ein jämmerlicher Gott, der die Geschichte der Theologie prägt! Ein Krämer unter Krämern! Unsere braven Kirchendiener glauben immer noch an dieses ein paar tausend Jahre alte Märchen aus tausend und einer Nacht: ein zwanghafter Erbsenzähler fordert Gebet und Unterwerfung! Und er kann verdammt rachsüchtig sein, wenn er nicht bekommt, was ihm zusteht.

Das Märchen hält sich allerdings hartnäckig, da es genug gläubige Zuhörer gibt. Das wichtigste Bedürfnis von sehr vielen Menschen besteht in dem Wunsch, dass ihnen jemand sagt, was sie zu tun haben. Oder noch besser, der ihnen sagt was gut und was böse ist. Solche Vorstellungen von denkfaulen Leuten haben also immer auch eine sehr nützliche Seite für sie selber. Wenn einmal kein Tyrann mehr da ist, der den Menschen das Denken abnimmt, dann müssen sie sich jemand anderen suchen. Normalerweise kommt dann die Mode. Die ist zwar anonym aber nicht weniger tyrannisch!

Und zweitens glaube ich nicht, dass Gott eine einem König ähnliche Figur ist mit Allmacht, Allwissenheit und Rauschebart. Ebenso leicht zu beleidigen wie ein orientalischer Potentat. Vor einiger Zeit hat ein kluger Kopf gesagt: ‚Und der Mensch schuf Gott nach seinem Ebenbilde!' Alle Eigenschaften, die Gott zugeschrieben werden, sind Konstruktionen unserer menschlichen Gehirne, die aber in Wahrheit gar nicht fähig sind, Gott zu begreifen. Daher ist es uns Menschen auch nicht möglich, die Existenz Gottes zu beweisen. Und ebenso wenig ist es möglich zu beweisen, dass er nicht existiert! Militante Atheisten mit ihrem Eifer kommen mir vor wie Leute, die versuchen, einen Hund hinauszujagen, der nach ihrer eigenen Behauptung ja gar nicht im Zimmer ist. Wir wissen also nicht und wir können es auch nicht wissen, ob Gott eine reale Person ist. Was aber ganz sicher existiert, ist die reale Energie, die unser Universum zusammen hält. Das bedarf keines Beweises!

Gott, so wie ich ihn mir vorstelle, ist diese reine, unermessliche Energie, die nicht an einen Körper oder eine Gestalt gebunden und nichts desto weniger mit göttlicher Intelligenz ausgestattet ist. Weit über unser menschliches Vorstellungsvermögen hinaus. Wenn da eine andere Energie auftaucht im Universum, muss ja nicht gleich ein Gott sein!, dann kann es natürlich zu Kollisionen kommen, die wiederum ungeheure Energien freisetzen. Das ist Physik. Scheint mir zumindest in diesem Punkt um einiges vernünftiger als die herkömmliche Theologie! Wie gesagt, ich habe auch so meine Eingebungen!

Jetzt sage ich dir aber, was ich definitiv glaube, nämlich an einen göttlichen Plan, der unser Sein mit einem Sinn versieht. Da gab es vor einigen Jahrzehnten einen Seher, der hat dem Vernehmen nach als Schreibknecht Gottes, wie er sich selber nannte, in einem Zug vierzigtausend Seiten geschrieben, ohne auch nur eine einzige Verbesserung vorzunehmen. Und der wusste zu berichten, dass Luzifer mit seinen Anhängern in die kleinst möglichen Teilchen zerschlagen und an den Rand des Universums geschleudert wurde. Diesen Zustand nannte er Materie und die kannst du damit auch gleichsetzen mit der Hölle. Jesus nannte sie den Ort, wo Heulen und Zähneknirschen ist. Er sagte auch, er habe den Satan wie einen Blitz vom Himmel fallen sehen. Und die Kirche nennt die Menschen Kinder Satans, was sie nach diesem Bild ja tatsächlich sind, wie du gleich sehen wirst. An diesem Mosaik passt wirklich einiges zusammen, so gut wie wir Menschen das immer verstehen mögen. Es ist aber immer noch ein Bild. Und warum es zu diesem Engelsturz kam, wird auch nicht wirklich klar." Er machte eine Pause, eine Kunstpause. Im Jungen stieg die sprichwörtlich atemlose Spannung hoch.

„Gott wollte aber nicht, dass diese Hölle der Materie ewig dauert und deshalb gab er diesen kleinsten Partikeln die Chance, sich zu größeren zu verbinden. Zu jener Zeit, als dieser Seher, Jakob Lorber, das schrieb, glaubte man noch, dass die Atome die kleinst möglichen Teile der Materie wären. Du weißt inzwischen, dass sich durch die Quantenphysik viel geändert hat. Nach Lorber verbanden sich also die subatomaren Teilchen zuerst zu Atomen, dann zu Molekülen und zu Molekülverbänden. Später entstanden daraus die ersten organischen Substanzen und schließlich die primitivsten Lebensformen, die Einzeller. Sie vermehrten sich anfänglich durch Zellteilung. Erst später erfand die Natur die Zweigeschlechtlichkeit, um damit die Variationsmöglichkeiten in der Vererbung breiter zu streuen. Die Entwicklung ging weiter über die Pflanzen zu den Tieren und schließlich zum Menschen. Der Mensch ist folglich bislang die höchste Stufe der Evolution und als einziges Lebewesen mit der Fähigkeit zu geistiger Zielsetzung ausgestattet. Und im Menschen ist jede Stufe der Evolution auch biologisch nachgebildet, er durchläuft sie in kürzester Zeit ab der Zeugung.

Und der Sinn der ganzen Prozedur? Jedes noch so kleine Teilchen der zerschmetterten Engelscharen sollte die Chance bekommen, aus freien Stücken und ohne allen Zwang wieder in die göttliche Einheit zurück zu kehren. Wenn es ein Bild gibt für die Liebe Gottes, von der die ahnungslosen Kirchendiener immer reden, dann dieses: Gott zwingt niemanden zur Einsicht und wartet in bedingungsloser Treue, bis jeder gestürzte Engel aus sich heraus so weit ist. Im Menschen als letzte Stufe der Evolution ist der freie Wille angelegt, der sich völlig unabhängig entscheiden kann, ob er schon bereit ist, in die göttliche Einheit zurück zu kehren."

Bert war in den Tiefen seines Herzens erschüttert. So hatte er sich Glauben immer vorgestellt. Kein Geschwafel über Heilige und Sünder und keine moralisierenden Anordnungen. Keine Forderung nach inhaltslosem Glauben an einen Gott, den wir nicht kennen, und keine Drohungen mit dem ewigen Feuer. Der Alte, weder Bischof noch Heiliger, hatte ihm die Fragen nach dem Sinn beantwortet, die so lange tief in ihm geschwelt hatten. Das Wort Glaube bekam auf einmal eine völlig andere Dimension. So wurde die bedingungslose Liebe Gottes begreiflich und so war verständlich, warum sich alle Menschen nach dem Goldenen Zeitalter sehnten. Ja, selbst jeder Süchtige und jeder Verbrecher war auf der Suche nach dieser bedingungslosen Liebe, die er in sich selber nicht finden konnte.

Verzweiflung war immer schon der Urgrund allen seelischen Leides, war der Zustand von Heulen und Zähneknirschen. Verzweiflung im individuellen Leben, das Abbild der universalen Verzweiflung, stammt fast immer aus der Liebe, die das Kleinkind nicht erhalten hat, weil verzweifelte Eltern nicht fähig zu lieben oder mit etwas anderem beschäftigt waren.

„Wir sind also bildlich auf dem Rückweg vom Rand des Universums und aus der niedrigsten Schwingung der Materie hin in das Zentrum und in die höchste Schwingung. Auch wenn wir das mit unserem kleinen Verstand niemals wirklich ganz erfassen können. Hast du gesagt, Materie und Energie seien austauschbar, oder habe ich mir das nur eingebildet?"

„Ich habe es nicht gesagt, aber ich weiß, wer es gesagt hat. Auch ein Albert."

„Also, je weiter jemand vom Zentrum weg ist, umso niedriger ist seine Schwingung. Und wenn man sich das auf einer Zeitlinie vorstellt, dann ist wohl alles frühere Leben auf einer niedrigeren Schwingung unterwegs. Ich war einmal im Naturhistorischen Museum und habe dort die Skelette von Sauriern gesehen. Riesengroß und noch um eins hässlicher! Aber aus deren Entwicklung haben wir dann doch auch unser Teil! Fressen und Gefressenwerden war dort der Normalzustand. Je weiter von uns weg in der Zeitlinie, desto näher dem Heulen und Zähneknirschen, der Hölle.

Wenn ich jetzt da weiter denke, dann heißt das, nicht Gott tut uns das Böse an, nicht er schickt Krieg und Gewalt. Die Menschen, die ihrer alten Wut mehr Aufmerksamkeit schenken als dem Frieden, die Engel, die sich rächen wollen für die Verstoßung aus dem Paradies, sie sind es, die das Goldene Zeitalter verhindern. Sie sind die Dämonen, die am Rand des Universums lauern und Ausschau halten nach Energien, die ihren eigenen Mangel ausgleichen könnten. Sie finden den Augleich naturgemäß nur in höher entwickelten Wesen!

Und jetzt begreife ich den Sinn des Leides erst in seiner religiösen Dimension: die Haut jedes Uneinsichtigen wird so lange von seinen ebenfalls uneinsichtigen Leidensgenossen gegerbt, bis er die Bereitwilligkeit zur Rückkehr in die göttliche Einheit erlernt hat, nämlich die bedingungslose Liebe. Bis dahin aber wird er gepeinigt und das verursacht er selber, so lange er nicht Ja sagen kann zu seinem Schicksal und zu seiner Bestimmung, solange ihm seine Wut wichtiger ist als sein Wohlergehen!"

Jetzt hatte auf einmal alles einen Sinn. Die verstoßenen Engel in ihrer Wut waren wie verstoßene Menschen mit ihrer Schuld. Wie oft hatte er sich gefragt, warum ihm das alles mit seiner Frau passierte und mit dem Verlust seiner Arbeit. Er hatte nach der Schuld gefragt und er hatte keine gefunden. Jetzt merkte er wie falsch die Frage war. Es ging gar nicht um die Schuld aus der Vergangenheit, es ging vielmehr um seine Reifung, seine Veredelung für die Zukunft, für die Heimkehr zu Gott. Es ging um den Schliff des Diamanten. Um den ging es genauso, wenn sich Frauen in vollkommen einseitiger Liebe ihren unwürdigen Partnern unterwarfen. So wie sie auf dieser Welt die Letzten waren, so würden sie die Ersten im Paradies sein, weil sie bereits Bedingungslosigkeit lernten, wovon die anderen noch weit entfernt waren.

Die Lehre vom Karma war ebenso ein von Menschen ersonnenes Hirngespinst wie der Gott als orientalischer Despot. Mochte daran glauben wer wollte, oder mochte er nicht daran glauben. Für ihn gab es eine neue Dimension von Religiosität. Es gab kein verdientes Glück auf Erden und auch kein unverdientes Unglück! Noch ein Bild stieg ihm dazu auf:

Glühen, Hämmern, kaltes Wasser!
Glühen, Hämmern, kaltes Wasser!
Wieder und wieder und wieder!
So entsteht ein gutes Schwert. Hart und elastisch.
Leidgehärtet!
Freue dich also, wenn der Diamant geschliffen wird!

Dieser Ort war wirklich heilig: alle Energie des Universums schien sich auf diesen Punkt zu konzentrieren; als existierten nur noch die Energien dieser zwei Männer, eingebettet in eine Säule aus unsichtbarem Licht, aufgerichtet zur Himmelsleiter der kosmischen

Energie. Bert lehnte sich zurück und fühlte wie sein neuer Glaube in seinem Herzen wirkte. Die Zuversicht quoll in ihm empor wie die Quelle seiner Freude. Der Alte war nur dagesessen und hatte ihn angeschaut, tiefen Frieden in der Seele. Tiefer Friede ist stärker als hohe Erregung. Bert erzählte ihm seine Gedanken.

„Ja, du bist bei dir angekommen. Und für mich wird es langsam Zeit Abschied zu nehmen." Er lächelte, als der Junge Anstalten machte aufzustehen. „Nein, nein, du kannst schon noch sitzen bleiben!"

„? - - Ich verstehe! Das tut mir weh. Du weißt es schon?"

„Junge, ich bin über neunzig und da wird es langsam Zeit. Ich musste noch so lange warten, bis du meine Aufgabe übernehmen kannst. Es ist dein Auftrag wie meiner, diesen Ort zu heiligen und das alte Wissen weiterzutragen, damit es nicht in Vergessenheit gerät. Die Menschen werden es noch brauchen, auch wenn es derzeit gar nicht danach ausschaut! Jetzt brauchst du nur noch zu lernen, wie du dich vom Wald ernähren kannst. Das werden wir in den nächsten Wochen machen. Morgen aber kommst du bitte und nimmst dir zumindest zwei Stunden Zeit, ich habe dich noch mit dem für deine Sendung nötigen Wissen auszustatten!"

Es war unvorstellbar, dass dieser Mann so alt sein sollte, er hätte ihm gerade einmal sechzig gegeben so beweglich und elastisch wie er war. Es blieb ihm keine Zeit, seinen Gedanken länger nachzuhängen, denn seine Aufmerksamkeit wurde gleich wieder beansprucht: „Hier in der Lade ist mein Testament. Bitte bewahre es auf und übergib es dem Gericht, wenn ich gestorben bin. Ich habe keine lebenden Angehörigen und daher bist du mein Testamentsvollstrecker. Du kannst es ruhig vorher lesen, du wirst sehen, es ist alles in Ordnung, so wie ich es von dir erhalten habe."

Die Zeit war nicht günstig für Propheten. Deshalb hatte der Alte auch kaum Zuhörer in seinem Leben. Er selber würde auch keine haben, das ahnte er von Ferne. Wenn das große Leiden tatsächlich schon in Vorbereitung war wie der Alte gemeint hatte, dann würden die Menschen noch weniger glauben, dass sie sich das selbst oder gegenseitig antun. Und so wie auch jetzt würde man nach dem großen Schlachten alles tun, um nur so schnell wie möglich in das Genussleben zurückkehren zu können. Gott und seine Propheten hatten keinen Platz am Tisch der Epikuräer. Die drehten noch einmal einige Warteschleifen um sich selber, erlebten schmerzhafte Inkarnationen je nach dem Grad ihrer Einsicht, ehe sie begreifen wollten, dass sie selber die Ursache waren für ihr Unglück und dass sie in Wahrheit nur die Wartezeit verlängerten, indem sie ihrem Schmerz auswichen.

Auf dem Weg nach Hause überlegte er, was das alles jetzt für seine Ehe bedeutete. Seine Frau für den Ehebruch zu bestrafen war sinnlos. Erstens war es schon geschehen und jetzt darüber zu schimpfen, war wie der Ärger über die vergossene Milch. Das bewirkte rein gar nichts. Selber das Gleiche zu tun ebenso wenig. Aber konnte er weiter mit ihr leben? Er hatte keinerlei Bedürfnis nach ihrer Nähe. Wenn er sie aber aus ihrer Wohnung verwies, dann stieß er sie genau in jenen Sumpf zurück, aus dem sie gekommen war. Nun, vielleicht brauchte sie diesen Sumpf zu ihrer Läuterung. War es seine Aufgabe, seiner uneinsichtigen Frau das Fell zu gerben, bis sie beschließen konnte, auf den Schmerz zu verzichten? War er dazu berufen zu entscheiden, was seine Frau brauchte? Er kam zu einem Ergebnis.

„Ich werde dich nicht aus dieser Wohnung weisen. Wenn du glaubst, dass du gehen musst, dann geh. Auf jeden Fall kümmere dich um deinen Lebensunterhalt, denn ich werde nicht mehr allzu lange hier wohnen. Ich werde in absehbarer Zeit das Gehöft des Angerfranz beziehen und dort leben."

Anna schaute ihn mit stumpfen Augen an. Nur ganz langsam begann ihr zu dämmern, dass sie ihre Lebensversicherung verloren hatte. Ihre Atmung wurde zum Keuchen, doch sie brachte kein Wort heraus. Unfähig ihm in die Augen zu schauen, stand sie unentschlossen auf und setzte sich wieder hin. Mitleid stieg in ihm hoch, doch es bekam keine Macht über ihn.

„Und was soll ich jetzt machen?"

Auf diese kindliche Frage erhielt sie keine Antwort.

„In der nächsten Zeit werde ich wenig zu Hause sein, weil ich mich an das Leben im Wald gewöhnen will. Unsere finanziellen Mittel gehen dem Ende zu, was noch vorhanden ist, werden wir teilen."

Das konnte er auch gleich machen und so ging er zum Schrank und holte den Umschlag heraus, der ihre kleinen Reserven zum Inhalt hatte. Als er ihr die eine Hälfte zugeteilt hatte, klammerte sie sich an seinen Arm: „Gibt es keinen Weg für uns?"

„Weißt du einen?"

„Kannst du mir nicht vergeben?"

„Bis jetzt habe ich nicht gehört, dass du dir das wünscht. Bis jetzt hast du nur gekeift und versucht, mir die Schuld zuzuschieben!"

In ihrem Gesicht zeichnete sich wieder der Weltuntergang ab. „Ja aber anders habe ich gegen dich ja überhaupt keine Chance!"

Sie schien ihre Ehe für eine Art Fangenspiel zu halten. Wer bringt den anderen eher in Verlegenheit? Das war die weit verbreitete Politik in der Liebe. Sie verstand es nicht besser und er war abgestoßen. Er fand keine Klarheit darüber, ob es sich um eine Steigerung ihrer Dummheit handelte, oder ob er die bisher einfach nicht ausreichend wahrgenommen hatte. Aber natürlich war er jetzt auch erheblich kritischer, wenn er das Augenmerk auf den Charakter seiner Frau richtete. Was sollte er ihr jetzt sagen? Allein ihre letzte Aussage zeigte ihm, dass es nie mehr so sein würde wie früher. Aber auch das war falsch. Es war überhaupt noch nie gewesen, er hatte es bloß nicht kapiert. Er hatte schon halb akzeptiert, dass sie ihn nicht wirklich liebte, nun musste er akzeptieren, dass sie gar nicht lieben konnte. Ein heillos zerstörtes Seelenleben in der Kindheit! Die ganze Beziehungsfähigkeit bestand aus dem Spiel: wie hole ich mir etwas ohne Gegenleistung und wie verhindere ich, dass sich der andere bei mir etwas holt? Bei den Bauern war offensichtlich auch die Liebe ein Kuhhandel!

Zwischen ihnen lagen Welten und wenn er sie anschaute, dann sah er das auch. Ihre Augen waren glanzlos und im verbissenen Mund mit den hängenden Mundwinkeln sah er Züge ihres Vaters, den er mittlerweile so sehr verabscheute. Wie sollte da noch einmal

Vertrauen und eine Beziehung entstehen? Aber er war ihr noch eine Antwort schuldig.

„Wahrscheinlich hast du keine andere Perspektive. Für mich ist Liebe etwas anderes als das Raufen um die Vorteile in der Beziehung. Ich wollte dir alles freiwillig geben, was du brauchtest. Aber das wolltest du scheinbar wieder nicht. Zu sehr bist du wohl gewohnt, nur das zu bekommen, was du dir selber holst, sei es mit List, sei es mit Gewalt. Wenn du das von mir erwartest, drängst du mich damit in eine Ecke, in der ich nicht sein will, und dichtest mir Eigenschaften an, die ich nicht habe. Du weißt überhaupt nicht wer ich bin und ganz offenbar willst du es auch nicht wissen. Du willst nur, dass deine Vorurteile bestätigt werden, damit du dir nicht so schäbig vorkommen musst." Er war nicht aggressiv, er war nur traurig.

„Du musst immer gewinnen und du musst immer gescheiter sein, mit dir kann man nicht reden!" Ihr Herz war sichtbar eingemauert. Sie hatte keine Chance zu begreifen, dass Liebe und Beziehung dort beginnen, wo man die Verteidigung aufgibt. Vollkommen unvorstellbar, dass er ihr etwas erzählte vom heiligen Ort und von der Verantwortung, die er dort haben würde. Oder dass er dort schon einmal gelebt hatte und dass es auch damals nicht seine Aufgabe war, in der Gemeinde möglichst beliebt zu sein. Propheten heulten nun einmal nicht mit den Wölfen! Wenn er sie jetzt mitnahm in seine neue Wohnstätte, dann würde sie nicht nur nichts verstehen, sie würde wohl auch seine Energie von seiner wahren Aufgabe abziehen. Sein spiritueller Auftrag würde in ihren Augen Blödsinn sein und gemessen an ihrem Schicksal war das wahrscheinlich ganz normal. Ihre Aufgabe war nicht die Errichtung eines geistigen Kristallisationszentrums sondern die Erforschung ihres Schicksals, das sie in dieses Elternhaus geführt hatte.

Da sie nichts wusste von der Reinkarnation, konnte er ihr nicht einmal die simple Botschaft vom Karma überbringen, die für viele Menschen ein brauchbarer Einstieg in die Welt des Geistigen sein mochte. Er sah schon ihre verständnislosen Augen, noch bevor er einen Versuch unternommen hatte. Und schon gar nicht konnte er ihr vermitteln, dass es darum ging zu lernen, sich nicht mehr vorzudrängen, sich nicht aufzublähen und sich anderen nicht überlegen zu fühlen. Diese üblen Charakterzüge hatte ihrer Meinung nach ja nicht sie sondern er, ihr Mann, dem sie anscheinend nicht beibringen konnte, dass er sich der Mehrheit anzupassen hatte, dass er nicht aus der Reihe tanzen durfte. Allein schon durch die Art wie er war, schwärzte er andere Menschen an, machte deren Schwächen sichtbar und so etwas gehörte sich nun einmal nicht! Ja, es lagen Welten zwischen ihnen und eine ganz kleine Enttäuschung fühlte er nun doch, weil er noch einmal Hoffnung geschöpft hatte, sie könnte versuchen, seinen Weg zu verstehen.

Als er sie so anschaute, stieg ihm wieder deutlich auf, dass ihm auch ihre Schönheit nichts mehr bedeutete. Sie zog ihn nicht mehr an und löste in ihm kein Begehren mehr aus. Vielleicht hatte ihr Unbewusstes den Ehebruch inszeniert, um die Farce ihrer Beziehung zu beenden? Seine Frau brauchte wahrscheinlich etwas Anderes als ihn, der sie immer auf Händen hatte tragen wollen. Sie wollte vielleicht härter geschmiedet werden, wer konnte das schon sagen.

Was war schon Schönheit, fragte er sich wieder einmal. Schönheit war etwas zum Anschauen, aber je näher man ihr kam, umso weniger sah man davon. Ein alter Professor, ertappt bei einem versonnenen Blick auf das Hinterteil eines schönen Menschenkindes, rechtfertigte seinen nicht mehr ganz zeitgemäßen Appetit mit den Worten: „Wir Alten sind vielleicht ein bisschen gescheiter, aber die Jungen sind besser anzuschauen!" Die größte Schönheit half allerdings nichts, wenn die Frau nicht lieben konnte. Diese bittere Erfahrung hatte er selber gemacht und wohl nicht nur er. Nichts als Ärger mit dieser blöden Schönheit!

Eine Idee schoss ihm durch den Kopf: ein schöner Mensch zieht viele Blicke auf sich, das sind positive Energien für ihn. Ist das ein Geschenk des Universums, sich selber besser akzeptieren zu lernen? Oder die Schönheit der Seele nachziehen zu lassen? Er stand wieder einmal am altbekannten Punkt: wir wissen nicht genug über den Lauf der Welt, um so etwas verlässlich festzustellen! Aber diese Idee war doch gar nicht von ihm, sie war vom Franz. Oder war sie vielleicht doch wieder von ihm und der Alte hatte sie ihm wiedererzählt? Er schüttelte sich mit Verwundern und wandte sich wieder seiner Frau zu:

„Ich habe dir verziehen. Ich habe nicht das Recht festzustellen, was für dich gut oder schlecht ist. Und ich glaube nicht, dass ich zu deiner weiteren Entwicklung Wesentliches beitragen kann. Daher stelle ich dir frei, zu gehen oder zu bleiben wie immer es dein Wunsch ist. Ich werde dir nichts nachtragen und ich werde auch keine Äußerungen über dich machen in der Öffentlichkeit. Ich selber werde in absehbarer Zeit in den Anger übersiedeln wie schon gesagt.

Aber ob du es nun hören willst oder nicht, ich habe dir noch etwas zu sagen. Es gibt einen Zusammenhang zwischen deinen Stimmungsschwankungen, deinem unendlichen Zwang, dich vor anderen gut darzustellen indem du kritisierst, deinem nächtlichen Aufschreien und deiner Wut auf mich. Normal ist ja so etwas nicht, auch wenn es dir vielleicht so vorkommen mag."

Diesen Gesichtsausdruck kannte er. Halb neugierig, halb abweisend. Alles halb an seinem Weib! Auch der Ton, den sie dann von sich gab.

„Ich habe ein bisschen gebraucht, bis ich kapiert habe, dass du mich nicht liebst. Und noch ein bisschen länger bis zum Verstehen, dass du überhaupt nicht lieben kannst. Eine wesentliche Voraussetzung von Liebe ist nämlich Vertrauen. Dir ist dein Vertrauen sehr früh und sehr gründlich kaputt gemacht worden, auch wenn dir das jetzt nicht mehr in Erinnerung und bewusst ist. Der Mann, zu dem du bedingungsloses Vertrauen hattest und er eigentlich dafür da war, dich zu ernähren und zu beschützen, hat dich zur Befriedigung seiner eigenen Gelüste verwendet."

Sie kochte wieder einmal auf: „Ich weiß, dass du meinen Vater nie gemocht hast, kein Wunder, dass dir jetzt so etwas in den Sinn kommt. Du willst nur andere schlecht machen, damit keiner merken soll, dass du selber ein Versager bist!"

Einen Augenblick musste Bert an sich halten, dann hatte er wieder die Kontrolle über sich. Es war beinahe lachhaft! Alles was auf sie tatsächlich zutraf, verwendete sie als Argument gegen ihn. Im

Grund verstand sie den Mechanismus ganz genau, nur eben spiegelgleich! Das musste man ihnen lassen: sie hielten zusammen wie Pech und Schwefel, die Mühlbauern. Die Überzeugung, dass es auf dem weiten Erdenrund keine besseren und anständigeren Menschen gab als sie, war felsenfest und unerschütterlich. Was nicht sein durfte, das war auch nicht! Er gab es auf, ihr noch einen letzten Dienst erweisen zu wollen.

„Was immer du damit anfängst, es ist deine Sache. Aber wenn dich wieder einmal deine Depressionen anspringen, wenn du aus unerfindlich Gründen wieder einmal völlig im Keller bist, dann denk daran, dass hier der wahre Grund ist. So lange du diesen Knoten in dir nicht aufgelöst hast, wird es für dich keine wirkliche Zufriedenheit in deinem Leben geben. Über kurz oder lang wirst du mit jedem Menschen an der genau gleichen Grenze stehen: Vertrauen! Meine Liebe zu dir war jedenfalls nicht in der Lage, diese Mauer zu deinem Herzen zu durchbrechen. Ich werde dich mit diesem Thema daher nicht mehr konfrontieren."

Sie gab es auf, noch mehr zu argumentieren, sie wusste dass sie ihr Spiel verloren hatte. Seine Äußerung machte ihr jetzt bewusst, dass sie die Verantwortung für sich selbst übernehmen musste. Vorbei mit der alten Methode zu warten, bis er sich geäußert hatte, und dann mit einem Ja – Aber eine vermeintlich klügere Alternative zu präsentieren. Doch ihre Eigenverantwortung machte sich schmerzlich bemerkbar, da sie überhaupt nicht wusste, was sie nun tun sollte. Am Rande seines Blickfeldes nahm Bert ihre Ratlosigkeit wahr. Wie oft hatte er sich selber so gefühlt, als er noch keinen Blick hatte für die Gesetzmäßigkeiten einer Beziehung. Wie oft hatte es ihm das Herz zusammen gezogen, wenn er ihre Nähe gesucht und ihre Abfuhr geerntet hatte. Jetzt war wieder Klarheit in ihm wie immer öfter in der letzten Zeit. Zu einer Beziehung braucht es zwei! Hinter dieser dämlichen Binsenweisheit zeigte sich für ihn eine neue Welt von zwei liebenden Menschen, die sich in ehrlicher Offenheit gegenüber standen. Mit Wahrheit und Respekt. Und mit tragfähigen Hinterbeinen! Er wusste nun, dass sie es brauchte, von ihm in Ruhe gelassen zu werden.

Bert hatte so eine Ahnung, was an diesem Tag passieren würde, als er Tags darauf pünktlich bei seinem Meister gestellt war. Es ging wohl um eine andere Art Testament. Der Alte war sichtlich gehobener Stimmung und hatte den Raum schon entsprechend vorbereitet. Rundum waren einige Kerzen aufgestellt und auf dem Boden lag die große Meditationsdecke. Und darauf standen die beiden Knieschemel, diesmal allerdings nicht nebeneinander sondern gegenüber am Rand der Decke. Sie umarmten sich kurz und fest und dann bedeutete der Alte seinem Schüler, seinen Platz auf dem einen Hocker einzunehmen. Wie zwei Säulen knieten sie sich gegenüber und blickten sich in die Augen. Bert spürte ein Energiefeld sich aufbauen und für einen Moment sah er sich draußen auf dem Weg stehen, so wie beim ersten Mal, als er dieses Feld wahrgenommen hatte. Diesmal aber war es von einer Intensität, dass er glaubte abzuheben. Ein mächtiger Strahl, der tief aus der Erde kam, sie beide einschloss und hoch oben den gestirnten Himmel durchdrang.

„Du bist jetzt auch Schamane! Nicht weil ich dir eine Einweihung oder etwas dergleichen zuteil hätte werden lassen, sondern wegen der immensen Arbeit, die du schon geleistet hast. Du hast deine Talente genutzt, du hast dein Feld nicht brach liegen lassen. Und der Schamanismus war schon dein angeborenes Geburtsrecht!

Ich übergebe dir jetzt mein gesamtes Wissen über die Welt in konzentrierter Form. Lass dich in diesem Punkt von niemandem irre machen, folge nur deiner inneren Stimme und du wirst wissen, was für dich und dein Leben stimmig ist. Mein wichtigstes geistiges Vermächtnis lautet: **Wir wissen einen Dreck!**"

Seine derbe Formulierung war offensichtlich beabsichtigt, um die drastische Wahrheit darin noch schärfer zum Ausdruck zu bringen. Eine nachdrückliche Pause, dann setzte er fort:

„Wir wissen nicht, woher wir kommen und nicht wohin wir gehen. Und für das ganze Universum gilt das Gleiche! Wir wissen nicht, ob Gott als denkende und handelnde Person zu verstehen ist, oder ob er ein reines Energiewesen und ob die Fragestellung in dieser Form überhaupt zulässig ist. Wir wissen nicht einmal, ob die reale

Welt so ist, wie wir sie sehen. Und wir wissen auch nicht, ob wir beide den gleichen Eindruck haben, wenn wir den Begriff ‚blau' sagen. Keiner kann in die Hirnwindungen eines anderen kriechen.

Wenn der Körper eines Menschen von einem Augenblick zum anderen schlaff wird und sichtbar nicht mehr reagiert, dann sagen wir: er ist tot. Aber was passiert in diesem Augenblick? War es nur der letzte Atemzug, der ihn verlassen hat wie bei einem Fußball, dem man das Ventil geöffnet hat, oder ging da etwas anderes aus ihm? Was ist Leben? Du siehst, das ist nicht die einzige Lücke in unserem Wissen, so klug sich die Menschen auch dünken mögen. Wir wissen, dass wir auf der Erdkugel stehen und krabbeln, aber wir wissen nicht, warum wir uns nicht schon längst ins Universum verflüchtigt haben, weil wir nicht wissen, was die Schwerkraft wirklich ist. Wenn wir heute im begrenzten Ausmaß Energie nutzen können wie zum Beispiel die elektrische Energie, dann wissen wir deshalb noch lange nicht, was elektrische Energie an sich ist. In den entscheidenden Fragen unserer Existenz wissen wir nichts und es ist – alles in allem – von höchster Wichtigkeit, wenigstens das zu wissen!

Der alte Grieche, der das schon einmal festgestellt hat, gilt immer noch! Sokrates hat noch dazu gesagt, dass er nur deshalb klüger ist als die anderen, weil er weiß, dass er nichts weiß. Offenbar war er sich bewusst, dass alle seine weisen Vorstellungen vom Leben letztlich auch nur Bilder waren. Bilder, die sich unser Gehirn von unserer Existenz macht. Darüber hinaus hat unser Gehirn gar nicht die Anlage und nicht das Fassungsvermögen, auch nur ansatzweise zu begreifen, was alles sich in unserem Universum abspielt. Jeder, der sich auf sein Wissen und seine Methoden etwas einbildet, ist ein Schwätzer! Kleiner als ein aufgeplustertes Staubkorn im Universum! Die Menschen sind in der Gesamtheit der Schöpfung nur blinde Würmer, emsig auf der Suche nach Geld und guten Gefühlen. Das gilt selbst für unsere allerklügsten Köpfe! Nimm jetzt einmal nur diesen einen Satz:

Die Wissenschaft ist jene Disziplin, die heute mit absoluter Sicherheit zu beweisen in der Lage ist, dass das, was sie gestern behauptet hat, falsch ist!"

„Und morgen wird das bitteschön nicht anders sein!" sagte Bert im Ton einer Litanei.

Das Gelächter der beiden Schamanen hatte beinahe olympische Dimensionen und der Himmel lachte unhörbar mit. Das Problem bei der Wissenschaft war natürlich auch darin begründet, dass sie sich bis vor kurzem ausschließlich mit der Materie beschäftigen wollte. Die Entdeckungen der Quantenphysiker hatte man entweder noch nicht vernommen oder als so unverständlich abgetan, dass man beruhigt die alten Mühlen weiterdrehen konnte. Wenn an der Grenze zwischen der materiellen und der immateriellen Welt die alten Gesetze der Physik nicht mehr gelten sollten, war das für den herkömmlichen Wissenschafter nicht fassbar. Schamanen hingegen fühlten sich dadurch in ihrem alten Wissen bestätigt. Für sie hatte es niemals Zweifel an der Existenz einer unsichtbaren Welt gegeben. Und auch nicht daran, dass die Materie vom Geist beeinflusst werden konnte.

„Unser Gehirn reicht nicht aus, um die ganzen Zusammenhänge des Universums zu begreifen. Unser Gehirn reicht gerade einmal aus, um die Realität in Gestalt von Gegensätzen zu erfassen, die wir in den bekannten Begriffspaaren zum Ausdruck bringen: hoch – tief, heiß – kalt, laut – leise, schön und hässlich. In dem Moment, wo wir versuchen etwas Ganzes zu verstehen, verlegt sich unser Gehirn sofort darauf, es in Gegensätze aufzusplittern und zu analysieren. So wird die Einheit des Menschen sofort zur Gesamtheit von Körper und Seele und schon haben wir einen Gegensatz erzeugt, den natürlich auch Jesus schon kannte, wenn er sagte: der Geist ist willig und das Fleisch ist schwach.

Es ist immer das Gleiche mit den Menschen. Kaum sind sie auf etwas draufgekommen, geht die Kühnheit der Seele verloren und sie beginnen ihre Entdeckung in ihre Bestandteile zu zerlegen. Wenn jeder Bestandteil seinen Namen erhalten hat, dann ist das Lexikon auf und das Herz ist zu! Dann sind wir wieder schön in der Begrifflichkeit. Das nennt sich dann Wissenschaft! Unser ganzes Wissen ist nur ein Abbild unserer Gehirne! Die Grenze der Leistungsfähigkeit unseres Gehirns ist auch die Grenze unserer Erkenntnisfähigkeit. Daher erschöpft sich unser menschlicher Verstand praktisch immer in der Polarität: das ist es – das ist es nicht! Unter Betonung des zweiten Teils.

Deine geistige Erfahrung *Ich bin* steht jenseits des Verstandes. Das war ein Seinserlebnis. Und je öfter du mit offenem Herzen meditierst, umso öfter wirst du solche Erfahrungen machen. Vergiss aber nie, dass die meisten Menschen in ihrer Polarität eingesperrt sind, weil sie zum Beispiel solche Erfahrungen machen mussten wie deine Frau. Wer einen solchen Schmerz in der Seele trägt, lernt nie das Gefühl von angstloser Freiheit in seinem Inneren kennen, solange er nicht noch einmal durch diesen Schmerz durchgewatet ist und ihn ausgeweint hat. Wenn du also mit Fragen konfrontiert wirst wie: alles wendet sich gegen mich!, dann rate den Leuten, darüber zu lachen, wenn das hin und wieder vorkommt. Und rate ihnen den Psychiater, wenn das oft vorkommt. Wenn aber jemand tatsächlich verrückt geworden ist, dann wirst du nur in seltenen Fällen wissen, wo die Ursachen lagen. Wie gesagt, wir wissen in Wahrheit viel zu wenig! Dafür aber glauben manche viel zu viel!

Die größte Gefahr für die Menschen besteht in der Vermutung von Zusammenhängen, wo es keine gibt. Ich meine damit nicht, dass schlichte Gemüter hinter jeder Lappalie ein Mysterium vermuten, was oft genug der Fall ist, ich meine damit die großen Zusammenhänge, denen die Menschheit seit Jahrtausenden nachläuft, ohne zu begreifen, dass sie gar nicht existieren. Die daraus entstehenden Irrtümer werden aber mit Zähnen und Klauen verteidigt. Dort, wo man am wenigsten weiß, dort wird der heißeste Fanatismus offenbar. Die Religionskriege der früheren Jahrhunderte sind mir dafür Beweis genug! Du ahnst schon, worauf ich hinaus will?"

„Ich nehme an du redest von Religionskriegen und du meinst, dass kein Zusammenhang besteht zwischen Religion und Kirche. Das geht jetzt aber wohl doch ein bisschen zu weit! Ich habe allerdings in den letzten Monaten immer öfter das Gefühl gehabt, dass sich in meinem Inneren eine Kluft aufgetan hat, sobald ich die Rolle der Kirche in unserem Leben überdacht habe. So ganz klar bin ich mir jetzt nicht!"

„Du hast Recht, das ginge alles in allem zu weit! Aber es hat mit uns und mit Religion zu tun. Je länger ich dich kenne, umso mehr hast du dich den ewigen Dingen zugewandt. Das ist gut so, denn du bist Schamane. Vor Jahrtausenden war der Schamane weit mehr als nur der Medizinmann, er war ebenso Priester und Richter in seiner Gemeinde. Er hat nicht nur den Lauf der Gestirne bewertet und damit den Willen der Götter interpretiert, er war auch Heiler und obendrein der einzige Regulator des sozialen Zusammenlebens. An ihn wandte man sich, wenn sich Konflikte innerhalb der Gemeinde auftaten. Seit jeher fragten ihn die Menschen aber auch nach dem Grund ihrer Existenz; und sie fragen sich immer noch, woher sie kommen und wohin sie gehen. Sie erforschen ihre Rückverbindung zu ihrer Herkunft, zur Wurzel ihres Seins. Und das heißt nichts anderes als Religio!"

„Moment mal, Religion als Rückverbindung zur göttlichen Herkunft des Einzelnen kann dann nur heißen, die Kirche müsste eine Brücke sein zwischen den Menschen und Gott. Das war wohl das, was der Schamane in der Urzeit abzudecken hatte. Ich erlebe die Kirche aber eher als weltlichen Machtapparat. Kann es sein, dass die Kirche ihre Aufgabe missversteht und damit den Menschen nicht die Antworten gibt, die sie erwarten?"

„Das ist zweifellos ein Teil des Problems. Der größere Teil ist allerdings der, dass auf Grund dieser geschichtlichen Entwicklung Dinge vermischt werden, die im Grunde nichts miteinander zu tun haben. Aus der Religion wird daher eine ganze Reihe von Zusammenhängen abgeleitet, die mit Religion überhaupt nichts zu tun haben. Das ist nur insofern zu begreifen, als praktisch alle Religionen auch irdische Anordnungen enthalten und dafür wohlbegründete Empfehlungen aussprechen. Das Verbot von Schweinefleisch im Orient war eine notwendige hygienische Maßnahme, weil Schweinefleisch in der Hitze am schnellsten verdirbt. Auch das Gebot der Zwangsbeschneidung hat in der wasserlosen Wüste einen sinnvollen hygienischen Hintergrund, weil der Schleim, der sich unter der Vorhaut sammelt, für die Geschlechtspartnerin vermutlich krebserregend ist. Andere Anordnungen hatten ganz allgemein zum Inhalt, wie Menschen miteinander umgehen sollten. Die meisten dieser Empfehlungen waren sinnvoll für die damalige Zeit und wurden von Priestern ausgesprochen, weil sonst niemand die Autorität gehabt hätte, sie auch durchzusetzen. Aber mit Religion im engsten Sinn haben sie nichts zu tun! Weil aber Religionsgemeinschaften grundsätzlich konservativ sind, halten sich diese Anordnungen bis heute.

Was alles man aus Religion nicht ableiten kann, siehst du aus folgendem Beispiel: überall auf der Welt gibt es Arme und Reiche. Dazu sagt Christus: was ihr dem geringsten meiner Brüder getan habt, habt ihr mir getan! Dazu sagt der Islam: sei mildtätig zu den Armen, aber ihr Schicksal ist Kismet! Dazu sagt der Calvinist – übrigens auch ein Christ: würde er zu den Erwählten Gottes gehören, dann würde ihm Gott das mit Reichtum beweisen, wenn er aber arm ist, gehört er nicht zu den Erwählten.

Du siehst, ein und dasselbe Thema und drei Antworten Gottes! Ich gehe einmal nicht davon aus, dass Gott ein Idiot ist, der nicht weiß, was er will! Ganz sicher aber haben die Vertreter dieser drei Richtungen aus der Gewissheit der Richtigkeit ihres Glaubens Jahrhunderte gegen einander Krieg geführt, weil jeder von seiner Wahrheit überzeugt war. Von seiner menschlichen Wahrheit, die er als göttliche zu verkaufen versuchte! Dass es dabei viel mehr um einen Reifungsprozess geht als um Wahrheit, haben wir beim Seher Jakob Lorber schon gehört.

Aus einer Religion ist also weder das richtige Sozialsystem noch auch die gerechte Einkommensverteilung ableitbar. Ein Mensch, der die Rückverbindung zu Gott in seinem Herzen fühlt, wird von sich aus Gerechtigkeit im Umgang mit weniger begüterten Menschen leben, davon bin ich überzeugt.

Aus der Religion ist aber nicht einmal ein Gebot Gottes ableitbar! Die Zehn Gebote hat Moses geschrieben, um sein Volk auf der Wanderschaft an der Stange zu halten. Diese kopflose Horde von ehemaligen Sklaven hat ihm ohnehin auf der Nase herum getanzt und in seiner Abwesenheit ein goldenes Kalb angefertigt und es angebetet. Um sich selber einigermaßen Autorität zu verleihen in der gerechten

Führung seines Volkes, hat er sie als die Gebote Gottes ausgegeben. Und jetzt achte auf die Grenze: Moses war einer von uns. Ich bin sicher, er hat auf dem Sinai meditiert und darüber nachgedacht, wie das Zusammenleben seiner Flüchtlinge am besten zu organisieren sei. Hörte er Gottes Stimme oder die Stimme aus seinem Inneren? War das nicht das Selbe? Du siehst, es ist völlig egal wie du es nennst, es war eine Stimme. Doch eine mächtige Stimme mit einem Nachhall von mehreren tausend Jahren!

Dass unentwegtes Rackern ohne Pause für einen Menschen nicht gesund ist und dass Mord, Meineid und Diebstahl die Stabilität seines Stammes gefährdeten, fand genauso den Niederschlag in den zehn Geboten, die heute noch fast auf der ganzen Welt respektiert werden. Natürlich hat ihm diese Stimme auch mitgeteilt, dass der Mensch nicht ehebrechen soll. Unwahrscheinlich, dass Moses nicht bereits aus eigener Anschauung erfahren hätte, was dem Ehebruch oft genug nachfolgt, nämlich Mord und Totschlag. In irgendeiner Form musste er den heißblütigen Menschen dieser Zeit Einhalt gebieten. Der Nichteingriff in die „Besitzverhältnisse" des Nachbarn war damals wohl das angemessene Mittel. Das heißt aber noch lange nicht, dass solche Verbote göttliches Gesetz sind.

Und jetzt halte dich fest! Auch Religion und Sexualität haben nichts miteinander zu tun! Das „richtige" Sexualverhalten ist ebenso wenig aus der Religion ableitbar wie das richtige Sozialverhalten. Gott oder die Evolution oder wer immer hat die Zweigeschlechtlichkeit erfunden, um damit eine größere Variation der Erbmassen zu ermöglichen. Und damit die Leute davon auch Gebrauch machen und nicht nur wegen der lästigen Brut, wurde die Sache mit Spaß verbunden, mit gottgewolltem Spaß. Sex ohne Spaß ist eine mühsame Angelegenheit und die Menschheit wäre sicher schon ausgestorben, wenn beim Vögeln keine Lust dabei wäre. Und zwar sowohl für Mann und Frau! Du siehst, der Spaß hat sogar einen biologischen Nutzen, weil Gott das so wollte! Und er wollte das sichtbar nicht nur für den Mann! Einer Frau den Orgasmus zu verweigern, heißt sie um eine Stufe hinab zu reihen auf die Ebene des Tierischen. Im Tierreich gibt es den Spaß in Form eines Orgasmus ja nur für die Männchen. Habe allerdings noch keinen Gorilla gesehen, der sich deshalb für die Krone der Schöpfung hält!"

Das war also der große Zusammenhang, der nicht existierte, nämlich der von Religion und Sexualität. Das Verbot von Ehebruch konnte man als Zugeständnis für Leute mit geringem Selbstwertgefühl gerade noch gelten lassen. Hatte er doch schon geahnt. Aber die Kirche hatte kein Recht, Sexualität zur Sünde zu erklären. Verdammt, den Papst in Rom ging sein Schwanz aber auch wirklich nichts an! Wenn bei der Sonntagsmesse von Sünde die Rede war, dachte ein jeder sofort an die herrliche Unkeuschheit und wohlige Schauer liefen durch männliche und weibliche Körper. Wussten das die Leute? Nein, sie wussten es nicht wirklich, aber sie verhielten sich so, als wüssten sie, dass die Kirche zur Sexualität in Wahrheit nichts zu melden hatte. Das war nun eine wahrhaft neue Erkenntnis: der Penis steht nicht in der Bibel, ...

„Alles was heute an Übertreibungen und Widersprüchen in die Sexualität hineingeheimnisst wird, ist eine Folge des sonderbaren, archaischen Sexualitätsverständnisses der christlichen Kirchen. Die Männer der Kirche haben sich mehr als eineinhalb Jahrtausende in schwülstigen Phantasien ergangen zu einem Thema, das sie sich selber verboten hatten. Frauen haben ja dank des Apostels Paulus in der Kirche auch heute noch nichts zu plaudern. Eineinhalb Jahrtausende Schwülstigkeit als Ausdruck der Sexualvorstellungen der Kirche! Und vielen ging es noch immer zu wenig weit, die hätten den Sex am liebsten ganz abgeschafft.

Am Freitag durfte man Fisch essen, aber kein Fleisch. Aus einem einzigen, einfachen und verrückten Grund: Fische haben keinen Geschlechtsverkehr, ihr Laich wird im freien Gewässer befruchtet. Daher ist der Fisch kein sündiges Lebewesen! Er wird nicht in Sünde gezeugt. Kein Wunder, dass manche Menschen glaubten, in der Kirche gebe es nur eine Sünde, nämlich jene, die sich mit der größten Begeisterung zwischen den Beinen der Menschen umtat.

Ganz offensichtlich konnten alle zusammen nur an eines denken, nämlich an Sex! Wer sich ständig mit Sexualität beschäftigt, ohne sie auch zu tun – kein Wunder wenn ihm sein Ding zum Hirn hinauswächst! Das war die Aufblähung der natürlichsten Sache der Welt zum Thema Nummer eins. Und die, die es am meisten zu verhindern versuchten, haben es damit am meisten gefördert! Natürlich im Auftrag des liebenden und allwissenden Gottes. Vater, du bist der Größte! Unser allmächtiger Gott ist offenbar ein herrlicher Scherzbold!

Aber es ist wie immer im Leben: die, die eigentlich gemeint sind, kriegen am wenigsten davon mit. Die Mehrheit macht sich nicht die Mühe, einen wirklich tiefgründigen Scherz Gottes in allen Details nachzuvollziehen. Kann nur heißen: die Mehrheit ist zu faul zum Lachen!"

Es musste nichts mehr ausgesprochen werden zwischen den beiden Männern. Sie hatten den gleichen Stand des Wissens gefunden: alles, was die Menschen tun, entsteht aus ihrer Eigenverantwortung und genau dessen sind sie sich allermeistens nicht bewusst. Woraus wiederum der größte Teil des Unheils auf der Erde entsteht. Was sollte eigentlich so schwierig sein im Leben der Menschen? Jeder von ihnen hatte ein starkes Bedürfnis nach Liebe, deren physisches Fundament nun einmal die Sexualität ist. Und am meisten Bedürfnis hatten jene Frustrate, die alles taten, um diese innere Wahrheit zu leugnen und die sich ersatzweise mit der Sexualität zufrieden gaben. Das funktioniert ja sogar bei zwei ungebundenen Solisten, selbst wenn ihr vorübergehendes Duett nur auf einer sehr schmalen Brücke zwischen ihnen balanciert.

Liebe zu geben und Liebe zu nehmen, das nennt man das zentrale Grundbedürfnis im Leben der Menschen. Doch wenn keiner gibt, dann kann auch keiner nehmen. Das ist eine ganz einfache Regel. Daher geht es nun nur noch um das kleine Stück Ehrlichkeit zu sich und zu seiner Umwelt: ja, auch ich habe Sehnsucht nach dem Grund meines Menschseins, ich habe das Bedürfnis nach Liebe.

Von da an ist es nicht mehr schwer zu begreifen, welche Wünsche ich selber erfüllt sehen will. Es sind genau die selben, die auch meinen Nachbarn bewegen. Er will wahrgenommen und gehört werden, er will verstanden und akzeptiert werden mit all seinen Stärken und Schwächen. Eine Gesellschaft von Menschen, die in der Lage sind, sich untereinander diese Bedürfnisse zu erfüllen, kann gar nicht arm sein! Gemeinschaften sind aber auch wie Ketten, sie sind nur so stark wie ihr schwächstes Glied.

Solange ein Kämpfer sich als Sieger sieht, wird er den Krieg positiv beurteilen und die Liebe verachten. Alle jugendlichen Phantasten sehen sich daher im Geiste immer nur hinter dem Gewehr. Umdenken werden sie nur, wenn sie erst einmal selber in einen Lauf schauen mussten. Wenn sie dann noch eine Chance haben zu denken! Wer keine Liebe bekommt und nicht zugeben kann, dass er sie braucht, der neigt zu Wut und Gewalt. Wenn ein Mensch in der Steinzeit von seinem Stamm ausgeschlossen wurde, dann war er so gut wie tot. Und so erlebt auch der moderne Mensch – eben auch ein Abkömmling der Steinzeit - heute noch immer Feindseligkeit und Ausgestoßenwerden als tödliche Bedrohung. Wenn ein Zorniger schreit, sollten wir den Hilfeschrei nicht überhören!

Es gibt keinen Weg zur Verbesserung unseres Lebens außer Liebe. Kein Gott wird herabschweben und uns mit der Fülle seines Glücks übergießen, wir können das in Form von Liebe nur gegenseitig machen. Was ich an Liebe benötige, um nicht krank zu werden, kann ich nur von meinem Nächsten erhalten. Für meinen Nächsten jedoch bin ich der Nächste, er hat rechtens den gleichen Anspruch an mich.

Wenn es mir nicht möglich ist, die Aufmerksamkeit, das Einfühlungsvermögen und die Akzeptanz für meinen Nächsten aufzubringen, dann muss ich mich fragen, was mich daran hindert. Diese Hindernisse liegen in aller Regel nur in mir und es ist sinnvoll, sie aufzulösen. Denn jede Zuwendung, die ich nicht verschenke, kann auch nicht zu mir zurückkommen. Wer also glaubt, diese Liebe nicht aufbringen zu können, oder wer auf Grund seiner Erfahrungen voller Abwehr und Hass ist, der schließt sich selbst aus vom Fluss des Lebens. Und genauso schneidet sich vom Fluss des Lebens der ab, der seine eigene Frustration unkritisch an Leuten abladen will, die nichts damit zu tun haben. Das Weglaufen vor den Problemen im eigenen Inneren hat dieselben Konsequenzen. Denn die zeigen sich immer wieder in vermeidbaren Konflikten mit der Umwelt.

Einem Menschen, den man zu lieben vorgibt, den Zugang zum eigenen Inneren zu verwehren, entspricht der Verweigerung von Gottes bedingungsloser Liebe und somit auch der Selbstliebe. Die selbst auferlegte Strafe dafür ist eine Warteschleife in Gestalt einer weiteren Inkarnation in unserer Welt, die vielfach nicht weit vom Heulen und Zähneknirschen entfernt ist. Wir alle haben eben unsere speziellen Aufgaben, wir alle sind in unserer Entwicklung unterschiedlich weit und bekommen die uns angemessene Schulung. Jeder ganz genau das, was er braucht. Ein Schweizer Psychologe nennt den ganz persönlichen Weg zum Erkennen des eigenen Wesenskerns Individuation. Das ist ein klarer Kontrapunkt zu dem Verhalten, das wir so oft beobachten können: Menschen, die sich keine eigenen Gedanken machen und sich immer nur in der Mehrheit wieder finden wollen, scheinen eher wie eine manipulierbare Hammelherde. Erst in vielfältigen Individuen prägt sich die Absicht unseres Gottes aus, aber selbst so viele wie wir sind, erfüllen wir noch immer nicht die Vielfältigkeit Gottes, unserer obersten Energie.

Die beiden Männer knieten einander gegenüber und in ihrer machtvollen Sphäre teilten sie sich ihr Wissen gegenseitig und ohne Worte mit. Für sie war klar, dass in Zeiten der Not nicht die stärksten Völker überleben, sondern jene, die bereit sind zusammen zu rücken und auch Weniges zu teilen. In diesem erwählten Moment sahen sie beide den Strahl ihrer Energie zum Himmel gerichtet und glänzende Sterne in ihm auf und nieder steigen. Es wurde Zeit.

Die Augen des Angerfranz begannen in seinen letzten Tagen durchsichtig zu werden. In dem Maße, wie der Alte ruhiger wurde, verstärkte sich das Licht in seinem Antlitz. Mit klarer Stimme und vollem Bewusstsein erklärte er dem Jungen die Fundstellen für die besten Pilze und Wurzeln im Wald, zu denen er ihn begleitete. Kräuter zum Würzen und Kräuter zur Heilung von kleinen Unpässlichkeiten gehörten auch dazu. Mit großen Krankheiten würde der Junge nicht rechnen müssen, solange er auf dem eingeschlagenen Weg der Bewusstheit blieb.

In wenigen Tagen war sein altes Schulheft voll geschrieben und er spürte sehr genau die Wahrheit in den Worten des Weisen: „Das zeigt es dir ganz von selber! Geh nur mit der flachen Hand über ein Nahrungsmittel und du wirst merken, ob es für dich geeignet ist. Glaubst du, unsere Vorfahren hätten überlebt, wenn sie sich aus purer Unwissenheit jedes Gift in den Leib gezogen hätten?"

An diesem Tag nahm er das Testament des Alten mit und las es seiner Erlaubnis eingedenk noch auf dem Heimweg. Es beschrieb ganz kurz das kleine Grundstück mit dem alten Haus und dann stand da sein Name und die Bezeichnung Universalerbe. Kein unnötiges Gefühl belastete diesen großen Augenblick. Es war Zeit!

Seine Holzbank auf dem Hügel war nun schon seit längerer Zeit immer wieder ein starker Anziehungspunkt. Dort fand er sich auch jetzt wieder und intuitiv nahm er das Gesicht seines Meisters zwischen die hohlen Hände. Das Gebet bestand im Nichts. Keine Trauer, kein Schmerz und keine Angst. Der Alte ging. Es war das Gesetz der Großen Energie!

Nach zwei Stunden gehorchte er dem Auftrag in seinem Inneren und ging wieder zum Anger zurück. Es hätte der Energieglocke über dem Haus nicht bedurft, Bert wusste auch so, warum er kommen hatte müssen. Auf dem Tisch brannte eine Kerze in einem schmiedeeisernen Ständer. Auf den Boden war die große Decke gebreitet. Auf ihr lag der tote Körper des Schamanen diagonal von einer Ecke zur anderen, die Hände wie ein Kreuz ausgebreitet mit völlig entspanntem, friedlichem Gesicht. Man hätte glauben können, er lachelte. „Sterben ist nicht das Schlimmste, was dir im Leben passieren kann!" dachte der Junge in seinem Herzen. Er holte den Schemel und stellte ihn zu Füßen des Leichnams, um sich zur Meditation nieder zu lassen, wie er es bei ihm gelernt hatte. Der Dank an seinen Meister und der Dank an die göttliche Einheit waren eins. Und beide verbunden mit der Bitte um Führung für seine Aufgabe, über deren Wichtigkeit wohl kaum sonst jemand Bescheid wusste. Das Schlagen der alten Pendeluhr weckte ihn aus der Versenkung. Draußen war es dunkel geworden, ohne dass wesentlich Zeit vergangen war. Er schloss die Behausung ab und machte sich auf den Weg zur Gendarmerie, um den Tod des Alten anzuzeigen.

Man kam überein, dass die Totenbeschau und der Abtransport am nächsten Morgen in seiner Begleitung erfolgen sollte, da er ja die Schlüssel zum alten Haus besaß. Er war bereits vor Ort, als der Distriktsarzt mit den Beamten eintraf. Gemeinsam öffneten sie das Haus und Bert stellte zu seiner Verblüffung fest, dass die Kerze noch immer brannte, ja sie schien nicht einmal kleiner geworden zu sein. Ein missbilligender Blick des Gendarmeriekommandanten traf ihn: „Warum haben sie die Kerze nicht gelöscht?"

„Weil er sie selber angesteckt hatte und weil bei dieser Art von Kerzenständer nach menschlichem Ermessen absolut keine Gefahr besteht!" Der Beamte gab sich zufrieden.

„Multiples Organversagen, natürlicher Tod ohne Fremdeinwirkung." sagte der Arzt nach der Untersuchung und schloss sein Protokollbuch. In diesem Moment fuhr der Leichenwagen vor. Der Gendarm begann die Laden zu öffnen und zu durchsuchen. „Das Testament ist bei mir." sagte Bert und erhielt den Auftrag, das Papier beim örtlichen Notar zu hinterlegen. Dann wurde die Leiche in einen Metallsarg gelegt und zum Wagen getragen. Noch am selben Nachmittag wurden die sterblichen Überreste des Angerfranz in der Leichenhalle aufgebahrt.

Anna bestand darauf, Bert dorthin zu begleiten. Während er seine Augen auf das vertraute Gesicht heftete, aus dem jetzt jedes Lächeln gewichen war, stieg Anna unruhig von einem Fuß auf den anderen: „Ob er jetzt mehr weiß als unsereiner?"

„Er hat vorher schon mehr gewusst!" Bert sagte das ganz ruhig auch in der Absicht, seine Frau zu beruhigen. Doch die konnte sich nicht einkriegen. Er wusste und sah im selben Augenblick, dass sie Schwierigkeiten hatte, den Tod als Realität anzunehmen. Daher bat er sie, draußen auf ihn zu warten, weil er sich von ihrer Unruhe gestört fühlte. Kaum ein Jahr hatte er die Freude, diesen Mann zu kennen. Doch ein Jahr, das in seiner Dichte für ein ganzes Leben reichte! Die letzten Minuten mit dem Körper des toten Meisters waren eine einzige Meditation. Er dachte nicht, er fühlte nicht, er war.

So mancher Große wurde schon klein beerdigt und so war es auch mit dem Angerfranz. Keine zehn Leute gingen hinter dem Sarg auf den Friedhof. Bert hatte ein schlichtes Begräbnis ausgerichtet, so wie es ihm der Alte aufgetragen hatte. Auch auf eine besondere Grabstätte legte er keinen Wert: „Vergiss nicht, dort liegen nur meine Knochen! Mein unsterbliches Ich ist ganz wo anders. Große Gräber sind etwas für Leute, die ihre Bedeutung auf dieser Welt hatten. Gräber weisen in die Vergangenheit, in der Gegenwart sind sie nur ein Trost für ahnungslose Angehörige!"

Zu dem allgemein üblichen Leichenschmaus war niemand mehr erschienen. Mit einem Anflug von Spitzbüberei lud Bert seine Frau zu einem einfachen Essen in das Gasthaus ein. So als gehörte sie zu den nächsten Freunden des Verstorbenen, um sie nachher beiläufig zu fragen wie froh sie wäre, dass er nun tot sei. Sie gab darauf keine Antwort. Doch zwei Minuten später lieferte sie den Beweis für ihre Abstammung: „Wer kriegt jetzt das Haus auf dem Anger?"

„Ich" antwortete er lakonisch und verzichtete auf jede weitere Erklärung, weil er wusste, dass er damit nur einen Rattenschwanz von Fragen heraufbeschworen hätte. Sie wagte es nicht, diese Fragen zu stellen, doch er wusste wie sehr die Neugier sie plagte.

Schon nach wenigen Tagen kam die Verständigung vom Notariat, dass er sich zur Erhebung des Todesfalles auf dem Grundstück des Verstorbenen einzufinden hätte. Selten gab es einen Gerichtsakt, der so eindeutig war und mit so wenig Zeitaufwand zu erledigen wie dieser. Das Grundstück war im Testament klar umschrieben, die gesamten Fahrnisse waren im Haus sowie auch die bescheidenen Geldmittel im beschriebenen Wandschrank. Der letzte Wille des Verstorbenen war formal richtig verfasst, mit eigener Hand geschrieben und unterschrieben, mit einem einzigen Erben versehen. Alles Weitere war Sache des Bezirksgerichtes, das in diesem einfachen Fall mit erstaunlicher Geschwindigkeit reagierte. Nach weniger als drei Monaten wurde Bert als neuer Eigentümer der Liegenschaft am

Anger in das Grundbuch eingetragen. Die geerbten Geldmittel reichten exakt aus, um alle Steuern und Gebühren zu begleichen. Bert war gar nicht mehr verwundert.

In den nächsten Wochen trug er sukzessive seine bescheidene Habe in sein neues Heim und begann sich dort häuslich einzurichten. Der Schemel, die Decke und die Kerze würden seine wichtigsten Requisiten sein. Damit fing er schon am ersten Abend sein neues Leben an. Der mächtige Strahl von Energie umfing ihn jetzt körperlich allein und trotzdem war der Alte gegenwärtig. Er wusste die flimmernde Säule über dem Haus so wie damals, als er sie das erste Mal sah. Und er wusste, dass kein anderer sie sah. Andere nahmen vielleicht eine sonderbare Regung im Gefühlsbereich wahr oder waren einige Sekunden geistig abwesend, mehr aber auch nicht. Eine Stunde verharrte er jetzt in seinem Kraftfeld und spürte weder Vergangenheit noch Zukunft. Er bewegte nicht eine Lippe, wusste sich anstatt dessen als Gebet. Sein Meister stand in einem strahlenden Kranz aus Licht. Alles war gut.

Mit leiser Wehmut dachte er später an seine Frau und damit kam auch ein kleines Gefühl von Einsamkeit. Doch das war jetzt die Stunde der Bewährung, das wurde ihm im selben Augenblick klar. Er umarmte sich selber, als er sich erstmals in das einfache Bett des Angerfranz legte. Auch Einsamkeit war eine Kategorie der Gefühle. Er war sich ihrer bewusst, doch er ließ sich nicht von ihnen beherrschen. Er lernte noch immer. Er würde auch weiter lernen!

Alles wandelt sich. Nichts ist fest gefügt und nichts ist unabänderlich. Durch die Dimensionen eilend spürte der Schamane seinen Rehbock, der hinter ihm her jagte: jugendlich, kraftvoll, intelligent und von ungeheurer Eleganz. Und hinter seiner rechten, seiner anderen Schulter stand ein blauer Stern, konstant in starker Schwingung.

Zärtlich kraulte er die Stirn des Rentiers, er traf es wieder an der Spitze seines Energiestrahls. War das Ren ein Zeichen der Neugeburt? War die Neugeburt der Start eines neuen Menschen, der sich von seinen Energieräubern befreit hatte? Der Start in die neue

Menschlichkeit, die die Liebe als Urgrund für das Sein nicht mehr in Frage stellte?

Wahrscheinlich war es noch nicht so weit. Vielleicht war es aber auch nur noch eine Frage der Zeit. Wir wissen es nicht, wir wissen einfach nicht genug. Wir wissen ja nicht einmal, ob ein Frettchen mehr vom Leben versteht, als wir ahnen können oder womöglich mehr als wir selber.